A NEW STORY FOR THE PREVENTION OF

학교폭력, 그 새로운 이야기

학교폭력예방과 학생의 이해

김천기 저

SCHOOL BULLYING

학지사

학교폭력,
그 새로운
이야기

머리말

또래 아이들을 괴롭히며 교사에게 대드는 아이, 교실에서 통제가 되지 않는 아이, 처벌하겠다는 엄포를 놓는 교사에게 "폭력 교사, 경찰에 신고할 거야!"라고 소리 지르는 아이 앞에서 속수무책인 교사…. 왜 이 아이들은 이토록 공격적이며, 교사를 무시하고, 교사에게 대드는 것일까? 그들은 어린아이지만, 교사가 자신에게 체벌을 하지 못한다는 것을 잘 안다. 교사가 자신에게 어떻게 할 수 있는 힘이 없다는 것도 너무 잘 안다. 어린 초등학생인데도 세상 돌아가는 것을 다 아는 어른처럼 행동한다. 결국 학교에서 교사는 어린아이 하나도 제대로 지도하지 못하는 무능력한 교사로 낙인찍히기 쉽다.

학생을 지도하는 데 어려움을 겪는 교사에게 선배 교사가 내려 주는 해법, 자신이 오랫동안 써 왔던 방법, 그것은 "개새끼야!"라고 욕을 하는 것이었다.[1] 다른 학생들 앞에서 문제아를 제압할 힘을 가진 '욕'이었다. 그 교사가 망설임 끝에 사용하게 된 그 욕은 놀랍게도 효과가 있었다. 아이들이 모두 놀라고 이내 조용해졌다. 그러나 교사는 그것이 과연 최선의 해결방법인가에 대해서 회의한다. 교사로서 그렇게 하는 것이 그 아이를 위한 가장 좋은 길인가?

이 책은 학교폭력의 새로운 사건들에 대해 이야기하려고 하는 것이 아니다. 최근 치밀해지고 복잡해진 학교폭력을 말하려는 것도 아니다. 극단적이고 잔인한 학교폭력 사건은 언론보도에 넘친다. 그 잔인함을 확인하기 위해서 사건 위주의 이야기를 하는 것은 별 의미가 없다. 평범한 이야기가 중요하다. 앞 사례의 아이는 어떻게 거칠고 폭력적인 모습이 되었을까? 심리적인 문제가 있는 것일까? 가정환경에 무슨 문제가 있는 것일까? 아니면 또래집단과 어떤 관련이 있는 것일까? 그러면 어떻게 이 아이를 지도해야 할까? 심리치료를 해야 하는 것일까? 처벌이 무섭다는 것을 알려줘야 할까? 그보다는 회복적 정의에 따라 관계를 회복시켜 줘야 하지 않을까? 이러한 관심은 기본적으로 아이를 위한 것일까? 아니면 학교질서 유지의 필요에서 비롯된 것일까?

전문가 중에는 아이들을 전인적 존재로 보지 않고, 가해자라는 심리적 특성만으로 파악하려 하거나 학교폭력의 가해자로서만 인식하는 경향이 있다. 그렇게 해서는 학교폭력의 교육적 해법을 찾기가 어렵다는 생각이 들었다. 이 책은 학교폭력 사건에 대한 이야기가 아니라, 학교폭력과 관련된 학생과 교사 자신의 이야기를 담고 있다. 학교폭력 현상보다는 그 현상 속에 있는 그들의 이야기를 들어 보려 했다. 그와 관련된 연구 결과를 다루었지만,

그것을 긴 목록으로 열거하려고 하지는 않았다. 교사에게 필요한 것은 단순한 연구 결과가 아니라, 학생들을 반성적으로 바라볼 수 있는 성찰과 실천적 의미이다. 이 책이 학교폭력 예방을 위해 학교공동체가 무엇을 어떻게 해야 하는지를 새롭게 정립할 수 있는 계기가 되고, 교사들이 앞으로 학교폭력에 관한 자신들의 새로운 이야기를 할 수 있는 출발점이 되도록 하고 싶었다.

학교폭력을 연구하며 그것의 해결방법을 찾기 위해 노력하는 현장 교사 중에 이런 얘기를 하는 교사가 있다. 모든 폭력이 그런 것은 아니지만, 대부분의 폭력은 인정받고 싶은 욕망 때문에 일어난다.[2] 그렇다면 해결책은 비교적 간단하다. 모든 학생이 갈망하는 인정욕망을 채워 주면, 대부분의 학교폭력은 사라질 것이다. 그러나 누가 그 인정욕망을 채워 줄 것인가? 또래집단인가? 학교 교사들인가? 학교공동체인가? 현장 교사들의 말에 따르면, 문제는 모든 학생의 인정욕망을 채워 줄 수 없다는 것이다. 한 학생이 인정을 받으면 다른 학생은 상대적으로 인정을 받지 못한다. 모든 학생의 인정욕망을 채워 줄 수 있는 학교의 능력에는 총량이 있기 때문에, 누구는 인정받고 누구는 인정받지 못할 수밖에 없다. 이로부터 인정받고자 하는 '인정투쟁'이 생기며, 그것이 겉으로 드러난 것이 '학교폭력'이라는 것이다.

학교폭력을 하는 가해학생들은 무엇을 인정받고 싶어 하는 것일까? 현장의 학교폭력 연구 교사들은 학생들이 인정받고자 하는 욕망의 내용이 무엇인지를 명료하게 밝히지는 않고 있다.[3] 관련된 연구들을 보면, 가해학생들이 인정받고자 하는 것은 이것이다.

힘으로 우열을 가리는 세계에서 자신이 '왕'이라는 것, '주도권을 가진 자' '최고의 힘을 가진 자'라는 것을 인정받고자 하는 욕망이다. 한마디로 타자에 대한 자신의 지배력을 인정받고자 하는 욕망이다. 그런데 이것은 학교폭력이 일어나는 학생들의 세계의 이야기이기도 하지만, 학교 밖 약육강식의 세계의 이야기라고 해야 더 맞을 것 같다. 어떤 면에서 보면, 학교 밖 약육강식의 세계가 학생들 사이에 옮겨 온 것 같다. 이런 세계가 자연질서라고 믿는 사람이 의외로 많다.

자신의 지배력을 인정받고자 하는 욕망은 도덕적으로 인정받을 수 있는 욕망이 아니다. 본래 '인정투쟁'은 인간의 권리와 존엄성을 인정받고자 하는 도덕적인 성격의 인정투쟁으로, 가해자가 자신이 지배력을 인정받기 위한 수단인 폭력과는 아무런 상관이 없다. 그것은 그저 적대적인 생존경쟁에서 힘이 센 자가 왕이 되며, 모든 것을 독식하는 자연질서 속에서 자신이 가장 힘이 세다는 것을 인정받고자 하는 것일 뿐이다.

왜 부당하게 남을 짓밟아서 자신의 지배력을 인정받고 싶어 하는 것일까? 누구에게나 그런 욕망이 있는 것일까? 아니면 특별하게 어떤 아이들에게만 나타나는 것일까? 이것의 답을 안다고 해서 학교폭력을 해결하는 데 뭐가 특별히 달라질까? 아이들의 지배력을 제어할 힘을 교사가 가져야 한다는 것일까? 법적으로 강한 처벌을 해야 한다는 것일까? 어떻게 생각하느냐에 따라 학교폭력의 해결책은 수많은 갈래로 나누어지며, 학교폭력에 관한 이야기는 달라진다. 이 문제는 이 책의 한 축을 형성하고 있다.

학교폭력이 없어지려면, 결국 '학교에서 아이들이 좋은 관계를 맺으며 성장할 수 있도록 하는 것',[4] 이것이 중요하다는 것은 누구나 공감하게 된다. 그런데 배려하고 협력하는 관계보다 성적만을 절대적 가치로 여기는 학교교육은 그 방향으로 가지 못하고 있다. 학교폭력만 발생하지 않으면 현재의 학교교육의 모습을 그대로 유지해도 된다는 생각이 크다. 학교교육에서 시험점수가 중요하다는 것, 학생들이 서로 경쟁해야 한다는 것, 성적에 따라 차별이 생기는 것은 당연하다는 것, 명문대를 많이 보내는 학교가 좋은 학교라는 것, 명문대는 빈곤층 아이의 미래가 아니라는 것, 이것은 변함없이 유지되는 것이며 학교폭력만 발생하지 않도록 잘 억제하면 된다는 것, 이것은 학교폭력의 오래된 이야기이며 학교의 오래된 이야기이기도 하다.

학교에서 아이들이 어떤 관계를 형성해야 아이들은 제대로 성장할 수 있을까? 어떻게 하면 성적이나 가정배경과 관계없이 모든 아이가 서로 좋은 관계를 맺을 수 있을까? 부모들은 정말 아이들이 성적이나 가정배경과 상관없이 모두 좋은 관계를 맺으며 성장하기를 바라고 있을까? 은근한 차별이 있고, 사회적 거리 두기가 있고, 사회적 배제가 있다. 이것의 해결 없이 학교폭력만 해결되기를 바라는 것은 이루기 어려운 꿈이다. 아이들이 좋은 관계를 맺으며 성장할 수 있도록 학교환경을 만들어야, 그것의 결과로 학교폭력이 해결될 수 있다.

학교폭력 문제가 교실에서, 학교에서 교육적 방식으로 해결될 수 있을까? 학생들은 일반적으로 학교폭력을 싫어하고 반대한다.

그러나 '그 아이(피해자)는 따돌림을 당할 만하다'는 부정적 편향성을 동시에 가지고 있기도 한다. 사실 학생들만 그런 것은 아니다. 일반 대중도 대체적으로 그러하다. 이 점이 학교폭력을 없애기 어려운 요인이기도 하다.

가해 경험이 있는 학생들은 학교폭력 문제를 학교는 해결할 수 없다고 말한다. 학교폭력이 해결되려면 학생들의 약육강식의 세계관이 바뀌어야 하며, 현재의 교육방식이 바뀌어야 한다고 말한다. 학교가 서로 경쟁하며 공부만 하는 곳이 아니라 함께 어울려 살아가야 하는 공동체가 되어야 하고, 인격적 · 도덕적으로 성장할 수 있는 교육기관이 되어야 한다는 것이다. 이 학생들은 학교교육을 통해 도덕적 인격의 성장을 경험해 본 적이 없다고 말한다. 이 말은 학교폭력 해결을 위한 가장 본질적인 방법이 무엇인가를 생각하게 한다. 학교폭력예방프로그램 위주의 대처방식도 필요하지만, 그것은 근원적인 해결책이 되지 못한다. 학교교육이 본질적으로 무엇을 놓치고 있는가를 성찰하게 하는 것이 학교폭력이기도 하다. 학교폭력의 문제만 고치려고 하기보다는 학교폭력과 관련된 아이에게 관심을 기울인다면, 다른 해결의 길이 열리기도 한다. 교사와의 폭넓은 교육활동을 통해 폭력적인 학생들이 자신들의 좁은 세계와 경험을 자각하면서, 폭력의 세계에서 빠져나오기도 한다. 서로 적대적인 학생들이 교육활동을 통해 어떻게 서로 다른 개별성을 존중하고 자신들의 경험과 생각을 소통하며 세계를 보는 넓은 관점을 공유할 수 있을지, 그리고 서로에 대해 지적 이해와 공감, 선의를 갖게 할 수 있는지를 보여 주는 사례도 있다.[5] 이것은 아이들이 좋은 관계를 맺으며 성장할 수 있도록 하는 학교폭력 해결의 궁극적 목표가 무엇인가를 구체적으로 보여 준다.

이 책은 내가 쓴 책이지만, 정확히는 나에게 주어진 책이다. 내 안에 학교폭력과 관련된 많은 것(특히 피해자였다가 가해자가 된 아이의 모습)이 들어 왔고, 그것들이 내 안에서 새로운 이야기를 스스로 엮어서 나에게 먼저 보여 주었다. 그런 의미에서 나 역시 독자이다. 글을 썼다기보다는 내 안에 들어온 것들이다. 그래서 나는 그 보여진 것을 그대로 써 보려고 했다. 하지만 채우고 싶은 내용이 여전히 많이 남아 있다. 앞으로 기회가 된다면 더 많은 이야기를 담아내고 싶다.

책을 쓰는 것보다 마지막으로 머리말을 쓰는 데 시간이 더 걸린 듯하다. 많은 생각이 오고 갔기 때문이다. 다 잘라 내고 남은 부분만 머리말로 두었다. 코로나 팬데믹 가운데 비대면 수업이 지속되면서 이 책을 쓰기 시작하였다. 비대면으로 학교폭력 예방 수업에 참여해 준 학생들, 특히 간호학과 오민선을 비롯한 수강생들에게 고마움을 전하고 싶다. 그리고 이 책이 나올 수 있도록 출판을 허락해 주신 학지사 김진환 사장님과 교정에서 편집 · 디자인까지 세심하게 작업해 준 편집부 유은정 선생님에게도 감사를 드린다.

세상에는 '건축가가 버린 돌' 같은 취급을 당하는 아이들이 많다. 쓸모없는 인간처럼 무시당하고 차별당하는 아이들이 많다.

세상의 눈으로 보면 아이들이 그렇게 보여도, 건축가가 버린 돌을 집 모퉁이의 머릿돌이 되게 하시며, 세상의 힘 있고 지혜 있는 자들을 폐하시고, 세상의 미련한 자와 약한 자를 택하시는 하나님의 일을 누가 헤아리랴? 인생의 굴곡이 많아도 인생사의 모든 것이 협력하여 선을 이루게 하시는 하나님의 은혜로운 길이 있음을 믿지 않을 수 없다.

2021년 9월

초가을 바람이 느껴지는 밤

저자 김천기

학교폭력,
그 새로운
이야기

차례

학교폭력 그 새로운 이야기

Part 1

학교폭력을 바라보는 사회적 시선

흔들리지 않고 피는 꽃이 어디 있으랴
이 세상 그 어떤 아름다운 꽃들도
다 흔들리면서 피었나니
흔들리면서 줄기를 곧게 세웠나니
흔들리지 않고 가는 사랑이 어디 있으랴

젖지 않고 피는 꽃이 어디 있으랴
이 세상 그 어떤 빛나는 꽃들도
다 젖으며 젖으며 피었나니
바람과 비에 젖으며 꽃잎 따뜻하게 피웠나니
젖지 않고 가는 삶이 어디 있으랴

– 도종환, 「흔들리지 않고 피는 꽃이 어디 있으랴」

학교폭력을 바라보는 시선은 다양하다. 교사가 바라보는 시선, 경찰이 바라보는 시선, 미디어에서 바라보는 시선, 학생이 바라보는 시선, 학부모가 바라보는 시선이 각기 다르다. 미디어에서 다루는 학교폭력은 단편적이고 충격적인 사건 위주이며, 학교폭력에 대한 대중의 시선을 특정 방향으로 이끈다. 학교라는 교육현장에서 어떤 일이 일어나고 있는지, 학생들 관계는 어떠한지, 그 안에서 학교폭력이 어떤 의미를 지니는지를 총체적으로 보여 주지는 않는다.

학교폭력을 오로지 규범적 시각에서만 바라보는 학교관리자,

학부모, 교사도 있다. 아이의 존재 자체에 대한 관심은 없다. 그 아이의 행동이 사회규범과 학교규칙에 어긋났는지, 학교질서를 문란케 했는지, 그것만이 관심사이다. 학교규칙을 어긴 학생, 학교명예를 훼손한 학생에게는 그에 합당한 처벌, 때로는 퇴학처분을 내려 학교에서 몰아내어 학교질서를 바로잡는 것 이외에는 중요한 것이 없다. 학교폭력 문제를 복잡하게 생각할 필요가 없다.

드라마 〈학교 2013〉에서 보여 주는 것은 어떤 시선일까?[6] 서울 시내 인문계 고등학교에 다니는 문제학생 오정호 3인방은 걸핏하면 아이들의 뺨을 때리고, '삥을 뜯고', 담배를 피우며, 그뿐만 아니라 교실에서 온갖 말썽을 피우고, 수업 시간에 잠만 잔다. 이들은 학교에서 퇴출 1순위에 놓인 아이들이다. 이 드라마는 이 3인방과 학급학생들의 관계, 교사와의 관계를 중심으로 학교의 모습을 보여 준다. 학급학생들도 다양하다. 그중에는 학급에서 무슨 일이 일어나든, 어떤 아이들이 괴롭힘을 당하든, 상관하지 않고 오로지 대학입시 공부에만 매달리는 모범생들이 있다. 이들은 사회경제적 배경이 좋은 상층의 소위 '잘나가는' 아이들이다. 하지만 이들은 심리적으로 피폐해 있다. '자기내면이 없거나'(은혜), '주눅 들어 있거나'(민기), '밀릴까 봐 불안에 떠는'(하경) 실질적 '문제아'이다 (정민승, 2013). 이 아이들의 엄마는 어떠한가? "문제학생의 퇴학을 요구하고, 자녀의 스펙을 만들어 줄 것을 노골적으로 요구하며, 교사의 담임 자격 박탈까지 요구하는 '권력'으로서의 영향력을 행사한다."(정민승, 2013: 171)

이에 반해 승리고등학교의 일진 오정호, 이 학교로 전학 오기

전 일진이었던 고남수와 박홍수는 사회경제적 하층에 속한다. 오정호나 고남순, 박홍수는 부모가 없거나 적어도 엄마가 없다. 박홍수는 누나와 함께 살며, 고남순의 아버지는 모습을 한 번도 나타내지 않는다. 오정호의 아버지도 폭력적인 목소리만 있을 뿐, 그 모습은 보이지 않는다. 그런데도 불구하고, 이들은 상층집단의 '잘나가는' 아이들에 비해 내적으로 매우 '정상적'이다(정민승, 2013). 박홍수와 고남순은 부모가 없는 방에 만화책을 빌려다 놓고 둘이 누워서 장난을 치고, 베개싸움을 하는 장면이 나온다. 이 아이들은 부모가 없음에도 '삶의 건강함과 정상성'을 잃지 않는다. 고남순은 자신을 괴롭히던 오정호를 돕기 위해 학급비를 사용하여 곤경에 처하기도 한다. 이들은 교사의 시선으로는 일진이며, 문제학생이지만, 내면은 누구보다도 건강하다(정민승, 2013).

하지만 이들은 상층 아이들과 달리 학교 안에서 어떤 존재감도 없으며 자신만의 '목소리'도 내지 못한다. 이들은 호명의 '대상'일 뿐이다. 이들은 학교폭력자치위원회의 처분을 받아야 하는 대상, 경찰이 심문하는 대상, 즉 '제도적 권력이 힘을 가하는 대상'이다(정민승, 2013). 이들은 교사에게 자신을 드러내지 않으며, 어떤 의견도 표현하지 않는다. 이들의 말은 몸으로 하는 폭력으로 나타난다. "가만히 있다가 참을 수 없을 때 책상을 들거나 때리는 것, 그래서 이들의 폭력은 이상하게도 거칠다거나 보기 힘들다거나 가혹하다는 느낌으로 다가오지 않는다."(정민승, 2013: 173)

이 드라마 속에서 학교폭력은 아이들을 짓누르는 하층의 삶의 무게 속에 위치 지어진다. 우리 사회에서 돈이 없다는 것은 그저

경제적으로 어렵게 산다는 것을 의미하지 않는다. "열등한 인간이라는 것, 세상에서 배제된다는 것, 부모가 무엇인가를 포기하고 살고 있다는 것 등등을 말한다."(정민승, 2013: 173) "세상의 상처가 자존심에 상처를 입힐 때 사람들은 '나를 버리고 싶어진다'. 스스로를 포기하고 싶은 자의 폭력은 타인에게 잔인하기보다 자학적이다. 폭력이 오히려 연민을 불러일으키는 것이다."(정민승, 2013: 173) 행위는 항상 특정한 맥락 속에서 그 의미를 드러낸다. 맥락에 따라 폭력은 잔인함이기도 하고, '설움'이기도 하다. "이 드라마가 지치지 않고 지향하는 바가 있다면 그것은 '관계'이다. 학교가 입시코드로 아이들을 개별화–고립화–분절화한다면, 아이들은 생활을 통해 그 상황을 벗어나고자 한다. 관계를 회복하거나 관계를 맺어 나가는 과정을 통해서 말이다."(정민승, 2013: 174)

이 교육적 관계 회복의 과정 속에는 담임교사인 정인재의 존재가 녹아져 들어가 있다. 기간제 교사인 정인재는 입시교육이 아니라 인간교육을 하고자 애쓰는 국어교사이며, '문제아'의 손을 차마 놓아 버리지 못하는 담임교사이기도 하다. 정인재는 일진학생 오정호의 거친 행동에 분개하며 오정호의 폭력을 당할 위기에 처하기도 했지만, 오정호가 '왜 그렇게 행동하는 것일까?'라고 자문한다. 단지 나쁜 아이니까, 아니면 가정교육이 잘못되어서 그런 것이라는 판에 박힌 답을 받아들이지 않는다. 그리고 오정호를 알 때까지는 징계를 미뤄 달라고 학생부장에게 부탁한다.

교실에서 학생들과 나누는 정인재의 대화는 대부분 '서사적으로 사고하는 능력'을 키우는 교육이다(정민승, 2013). 오정호나 고남순이 문제를 일으켰을 때, 정인재가 늘 던지는 질문은 이것이다. '왜 그랬니?' 책망하거나 비난하기 위해서가 아니라, 아이들이 드러내기 싫어하는 자신의 내면을 이야기할 수 있도록 돕기 위해, 그리고 "교사 스스로가 충분히 이해해 보기 위해" 이 질문을 던진다. "성찰과 소통을 가능하게 하는 질문으로 '왜'가 위치 지어져 있는 것"이다(정민승, 2013: 180). 정인재는 아이들의 처지에서 아이들의 행위의 의미를 읽어 낸다. 나중에 자기 발로 교실에 돌아오지 못하는 오정호의 행위를 '반항'이 아니라 '민망'으로 읽어 낸다. 교사들이 흔히 문제학생에 대해 가지는 '상식의 뒤집기'를 한다(정민승, 2013). "'그것'에서 출발하되 그것을 비틀기, 예컨대 아이들의 폭력은 폭력이지만 폭력이 아닌 어떤 것을 포함한다. 아이들은 슬퍼서 때리고, 슬퍼서 맞는다. 교실에서 수업시간 중에 잠을 자지만, 그것은 게으름의 표상이 아닌 어떤 것, 절도지만 단순 비행을 넘어선 어떤 것으로 변주된다."(정민승, 2013: 177) 정인재는 학교폭력 비행이라는 '상식적인 개념에 흠을 내고, 그 틈 사이로 새로운 의미'를 담아 낸다. 이렇듯 '상식적 상황의 개념적 내포'를 확장한다. 정인재는 아이들의 입장에서 아이들의 '행위의 내포에 직관적으로 도달'한다(정민승, 2013). 이것에 구태여 이름을 붙이자면, '현상학적 통찰'이다. 규범주의적 관점으로는 도저히 다가갈 수 없는 통찰이다.

> 애들이… 무슨 잘못이겠어요. 나도, 당신도, 그렇게 가르치고! 부모도 그래라, 그래라 하고! 학교도 어쩔 수 없다고 그냥 내버려 두

는데! 애들이 무슨 잘못이겠어요?

드라마의 진행 과정 속에서 점차적으로 시청자는 대상화된 비행청소년을 주체로 보게 된다. '상식의 관점에서 아이들의 관점'으로, '객체에서 주체'로, '행위의 외연에서 행위의 내포'로 시선이 바뀐다(정민승, 2013). 이것이 현상학적 공감의 진정한 의미이다.

2010년대 고등학교를 배경으로 하고 있는 드라마 〈학교 2013〉가 보여 주는 고등학교의 현실은 1980년대의 고등학교 현실과 비슷하면서도 다르다. 〈학교 2013〉는 더욱 심화된 입시 위주의 경쟁교육, 학교폭력 문제, 신자유주의 교육정책에 따른 학교선택제, 고교서열화와 일반고 위기 현상, 교직 사회의 프레카리아트(precariat)인 기간제 교사의 처지, 학교를 스스로 떠날 수밖에 없는 빈곤층 청소년의 문제 등을 보여 주고 있다.

입시 성과로 학교를 평가하는 학부모의 시선, 학교폭력 등을 일삼는 학생에 대한 학교관리자의 시선, 입시학원 '일타강사'의 시선, 교육적인 열정과 사랑을 가지고 아이들을 바라보지만 취약한 위치의 기간제 교사의 시선, 학교폭력 '문제아'의 시선은 각기 다르다.

학교폭력 주제만을 다루다 보면, 학교폭력이 일어나는 전체적인 학교교육의 그림을 보기가 어렵다. 학교의 특성, 학생들의 다양한 관계, 가정배경, 입시교육, 차별, 학교폭력 등이 함께 동시에 존재함에도 학교폭력 하나만을 별개로 떼어 내어 그것만 독립적으로 존재하는 현상인 것 마냥 바라보기 쉽다.

학교폭력 '문제아'를 바라보는 학교관리자와 생활지도부장의 시선, 담임교사의 시선, 일반교사의 시선이 다른 현실에서 우리 사회는 어떤 시선들을 공유하며, 공감하고 있는가? 학교폭력이 왜 생기는지, 예방책과 해결책은 무엇인지에 대해 탐구를 시작하기에 앞서 우리는 학교폭력을 어떻게 바라보고 있는지, 또한 가해학생을 바라보는 사회적 시선은 어떠한지를 살펴보자. 그 시선에 따라 학교폭력을 해결하기 위한 접근방식이 달라지기도 한다.

Chapter 01

청소년과 학교폭력을 바라보는 시선

청소년을 대하는 사회의 시선

학교폭력이 발생하고, 사회적으로 공론화될 때마다 청소년의 잔인성, 범죄성, 반사회성이 언론에 의해 부각되며, 그에 따라 청소년은 사회를 위협하는 존재라는 부정적인 인식이 커진다. 과연 이들 청소년은 어떻게 해서 비행청소년, 또는 위기청소년이 되었는가? 많은 연구는 주로 청소년의 비행이 표출되는 구체적인 사건(학교폭력 등) 속의 당사자들의 심리적 원인을 찾아내고 그 원인을 제거하기 위한 개입의 지점을 찾아내려 하였다(추주희, 2019). 이 때문에 이 연구들은 '위기청소년'의 집단적 측면에 제대로 주목하지 못했으며, 위기청소년 이해가 늘 문제를 일으키는 '원인'을 이해하는 문제로 환원되었다는 지적을 받는다(추주희, 2019: 129). 즉, 위기청소년의 문제가 사회구조의 내적 모순과 연관해 고찰되는 것이 아니라 특수한 원인을 가진 문제로 개별화된 채 고찰되었다는 것이다. "청소년 개인의 내적인 특성뿐만 아니라 이들을 둘러싼 사회적 환경, 즉 가정, 또래, 학교 등에 초점을 두지만, 많은 연구가 '자아-경영적' 주체로 설 수 없는 결핍된 주체 모델을 위기청소년에게 투사하였다."(추주희, 2019: 130) 학교폭력이 발생하는 사회적 원인을 분석하기보다는 '주체(가해자)의 결핍'을 전제한 채 그 심리적 결핍을 학교폭력의 원인으로 계량화하고 분석한다는 것이다. 이러한 지적은 정확하다. 다만, 사회구조의 내적 모순이 무엇인지, 사회적 원인이 무엇인지 보다 구체적으로 밝혀져야 할 과제가 남아 있다. 노진철(2012)은 입시경쟁의 과잉 교육열이 신자유주의 교육과 결합하면서 집단따돌림과 학교폭력은 더 과격해지는 양상이라고 진단한다. "학교폭력과 또래괴롭힘 같은 문제들이 신자유주의 교육정책의 경쟁원리에서 기인하는데도 '모든 문제는 근본적으로 억제가 부족한 데서 비롯된다.'는 신자유주의의 중심적 교의에 따라 국가 개입에 의한 처벌 정치로 귀결되고 있다."고 주장한다(노진철, 2012: 47). 그러나 이 연구는 학교폭력의 문제가 어떻게 경쟁원리에서 비롯되는지, 그 과정을 제대로 보여 주고 있지는 못하다.

학교폭력을 바라보는 미디어의 시선

학교폭력을 바라보는 사회의 시선은 대체적으로 미디어의 보도 프레임에 의해 형성된다. 미디어에 의해 현실이 재구성되며,

미디어의 프레임 속에서 뉴스가 만들어진다. 뉴스는 현실 그대로 만들어지는 것이 아니라 선택과 배제, 강조와 축소의 과정을 통해 만들어진다(Entman, 1993). 하나의 사건을 다루면서 수용자들의 의사 결정이나 태도에 영향을 줄 의도로 중요한 내용은 빼고 주변 이야기를 핵심적 이야기로 넣거나, 수용자의 판단에 영향을 줄 수 있는 기사 제목과 이미지를 의도적으로 설정한다. 뉴스미디어의 프레임은 수용자들이 해당 이슈를 판단하는 인식의 틀을 제공한다(강연곤 외, 2013).

학교폭력에 대한 언론보도 역시 다양한 프레임을 사용한다. 지상파 3사와 조선 · 동아 · 한겨레 신문은 '일진회' 사건보도에 '법/질서' '도덕성' '폭로/고발' '개혁/개선' 프레임을 주로 사용하였다(김선남, 정현욱, 2006). 김선남과 정현욱(2006)의 연구에 따르면, 학교폭력이 질서를 해친다는 법/질서 프레임, 청소년의 도덕성 문제로 폭력을 바라본 도덕성 프레임, 청소년들의 행태를 고발하는 폭로/고발 프레임, 학교폭력의 문제해법을 사회제도의 개혁에서 찾는 개혁/개선 프레임 등을 뉴스에 주로 활용하였다. 프레임 분석이 다 동일한 것은 아니며, 연구자에 따라 다르다. 예를 들어, 학교폭력 기사에서 '도덕성 해이' '청소년 배제' '보편성' '감정전달'의 4개 프레임이 주로 사용되었다는 연구 결과도 있다(문성호, 윤동엽, 2011). 그러나 이들 프레임 분석 연구에서는 학교폭력 보도의 주요 프레임이 무관용이라는 점이 주목받지 못했다. 학교폭력에 대한 사회적 인식과 해결책은 무관용 프레임 속에서 형성되고 있다(예를 들어, 경기일보, 2012. 1. 9.).

그런데 미디어는 폭력문제에 대해 일관성 있는 태도를 보이는 것은 아니다. 학교 밖에서 일어나는 폭력적 언어와 혐오 발언에 대해서 관용적이며, 그것을 '인권 침해'의 범주가 아니라 '표현의 자유'의 범주로 인식한다. 그 논리가 맞다고 하면, 가해학생들이 표출하는 언어폭력도 규제하거나 처벌해서는 안 된다. 그 논리대로라면 가해자의 표현의 자유를 억압할 우려가 있기 때문이다. 폭력적 언어와 혐오 발언을 법이나 제도로 규제하지 말고 시민의식으로 극복하자는 논리대로라면(중앙일보, 2016. 8. 23.), 학교폭력 가해자의 언어폭력도 학교폭력법이나 제도로 규제하거나 처벌해서는 안 된다. 언론은 표현의 자유를 그렇게 옹호하면서도 학교폭력(언어폭력)에 대해서는 왜 그렇게 무관용을 주장하는지 앞뒤가 맞지 않다.

미국 미디어의 학교폭력 담론 역시 처벌과 규율을 중시하는 무관용 프레임을 사용한다. 미디어는 학교폭력의 공포감을 야기함으로써 무관용 정책을 지지하도록 유도하고, 사회질서를 유지하는 지배이데올로기를 재생산하는 역할을 한다(Hall, Critcher, Jefferson, Clark, & Roberts, 1978; 박지훈 외, 2016). 한국의 미디어 학교폭력 담론도 청소년의 폭력적 성향을 부각시키고 청소년을 폭력의 주범이자 처벌의 대상으로 구성한다. 하지만 한국 사회의 경쟁문화와 사회 구조적인 문제는 다루지 않는다. 그것을 보여 주는 연구는 박지훈 등(2016)의 「학교폭력을 바라보는 텔레비전의 시선」이다.

이 연구에 따르면, 미디어는 학교폭력이 잔인한 '범죄'임을 강조한다. 〈부모: 왕따, 학교폭력을 말하다 2부〉에서 학교폭력은 "형사법으로 처리해야 할 범죄"라는 교육전문가의 말을 인용하고, 〈부모: 왕따, 학교폭력을 말하다 1부〉에서는 "나는 즐겁지만 상대가 고통스러우면 그것은 엄연한 폭력이고 범죄란 말이에요."라는 학교폭력 피해자 가족협의회 회장의 말을 들려준다. 〈학교의 눈물 1부: 일진과 빵셔틀〉, 〈위기의 아이들 1부: 소년, 법정에 서다〉 등은 법정에서 재판받는 학교폭력의 가해자의 모습을 보여 주며, 그가 법적으로 처벌받아야 할 마땅한 행위를 했음을 말한다(박지훈 외, 2016).

TV 프로그램에서 학교폭력의 양상을 재현하는 방식을 보면, 극단적인 사례 중심으로 학교폭력의 심각성을 부각시킨다(박지훈 외, 2016). 〈히스토리 후: 학교폭력, 벼랑 끝에 내몰린 아이들〉, 〈위기의 아이들 1부: 내 마음이 보이나요?〉, 〈VJ 특공대: 학교폭력비상, 대구 자살 중학생 유가족 외〉, 〈취재파일 4321: 난 아픈데 넌 장난이라니〉 등의 프로그램들은 스스로 목숨을 끊는 학교폭력 피해자의 예를 통해 학교폭력이 어떠한 결과를 가져오는지를 보여 준다. 〈학교의 눈물 1부: 일진과 빵셔틀〉은 학교폭력을 이기지 못해 자살한 학생의 유서를 들려준다. "그 녀석들은 저에게 라디오를 들게 해서 무릎을 꿇리고 벌을 세웠어요. 라디오 선을 뽑아 제 목에 묶고 끌고 다니면서 떨어진 부스러기를 주워 먹으라 했고 피아노 의자에 엎드려 놓고 손을 봉쇄한 다음 무차별적으로 저를 구타했어요." 유서를 들고 눈물을 흘리는 어머니의 모습, 가족 모두가 우울증 약으로 버텨야 하는 피해자 가족의 모습은 학교폭력이 얼마나 참혹한 것인지를 보여 준다(박지훈 외, 2016).

미디어는 가해자에 대한 격리 조치와 학교폭력 사항의 학생부 기재 필요성을 강조한다. 〈부모: 왕따, 학교폭력을 말하다 2부〉에서 전문가는 학교폭력이 발생했을 때 가해자를 신속히 격리할 필요가 있음을 주장한다. 〈위기의 아이들 5부: 학교폭력 그 후〉는 학교폭력 사항의 학생부 기재가 학교폭력에 대한 경각심을 갖게 하는 효과가 있으므로 학생부 기재 폐지는 시기상조라고 주장하며 학생부 기재의 낙인효과를 옹호한다(박지훈 외, 2016).

미디어는 학교폭력 가해자의 폭력의 원인이 가정의 문제에 있음을 과다하게 재현한다(박지훈 외, 2016). 가해학생에게서 나타나는 우울증, 품행장애, 피해의식 등이 학교폭력의 원인이지만, 그것은 아빠의 도박과 엄마의 자살시도, 아빠의 알코올중독, 가정폭력, 이혼 등 가정사의 불행한 일을 경험했기 때문에 생긴 것으로 재현한다. 〈위기의 아이들 2부: 소년, 법정에 서다〉는 우등생이었던 아이가 학교폭력의 가해자가 되어 소년재판에까지 이르게 된 상황이 부모의 이혼과 어머니의 재혼, 잦은 전학으로 인한 부적응, 아빠의 폭력에서 기인한 것이라 말한다. "이 법정에 선 아이들은 붕괴된 가정과 열악한 환경의 희생자"라고 결론짓는다. 〈부모: 오은영의 학교폭력을 말하다 2부〉에서 신경정신과 전문의는 "모든 것은 가정에서 출발하는 것 같습니다."라고 지적하며 비행, 일탈과 폭력의 일차적 책임은 가정에 있음을 지적한다(박지훈 외, 2016).

또한 미디어는 학교폭력을 알고도 모른 체하거나 감추기에 급

급한 학교 현장을 보여 준다(박지훈 외, 2016). 학교폭력이 근절될 수 없는 이유를 학교 당국의 방관자적인 태도에서 찾는다. 박지훈 등(2016)의 분석에 따르면, 〈여성토론 위드: 죽음을 부르는 학교폭력 2부〉의 도입부는 "교사 97%, 수업 중 문제학생 발견해도 내버려 둔다."라는 자막을 통해 교사들이 학교폭력 문제에 적극적으로 개입하고 있지 않음을 고발한다. 〈취재파일 4321: 난 아픈데 넌 장난이라니〉, 〈학교폭력 대책 특집: 우리 아이들이 위험하다〉, 〈히스토리 후: 학교폭력, 벼랑끝에 내몰린 아이들〉, 〈시사기획 창: 학교폭력 가해자는 말한다〉, 〈시사매거진 2580: 아무도 없었다〉를 포함한 많은 프로그램은 학교폭력에 대해 무관심하며 방관하는 학교와 교사를 강하게 질타한다. 〈취재파일 4321: 난 아픈데 넌 장난이라니〉는 자살한 학교폭력 피해학생의 장례식장 모습을 스케치하며, 도움을 청했음에도 불구하고 교사가 개입하지 않았을 뿐 아니라 친구들이 책상에 조화를 놓는 것도 허락하지 않았던 부당한 상황을 내레이션으로 설명한다. 〈학교폭력 대책 특집: 우리 아이들이 위험하다〉에서는 "서른 명의 아이들이 돌아가면서, 그것도 야구방망이로 폭행을 해서 (아들이) 다리를 못 쓰게 됐다. 하지만 학교에서는 이를 은폐하려 했다."는 시청자의 사연을 전하며, "학교에서는 친구의 장례식장에 모인 학생들을 긴급 소집했다. 이런 사건이 생기면 학교에서는 학생들 입단속부터 시킨다."는 현실을 고발하였다(박지훈 외, 2016). 그러나 「학교폭력예방법」이 시행되면서 예전과는 달리 학교폭력 사안에 대처하는 학교의 모습이 적극적으로 바뀌었지만, 학교에 대한 학부모의 불신은 여전히 남아 있다.

미디어에서 제시하는 학교폭력 해결의 주된 방법은 개인 상담과 치료이다. 가해학생의 심리적 문제가 학교폭력의 원인이기 때문에 심리적 문제를 치료할 필요가 있다고 주장한다. 가해 · 피해 학생들이 학교폭력 전문가나 의사에게 상담받는 모습이 자주 재현되는데, 이는 학생들의 치유, 치료가 학교폭력의 해결책임을 보여 준다. 〈위기의 아이들 2부: 소년, 법정에 서다〉에서 나사로 청소년의집 원장은 "우리 아이들은 비행을 저질러서 벌 받고 여기에 온 것이 아니라 문제가 많은 가정에서 상처가 많은 아이들이 이곳에 와서 치료받는 그런, 저희가 치료를 목표로 지도하고 있습니다."라고 말한다(박지훈 외, 2016).

다른 한편으로 미디어는 학교폭력 해결을 위해 강력한 교권이 필요함을 역설한다. 학교폭력이 교권의 약화로 유발된다는 관점 하에서 교권의 강화로 학생들을 엄격하게 관리하고, 체벌을 함으로써 학교폭력을 방지할 수 있다는 점을 피력한다. 박지훈 등(2016)의 분석에 따르면, 〈위기의 아이들 9부: 300일의 기록, 전북 동화중의 작은 기적〉은 교사에게 고성과 반말로 대드는 학생들의 모습과 이에 상심한 교사들의 모습을 대비하여 보여 준다. 수업 시간에 드러누워 만화책을 읽는 학생들, 교사에게 욕을 하는 학생들, 음주하는 학생들, 수시로 경찰관이 드나드는 모습은 '교실붕괴' 현상을 연상케 하며 시청자들로 하여금 강력한 교권과 규율의 필요성을 절감하게 만든다. 〈생방송 심야토론: 학교폭력 근절 교사의 권한과 책임은〉에서 "교사에게 지도 권한을 주면 참 열심히 잘 처리할 텐데….”라는 교사의 발언은 학교폭력에 대한 교사의 대처역량을 제한받고 있기 때문에 학교폭력 통제가 어렵다는 점을 함축하고 있다. 〈여성토론 위드: 죽음을 부르는 학교폭력 2부〉에 출연한 한국교원단체총연합회 대변인은 “체벌금지나 학생인권 조례와 같은 제도 등으로 교권이 침해받고 있으며 미국처럼 학교가 학부모 소환제, 유급제도, 강제전학 제도, 검찰 고발과 같은 강력한 징계권 및 권한을 가져야만 학교폭력을 효과적으로 방지할 수 있다.”라고 주장한다(박지훈 외, 2016).

미디어의 학교폭력 보도는 학교폭력의 심각성에 대해 경각심을 갖게 하고, 사회의 관심을 유도할 수 있다는 점에서 긍정적이다. 또한 미디어에서 제시하는 학교폭력 원인과 해결책에 별다른 하자가 없어 보인다. 하지만 미디어 비판자는 이에 대해 문제의식을 제기한다.

> 청소년의 삶을 왜곡하고 사회적 공포감을 조성할 가능성이 있다는 것이고, 청소년을 폭력의 주체로 호명하고 관리와 통제가 필요한 미성숙한 대상, 잠재적인 범죄자로 재현함으로써 인성 위주가 아닌 입시 위주의 교육 또는 지나친 통제와 규율 등이 학교폭력의 근본적이고 구조적인 원인이라는 점을 간과하거나 축소할 수 있다는 것이다. 학교폭력의 근원적인 차원에 대한 텔레비전의 침묵은 학교폭력의 문제를 개인의 인성과 사회성이라는 차원으로 제한하게 만든다(박지훈 외, 2016: 167).

미디어는 시청자들의 관심을 끌기 위해 대중들에게 학교폭력을 자극적으로 재현한다. 폭력의 본질적인 문제보다는 충격적인 실태에 집중함으로써 시청자들로 하여금 공포와 분노를 자아내게끔 하며, 결과적으로 가해자 청소년을 처벌이나 관리가 필요한 비정상적 존재로 규정한다(박지훈 외, 2016). 또한 학교폭력의 주원인을 가정의 문제인 양 과다 재현하기도 하는데, 가정에서 심리적 특성의 결함 원인 등을 찾아 보여 주고 결과적으로 결손가정이 아이의 결함을 야기한 듯이 재현한다. 이 같은 미디어의 시선은 대중으로 하여금 학교폭력 상황의 맥락적인 이해보다는 단순하게 가해학생에 대한 무관용, 응보적 정의만을 생각하게 만들고 강력한 법적 처벌 중심의 보수적 정책을 요구하게 만든다.

Chapter 02

청소년 담론과 프레임, 내부자 시선

위기에 처한 청소년, 위험 자체인 청소년

미디어에서 보여 주는 것은 학교폭력 '가해자'는 위기(위험)에 처한 청소년이 아니라 '위험(risk)' 자체라는 것이다. 비유하자면, 가해자는 바이러스의 위험에 처한 청소년이 아니라 가해자 자체가 위험한 바이러스라는 인식을 심어 준다. 양자의 차이는 무엇인가? 위기 또는 위험에 처한 청소년이라면 관심을 가지고 구해 주어야 하는 대상이지만, '위험' 그 자체인 가해청소년은 구해 줄 대상이 아니다. 일반 학생으로부터 격리되어 관리되어야 하며, 처벌과 감시의 대상이다. 이에 따라 가해청소년은 교육기관이 아니라 감시와 처벌의 기관으로 넘겨져야 한다. 그리고 신상에 대한 기록이 지속적으로 업데이트되어야 한다. 그 방법이 '학교생활기록부 기재'이다. 이처럼 청소년을 위기에 처한 청소년으로 볼 것인지, 위험 그 자체로 보는지에 따라 정책은 달라지게 된다.

청소년을 '위험' 그 자체로 보는 담론이 얼마나 급격한 청소년 담론의 변화인가를 알려면, 이전의 '위기에 처한 청소년 담론'과 비교해 보면 확연해진다. 이를 통해 청소년에 대한 사회적 시선이 어떻게 바뀌어 왔는지를 대략 파악할 수 있다. 김미란(2012)의 연구에 따르면, 청소년을 보는 성인 사회의 시선은 불안과 위기의식이 잠재되어 있다. 청소년은 발달 단계의 특성상, 내면의 미성숙과 무질서의 특성을 보이며, 성인으로 불안정하게 성장해 가는 과정에 있는 상태라고 인식된다. 따라서 청소년의 사고와 행동을 규율하기 위한 제도적인 통제와 관리가 필요한 것으로 귀결된다. 이러한 관점을 담은 정책의 담론이 '문제청소년' 담론이었다. 이 담론에 기초하여, 사회적 허용의 범위를 넘어선 청소년을 범주화하고, 이들 청소년을 배제하고 단속하는 전략이 사용되었다.

그러나 청소년에 대한 규율과 통제 중심 정책의 문제에 대한 비판이 제기되면서, 학술적 논의와 정부 정책에서 청소년 담론은 점차 '위기청소년' 담론으로 변화하였다. 이에 따라 청소년 정책은 통제와 관리보다는 위기청소년을 조기 발견하고 예방하는 데 중점을 두게 되었다. '위기청소년'의 조기 발견과 예방 정책이 시행되면서 일정 연령대 청소년 인구의 위기수준과 유형이 계량화되며, 관련된 종단연구가 활발하게 이루어졌다(추주희, 2019). 이러한 정책의 변화는 푸코의 개념화를 따른다면, 억압과 처벌을 위주로 한 '규율권력'에서 삶(생명) 전체를 관리하고, 문제를 예방하고 통제하는 '생명관리권력'으로 넘어갔다는 것을 보여 준다 (Foucault, 2011). '문제청소년' 또는 '비행청소년'의 담론에 기초한 정책보다는 '위기청소년(youth at risk)' 담론에 따른 정책이 훨씬 교육적으로 나아 보인다. 위기청소년 담론은 청소년이 문제 자체가 아니라 위기에 처해 있다는 것을 주장하기 때문이다.

그러나 문제청소년에서 위기청소년 정책으로 청소년 정책이 바뀐 패러다임의 변화 속에서 정부의 학교폭력 담론과 정책을 이해하기는 어렵다. '문제청소년'에서 '위기청소년'으로의 정책 변화의 도식은 그간의 정부의 학교폭력 대처방식을 설명하는 데 잘 맞지 않는다. 청소년정책이 문제청소년 담론에서 위기청소년 담론으로 바뀌었고, 위기청소년 담론이 청소년 정책을 주도해 가는 것처럼 보이나 꼭 그렇지만은 않다. 학교폭력에 관한 한 푸코가 말한 '생명관리권력'이 작용하는 것이 아니라 오히려 규율권력이 더 강하게 작용하고 있다. 그것을 상징적으로 보여 주는 것이 '무관용 처벌'이다. 학교폭력이 심각한 양상을 보이면서 위기청소년을 무관용의 처벌과 감시 통제의 방식으로 관리해야 한다는 인식이 팽배해졌다. 학교폭력과 관련해서는 위기청소년 담론은 이제 청소년 자체가 위험한 존재라는 '위험담론'으로 넘어갔고, 이 위험담론에 의해 무관용의 학교폭력 정책이 만들어지고 있다.

그것을 잘 보여 주는 것이 미국 사회의 청소년에 대한 지루(Giroux, 2008)의 논의이다. 미국에서는 위기청소년이라는 개념은 점차 사라지고, 청소년 자체를 사회의 리스크(risk)로 보는 부정적 인식이 우세해졌다(Giroux, 2008). 왜 그렇게 바뀌었을까?

청소년을 바라보는 미국 사회의 시각이 어떻게 달라졌는지를 다루고 있는 논문(Giroux, 2008)이 「의심사회 속의 청소년」이다.

기존의 국내 연구에서는 청소년의 인권과 사회 참여를 중시하면서도, '청소년'을 동질집단으로 다루고 있으나, 지루의 논의에서는 청소년을 계급과 인종 등에 의해 분할된 존재로 다루고 있다. 우선, 미국 사회에서 청소년을 바라보는 시선이 근본적으로 달라져 있음을 지적한다. 지루(Giroux, 2008)에 따르면, 모든 삶의 관계를 시장경제의 방식으로 인식하게 하는 신자유주의의 영향이 시민사회에도 스며들면서 시민사회도 '시장사회'로 변질되어 갔다. 이에 따라 학교에도 많은 변화가 생겼고, 청소년을 바라보는 시각도 달라졌다.

무한경쟁의 가치를 중시하는 신자유주의 시대가 도래하기 전에는 '청소년'을 공동체의 미래이며, 전도양양한 '꿈나무'처럼 긍정적인 시각으로 보았으나, 이제는 청소년을 의혹의 눈초리로 바라보고 시장사회의 관점에서 바라보기 시작하였다(Giroux, 2008). 청소년은 현재 범죄와 상품화의 언어 속에서 규정된다. 청소년의 일상생활은 착취, 불평등, 인종적인 부정의가 만연한 사회에서 이루어지고 있으며, '긴급상황(emergency)' 속에 처해 있다. 청소년을 감시와 처벌의 대상으로 범죄시하거나 일회용 컵처럼 소비하고 버릴 수 있는 존재로 만들어 버렸는데, 청소년을 이렇게 만드는 데 앞장 선 사회적 기관이 미국의 미디어와 학교이다(Giroux, 2008). 미디어에서는 청소년을 멍청하고, 위험한 것으로 표상하는 경향이 있다. 이전에는 '위기에 처한 청소년'들을 보호, 지지, 정신적 자양분, 그리고 격려가 필요한 존재로 보았으나, 지금은 '청소년 자체가 위험한 존재'라고 보기 시작하였다. 청소년은 악마와 같이 묘사되고, 사회를 위협하는 존재로 취급받으며, 위험(risk) 자체로 여겨지고 있다(Giroux, 2008). 이에 따라 학교는 응보적 관점에서 '무관용' 정책을 편다. 어떤 학교는 학교의 복장 규정으로 학생들에게 죄수복을 입도록 한다. 지루(Giroux, 2008)는 초등학교 4학년의 읽기(독해) 점수와 졸업률의 상관관계에 의해 앞으로 감옥을 얼마나 더 지어야 할지 예상하여 결정할 수 있는 세상이 되었다고 비판한다.

정상과 비정상의 프레임에 갇힌 청소년

청소년에 대한 주류 시각은 정상과 비정상의 프레임 속에서 형성된다. 부적응, 비행, 문제 행동과 같은 '병리적' 현상을 보이는 학생은 비정상으로 분류된다(Davies, 2011). 정상의 범위를 벗어난 청소년들은 자기조절력에 문제가 있거나, 사회적 유능성이나 사회적 기술이 부족하고, 충동성이나 공격성, 우울감 등이 높으며, 자아존중감, 자아정체성 등 내면적 성숙이 덜 이루어진 존재로 인식된다. 그들이 비정상임은 과학적으로 입증된다고 믿어진다.

학교에서의 일상적인 상호작용은 기본적으로 정상과 비정상의 프레임에 따라 이루어진다. 그것이 학생들의 문제를 예방하고 효율적으로 관리할 수 있게 한다고 믿어지기 때문이다. 교사 입장에서 보면, 학생들을 정상/비정상 범주로 뚜렷하게 구분해 놓아야 학생들의 성향을 파악하기가 용이하며, 비정상 범주에 속한 학생들을 정상 범주로 이동시키기 위한 훈육권력을 사용할 정당성을 부여받는다. 그 훈육권력은 흔히 교권으로 인식되기도 하는데, 훈육권력의 약화가 학교폭력 예방에 걸림돌이라고 주장되기도 한다.

학생집단을 표준화된 심리학적 검사법에 의해 정상/비정상 범주로 분리할 수 있을까? 프랑스의 포스트모던 철학자 들뢰즈(Deleuze)는 인간 간의 '차이'를 그렇게 범주 간의 차이로 인식해서는 안 된다고 주장한다(Davies, 2011). 인간은 그렇게 삼팔선을 긋듯, 범주 간의 차이로 구분하기 어렵다는 것이다. 인간은 정상 또는 비정상 범주 속에 속하는 존재가 아니라 정상과 비정상의 구분이 없는 연속 선상에 존재한다고 본다. 인간은 정상/비정상으로 구분된 고정된 실체가 아니라, 다른 사람과의 조우 속에서 변화하고 달라진다. 그것을 보여 주는 것이 영화 〈프리덤 라이터스(Freedom Writers)〉이다.

이 영화는 에린 그루웰(Erin Gruwell)이라는 23세의 여교사가, 빈민가의 위험한 지역에서 살고 있는 폭력적인 모습의 학생들이 스스로 변화할 수 있도록 교육적으로 지도한 실화이다. 그루웰은 학교 주변의 어려운 생활환경에서 자란 흑인, 동양계, 라틴계 등 다양한 인종의 학생들과 만나게 되는데, 그들 모두는 하루하루를 절망 속에서 살아가고 있다. 그 학생들에게 교사가 가르치는 교과 공부는 별 의미가 없는 것이었다. 학생들은 서로 미움, 분노, 적개심 등을 표출하며, 교사에게도 도전적이었다. 따라서 그루웰은 무엇보다도 학생들에게 필요한 것은 위험에 노출되지 않는 안전한 환경 속에서 서로를 신뢰하며 생활하는 것이라고 생각한다. 동료

교사들은 대체적으로 학생들의 부정적인 심리적 특성이 폭력을 유발한다고 생각하여 그것만 고치려고 한다. 하지만 그루웰은 개인의 부정적인 특성에 주목하지 않고 시선을 학생들의 살아가는 위험한 '삶의 환경'으로 확대해 가면서, 학생을 보는 시야가 넓어지게 된다.

그루웰은 학생들이 상대의 입장에서 생각하도록 노력하며 '눈마주치기' 활동을 통해 다른 학생들도 자신과 다르지 않은 '인간'이라는 사실을 깨닫도록 한다. 또한 '자유로운 글쓰기(일기쓰기)'를 제안한다. '일기쓰기'는 학생들이 형식에 구애받지 않고 어느 순간에나 자신의 이야기를 세상에 풀어낼 수 있도록 돕는다. 학생들은 저마다의 방식으로 '일기쓰기'에 참여한다. 학생들은 자신의 이야기를 들려주면서 스스로를 세상에 내어 놓기 시작한다. 자신의 삶의 모습을 표현한다는 것은 자신의 고통과 아픔, 불안과 두려움, 만족과 즐거움 등의 삶의 모습들을 감추지 않고 드러내는 것이다. 나아가 자신의 관점, 입장 그리고 미래를 위한 희망 등을 타인과 나누고 타인의 세계를 이해하고자 하는 것이다. 서로의 이야기에 반응함으로써 자신과 다른 이들을 이해하고 공감할 수 있게 된다. 교사는 이러한 활동을 하면서 끊임없이 학생들로 하여금 다른 존재들과 대상들에 대해 상상하고 공감할 수 있는 힘을 기르도록 한다.

그루웰은 다른 교사들이 알지 못하는 학생들 개개인의 삶의 세계가 존재함을 인식하고, 그들의 다양한 삶의 '이야기'에 집중한다. 학생들은 각자 다른 공간과 삶의 조건 속에서 살아가고 있지만, 서로의 경험을 소통하고 공유하는 것이 필요함을 일깨워 준다. 그루웰은 학생들에게 지역사회를 넘어서 넓은 세계를 접하도록 다양한 읽을거리를 제공하고, 홀로코스트 생존자의 이야기를 직접 들을 수 있게 하며, 영화나 박물관 관람 등의 기회를 제공하기도 한다. 그루웰이 역점을 둔 것은 '서로 앎'이 부재한 상황에서 학생들이 편견을 가지고 세계를 바라보고 있으며, 상대방을 갈등의 대상으로 인식하게 된다는 점을 깨닫게 하는 것이다.

그루웰은 교사가 학생들에게 세계를 비판적으로 읽을 수 있도록 해야 한다고 믿는다. 이런 맥락에서 학생들에게 정치적, 사회적으로 문제가 되고 있는 주제들을 제시하고 토론하도록 한다. 성차별이나 성역할에 관한 인식이 왜 바뀌어야 하는지, 인종 간, 민족 간, 그리고 종교 간에는 왜 끊임없이 전쟁이 일어나게 되는지 그리고 우리는 왜 어느 한쪽에 소속되어 그것이 전부라고 생각하고 있는지 등 학생들이 한 번도 생각해 보지 않았던 문제들에 관한 토론거리들을 제공한다. 학생들은 결론도 내릴 수 없고 해답도 알 수 없는 물음들에 관해 끊임없이 생각해 봄으로써 주어진 현실에 맞서 대항할 수 있는 깨달음을 얻게 된다. 그 과정에서 아이들은 내적으로 변화하며 성숙한다. 만약 이 학생들이 비정상적 집단으로 분류되어 감시와 처벌을 받는 대상으로 인식되었다면, 이들은 사회와 학교에서 규정한 비정상의 굴레에서 영영 벗어나지 못했을 것이다.

학교폭력에 대한 가해자의 시선

일반 대중은 미디어를 통해서 학교폭력을 접할 뿐, 학교폭력에 대해서 심층적으로는 알지 못한다. 그런데 미디어는 외부자의 관점에서 학교폭력 사건을 전달할 따름이다. 학교폭력 상황에 있던 사람들, 특히 당사자들은 어떤 삶의 상황 속에 있으며, 학교폭력에 대해 어떻게 인식하고 있는지 알기 어렵다. 우리는 학교폭력 당사자들이 어떻게 학교폭력을 인식하고 있는지를 알 필요가 있다. 그래야 학교폭력이 왜 발생하는지를 이해할 수 있게 되고, 그 해결책도 마련해 볼 수 있다. 그런 점에서 외부자가 아닌 내부자의 관점(emic perspective)에서 학교폭력을 이해하려는 노력이 필요하다. 내부자는 피해학생이거나, 가해학생일 수도 있고, 주변 학생이 될 수도 있다.

학교폭력 가해자 가족의 입장에서 서술한 책으로 널리 알려진 책은 『나는 가해자의 엄마입니다』이다. 이것은 1999년 13명의 사망자와 24명의 부상자를 낸 미국 콜롬바인 고등학교 총격사건의 범인의 엄마인 수 클리볼드(Sue Klebold)가 쓴 책이다. 이 책은 아들의 범죄행위를 변명하려 하거나 가족의 명예를 지키기 위한 것이 아니라, 도저히 이해할 수 없는 아들의 잔혹한 폭력성과 마주한 엄마가 과거를 되짚어 보며 그 폭력성의 단초를 찾아 내려간 책이다.

미국 콜로바인 총격사건을 다루는 언론매체에서 가해자는 끔찍한 '괴물'이다. 일반 대중도 가해자를 사이코패스라고 생각한다. 가해자의 행위는 그의 정신적 질환이나 가족의 문제에 기인한 것으로 생각한다. "따뜻한 가정환경에서 사랑을 받으며 자란 아이는 절대 그런 짓을 하지 않을 것이다. 부모가 무관심하고, 무책임하고, 어쩌면 학대했을지도 모른다."라고 생각한다. 아들을 잃은 희생자 아버지는 이렇게 울부짖는다. "자기 학교 친구들을 죽이고 싶을 정도의 분노와 괴로움과 증오와 고통에 시달렸습니다. 수백 명을요! 그런데, 어떻게 자기 자식이 그 정도로 증오에 불타고 혼란을 겪는데 그걸 모를 수가 있습니까? 얼마나 거리가 멀었기에 아들의 그런 상태를 못 봅니까? 도대체 어떻게 그런 일이 있을 수가 있어요?"(Sue, 2016: 333-334)

부모로서 수많은 비난을 받았던 수 클리볼드가 도대체 아들이 왜 그런 끔찍한 짓을 했는지 자신이 몰랐거나 무심코 놓쳤던 그 원인을 찾아가는 16년의 긴 여정을 보여 주는 책이 『나는 가해자의 엄마입니다』이다. "평범하고 사랑스런 내 아들이 어떻게 끔찍한 범죄를 저질렀을까?" 그 이유를 수 클리볼드는 과거를 되짚어 보며 찾아간다. "이제 와서 그 원인을 찾으면 무슨 소용이 있나? 그러기에는 너무 늦어 버렸는데."라고 조롱을 받을 수도 있다. 그러나 "이미 우리 곁을 떠난 사람에게는 너무 늦었을지라도 다른 사람을 구하기에 너무 늦지는 않았다는 것"(Sue, 2016: 405)이다.

> 처음에는 압도적인 수치감과 공포, 슬픔만큼이나 강렬한, 알고자 하는 원초적 욕구에 따른 개인적인 이유에서 답을 찾으려 했다.

> 그런데 내가 쥐고 있을지 모르는 조각들이 많은 사람이 풀려고 절박하게 매달리는 퍼즐의 열쇠가 될지도 모른다는 생각이 들었다. 내가 배운 것이 다른 이들에게 도움이 될지도 모른다는 희망이 생기자, 내 이야기를 공개하는 일이 힘겹더라도 피해서는 안 될 일이라고 생각하게 되었다(Sue, 2016: 22).

하지만 수 클리볼드는 그 범죄의 원인이 무엇이었는지 그 해답을 찾아내지는 못하였고, 다만 퍼즐 조각을 찾아내긴 했지만, 그것만으로는 증오와 폭력의 원인을 설명할 수 없다는 것을 알게 되었다.

> 짐작하겠지만 딜런과 에릭이 왜 그런 짓을 했는지를 밝혀 줄 딱 맞는 퍼즐 조각 한 개를 찾으려는 생각을 버린 지는 오래되었다. 아이들을 파국으로 몰고 간 힘이 뚜렷하게 보였다면 더 좋았을 것이다. 한편 사건 직후에 나온 손쉬운 설명들이 걱정스럽기도 하다. 학교문화와 괴롭힘이 콜럼바인의 '원인'이었을까? 폭력적 비디오게임이? 방임적 육아가? 미국 대중문화가 군대 문화에 물든 것? 이런 조각들이 큰 퍼즐의 일부일 수는 있다. 그렇지만 이들 가운데 어떤 것도, 아니 각각의 효과를 조합하더라도, 두 아이가 보인 증오와 폭력을 설명하기에는 부족할 것이라고 생각한다(Sue, 2016: 48-249).

두 아이는 학살을 위해 함께 계획하고 함께 행동했지만, 전혀 다른 사람이고 서로 다른 이유로 그 일에 가담했을 것이다. 하지만 그 이유는 다 알지 못한다. 다만, 무차별 총격을 가해서 많은 사상자를 낸 행위를 가해자의 정신적 질환의 결과나 가정의 문제로만 보게 되면, 유사한 비극을 예방하는 데 도움이 되는 결정적으로 중요한 뭔가를 놓치게 된다는 것을 보여 준다(Aronson, Wilson, & Akert, 2013). 내부자의 관점에서 학교폭력을 바라보게 되는 것도 유사한 학교폭력이 일어나지 않도록 도움이 되는 결정적인 무엇인가를 확인하기 위한 것이다.

그 점에서 「네모의 이야기: 이게 다 학교 때문입니다」 연구는 중요하다. 이 질적 연구의 사례는 가해자 자신의 눈으로 바라보는 학교폭력이 무엇인지를 알려 준다.

네모는 학교폭력 가해자이다. 따라서 미디어의 시선으로는 "가해자는 똑같이 나쁜 녀석들이다. 학생을 괴롭히고 때리는 못된 녀석들이다. 가해자는 엄단해야 한다. 그렇게 함으로써 자신이 얼마나 나쁜 행동을 했는지를 스스로 깨닫게 해야 한다."라고 네모를 관리와 처벌의 대상으로 바라보게 된다. 네모와 같은 비정상적인 아이는 정상적인 우리 아이들과 분리시켜서 따로 생활을 하게 해야 한다. 안전한 우리의 세계로 들어오지 못하게 해야 한다는 의식이 저변에 깔려 있다. "네가 어떻게 살든 우리와 상관없다." 그러나 네모와 1년 동안 만나면서 깊은 대화를 나누었던 연구자는 이렇게 말한다.

> 나는 이 여정에서 적어도 학교폭력 학생이라고 일컬어지는 네모라는 아이가 처음부터 폭력적인 아이가 아니었다는 것을, 그리고

네모 자신도 그로부터 벗어나고 싶어 했지만 그러지 못하고 있다는 것을 알게 되었다. 그런 사실을 알게 되자, 나는 이 여정을 떠나기 전처럼 네모를 학교폭력 학생으로만 바라볼 수 없게 되었다. 그런 이유에서 이 글에는 사람들이 살아가는 동안 네모와 같은 아이를 만났을 때, 그 아이를 학교폭력이라는 안경을 끼고 천편일률적으로 바라보지 않기를 소원하는 나의 바람이 실려 있다(서근원, 문경숙, 2016: 42).

네모는 중학교 3학년이 되어 가해자가 되었지만, 중학교 1, 2학년 때는 학교폭력의 피해자였다. 네모는 가난했고, 할머니와 누나와 함께 산다. 학교폭력의 피해를 당할 때는 네모를 막아 주고 보호해 주는 사람이 부재했고, 3학년 상급학년이 되어서는 스스로를 지키고자 가해자가 되니, 그때는 처벌과 규율이 네모에게 개입해 들어온다. 누구도 폭력에서 벗어나게 손을 내밀어 주지 않는다. 연구자는 "네모가 자신의 폭력 행위를 어떤 눈으로 바라보는지, 그리고 자신의 주변 세상을 어떤 눈으로 바라보는지, 그것을 바라보는 네모의 생각이 무엇인지"를 찾는다. 이것이 내부자의 관점으로 바라보는 학교폭력의 탐구이다. 연구자는 이렇게 말한다.

네모가 폭력적인 학생이 되어 가는 과정과 네모의 마음속에 자리한 행동규범에 대한 분석을 염두에 두고 네모의 학교폭력 행동을 바라보자 네모의 학교폭력은 내가 지금까지 생각해 왔던 학교폭력이 아니었다. 네모의 관점에서 보면 그것은 복수 행위이기도 했고, 그 나름의 정의를 실현하는 일이기도 했고, 폭력이 일상적으로 벌어지는 학교라는 공간에 적응하는 수단이기도 했다(서근원, 문경숙, 2016: 69).

어쩌다 네모는 폭력적인 아이가 되었을까? 태생적으로 거칠고 공격적인 아이였을까? 네모를 잘 아는 아이들과 교사의 증언에 따르면, 네모는 본래 '곰같이 착하고 순한' 아이였다. 네모는 중학교 1, 2학년 동안 선배들로부터 샌드백처럼 두들겨 맞았던 학교폭력 피해자였다. 이렇듯 네모는 선배들의 특별한 이유 없는 구타의 대상이 되었지만, 어느 누구에게도 도움을 구하지 못했고, 보호도 받지 못했다. 학교 기숙사 생활을 했던 네모에게 기숙사는 폭력을 피하기 어렵게 만든 곳이었다. 네모는 견디다 못해 학교를 탈출하였으나 결국 학교로 되돌아올 수밖에 없었다. 교사의 말에 따르면, 네모는 "선배들이 너무 때리니까 때리는 아이가 무서워 학교에 올 수가 없어서 공원에서 거지처럼 지내는 것을 네모 아버지가 찾아와 학교에 데리고 왔다"(서근원, 문경숙, 2016: 59). 학교로 다시 돌아온 네모에게는 선배들의 무자비한 폭행이 기다리고 있었다.

네모가 선배들의 구타를 당하고 있을 때 네모를 위로하고 감싸 안아 주는 사람은 아무도 없었다. 일찍 어머니를 여읜 네모는 자신이 지금처럼 폭력 가해자가 된 데는 '어머니의 부재'의 영향도 있다고 생각하였다. 아버지는 네모가 선배로부터 폭행을 당하고 있는지도 모르고 있었고, 학교에 데려다 주는 일로 아버지의 도리를 다했다고 생각하였다(서근원, 문경숙, 2016). 물론 부모의 부재와 돌봄의 결핍이 네모가 가해자 된 원인은 아니지만, 네모가 과거 학교폭력을 당했을 때에 보호해 줄 힘의 원천이 없었다는 것을 보여 준다. 학교와 교사가 보호와 지지의 역할을 해 주어야 했지만, 그것도 아니었다. 네모가 중학교 3학년이 되어 다른 학생들에 대한 폭력으로 마음의 응어리를 풀기 시작하자 학교는 네모에게 처벌을 가하기 시작하였다. 네모는 학교폭력 사건에 연루될 때마다 일종의 처벌로서 인근 지역의 위탁교육기관으로 보내졌고, 떠돌이 생활을 계속한 결과 학교에 더욱 적응할 수 없게 되었다. 위탁교육기관에 보내서 학교에 적응해 살 수 있는 힘을 길러 와야 하는데, 네모는 떠돌이생활을 하며 학교적응력이 더욱 악화되었다(서근원, 문경숙, 2016).

미디어의 시선으로 보면, 네모의 가정환경에 문제가 있다. 부모의 부재와 돌봄의 결핍을 학교폭력의 원인으로 귀인하기 쉽다. 즉, 부모의 보호와 보살핌을 받지 못한 결과로 학교폭력의 가해자가 되었다고 생각하기 쉽다. 그러나 그런 방식으로 인과관계를 설정하기 어렵다. 처음 가해 행동의 발단이 된 것이 무엇이었는지를 생각해 보자. 네모와 민수의 물장난으로 교실 바닥에 물이 엎질러진 상황을 목격한 학생이 교사에게 신고를 했고, 교사는 네모를 과도하게 체벌함으로써 사안을 처리하였다. 교사의 과도한 체벌은 네모에게 억울한 심정을 갖게 했고, 그것이 신고 학생에 대한 보복으로 이어졌다. 여기에서 우리가 주목하게 되는 것은 교사의 과도한 체벌이 앞으로 일어날 학교폭력의 발단(방아쇠 역할)이 되었다는 사실이다. 당시 교사가 체벌이 아닌 다른 방법으로, 네모에게 따뜻한 애정을 가지고 지도했다면 네모가 학교폭력 가해자가 될 가능성은 훨씬 낮아졌을 것이다. 네모가 이처럼 폭력적인 학생이 되어 간 데는, 네모가 학교폭력의 피해자가 되었을 때 네모를 감싸 주고 보호해 줄 수 있는 부모나 교사가 부재했다는 점, 그리고 중학교 3학년에 올라가 가해자가 되었을 때는 1년 동안 '나무중학교 → 무지개교실 → 나무중학교 → 해돋이학교 → 나무중학교 → 청소년꿈자람센터 → 나무중학교로 네모를 폭탄 돌리듯' 하여 문제를 해결하고자 한 학교의 조치 등이 연관되어 있었다(서근원, 문경숙, 2016). 이런 점을 고려한다면, 가해학생을 바라보는 우리의 시선을 가해자 자신의 문제로만 국한해서는 안 된다.

네모가 학교폭력 가해자가 되어가는 과정은 외부자의 시선으로 파악할 수 없는 것들이다. 학교폭력의 가해자로서만 바라보면, 네모와 같은 학생을 제대로 알 수 없고, 폭력의 상황에서 구해 낼 수 있는 방법을 찾기 어렵다. 네모와 같은 학생을 전인적 존재로 보지 않고, 가해자라는 심리적 특성으로만 파악하려 하거나 학교폭력의 가해자로서만 바라본다면, 학교폭력의 교육적 해법은 요원하다.

Part 2

학교폭력이란 무엇이며, 어떻게 인식하는 것이 필요한가

학교폭력은 우리나라에서만 나타나는 것이 아니라 대부분의 나라에서 일어나는 현상이다. 유네스코의 「학교폭력과 괴롭힘 국제현황보고서」에 따르면, 멕시코, 칠레, 인도네시아, 나이지리아 등 18개국 청소년 10만 명을 대상으로 실시한 설문조사 결과, 응답자의 2/3가 괴롭힘을 당한 적이 있는 것으로 나타났다. 또한 2003~2006년 19개 중 · 저소득 국가에서 이루어진 세계보건기구(WHO)의 글로벌 학생건강조사(GSHS) 결과 11~13세 학생 중 조사 직전 한 달 동안 괴롭힘을 당한 비율은 34%, 매일 괴롭힘을 당한 경우도 8%인 것으로 나타났다. 유럽 국가를 보면, 스웨덴에서는 11, 13, 15세의 소년 · 소녀 중 15%가 조사 직전 몇 달 동안에 괴롭힘을 겪은 것으로 조사됐으며(2006 아동폭력에 관한 유엔 연구), 프랑스에서는 2011년 9~11세 아동 중 조사 대상의 약 32%의 아이가 학교에서 "때때로 언어 괴롭힘에 시달리며", 35%는 "때때로 신체적 폭력을 겪은" 것으로 나타났다.[7] 일본의 경우도 이지메가 심각한 사회문제가 된 지 오래이며, 2019년에는 전국 학교 중 82%의 학교에서 학생들이 '이지메'를 당한 것으로 파악되고 있다(시사오늘 · 시사ON, 2020. 10. 24.).

우리나라에서 학교폭력에 대한 사회적 관심이 높아진 것은 1990년대 중반부터이다. 그 이전에도 학교폭력 사건이 없었던 것은 아니나, 학교폭력 사건이 일반적인 추세에서 벗어나 이슈가 된 계기들이 1990년대 중반에 있었다(이희숙, 정제영, 2012).

- 1997년: 학교 주변의 조직폭력배, 폭력 서클로 인해 피해자들이 자살하는 사건이 발생하였다.
- 2005년: 학교 일진회의 조직으로 학교폭력이 집단적 차원에서 발생하였다.
- 2011~2012년: 대구 중학생 집단 괴롭힘 자살 사건으로 집단 괴롭힘의 문제가 부각되기 시작하였다. 가해학생들이 일진회와 같은 특수 집단이 아닌 학급 내 무리를 이루고 있는 평범한 학생이라는 점에서 사회적으로 큰 충격을 불러일으켰다.
- 2017년: 부산 여중생 집단 폭행 사건이 일어났다. 가해학생들은 여학생들이었으며, 이들은 자신의 행동에 대한 아무런 반성을 보이지 않았다. 이들은 자신들이 「소년법」에 따라 처벌을 받을 수 없다는 점을 악용하여 폭행을 저질렀다고 진술하였다. 이로 인해 「소년법」 개정 청원이 이루어졌다.

학교폭력이 사회적 이슈가 된 것은, 집단괴롭힘과 집단폭행 등이 잔인한 형태로 학교폭력의 현실을 부각시켰기 때문이다. 그러나 집단괴롭힘과 집단폭행만이 학교폭력의 전체는 아니다. 학교폭력의 유형은 다양하다. 특히 팬데믹 이후 대면 수업이 축소되고 원격 수업이 실시되면서 학교폭력도 '언택트' 방식으로 더욱 빈번하게 일어나고 있다. 한 사례를 보자. "군산의 한 고등학생 최모 양(18세)은 메신저 알람을 볼 때마다 가슴이 철렁 내려앉는다. 사이버 불링을 겪은 후부터이다. 최 양은 몇 달 전 같은 학교 친구들의 단체 대화방 초대에 응했고, 그곳에서 난데없이 심한 욕설을 들었다. 급기야 최 양의 얼굴과 다른 여성의 나체사진을 합성한 사진까지 떠돌았다. 최 양은 '피해를 입은 당시에는 심각한 우울증과 자살 충동까지 느꼈다'고 토로했다"(조선일보, 2021. 3. 8.). 사이버 폭력의 양상은 더욱 심각해지고 있는데, 사이버 폭력은 단순히 학교폭력의 한 유형이 아니라 언어폭력, 성폭력을 내포하고 있다. 사이버 폭력의 예에서 보듯이, 학교폭력은 서로 다른 유형의 폭력이 동시에 함께 나타나는 경우가 많다. 따라서 학교폭력은 별개의 유형으로 구분지어 다루기가 어렵다. Part 2에서는 학교폭력이 무엇인가를 알아보고, 기본적인 학교폭력의 유형과 실태를 살펴본다.

Chapter 03

학교폭력의 현상과 법률적 정의

'교실붕괴'는 가고 '학교폭력'이 오다

학교폭력 현상과 관련하여 2000년대 초 대두되었던 '교실붕괴' 담론에 주목할 필요가 있다. 교실붕괴란 학생들이 지켜야 하는 학급의 질서가 붕괴된 것을 의미한다. '교실붕괴' 또는 '학교붕괴'라는 용어는 미디어를 통해 1999년도부터 공론화되며 이후 학계에서도 사용되기 시작하였다. '교실붕괴' 용어는 일본에서 사용되었던 것인데, 한국에서도 이 용어가 들어오면서 한국의 학교교육 현실을 기술하는 개념으로 사용되었다. 즉, 학생들이 수업 시간에 엎드려 잠을 잔다거나, 수업 도중 교사의 허락 없이 교실을 빠져나간다거나, 수업도구를 준비해 오지 않는다거나, 잡담을 한다거나 하는 등 교사의 지시와 통제를 거부하는 현상을 표현하는 용어로 사용되었다. 엄기호(2013)의 『교사도 학교가 두렵다』는 교실붕괴의 모습을 다루고 있는데, 배움과 협력의 공간인 학교가 '수용소'로 전락해 버린 것을 보여 주며 교실붕괴가 사회적으로 심각한 문제임을 일깨우고 있다. 한국의 교실붕괴 현상은 일본의 교실붕괴 현상과 다른 점이 있다(정광희, 2002). 일본의 교실붕괴는 주로 '소학교'에서 일어나는 심각한 문제 현상인데 비해, 한국의 교실붕괴는 초등학교가 아닌 '중 · 고등학교'에서 주로 나타나는 문제 현상으로 공교육의 위기라는 측면에서 다루어지고 있다.

그런데 흥미로운 점은 학교폭력이 사회적 이슈로 등장하면서 교실붕괴 담론은 뒷전으로 밀려났다는 것이다. 이제 교실붕괴에 관심을 보이는 언론은 별로 없으며, 학계에서도 별다른 관심을 보이지 않고 있다. 교실붕괴 담론은 마치 유행어처럼 한때 유행을 타다 사라지는 현상을 보이고 있다.[8] 교실붕괴와 학교폭력은 어떤 연관성을 지니는 것일까? 그에 대해 연구된 바는 없으나, 교사의 통제와 지시를 거부하는 교실붕괴 현상이 학생들 간의 따돌림, 괴롭힘과 연관성이 있는 것으로 추정되고 있다. 일본의 경우 학교교육이 직면하고 있는 가장 큰 문제는 초등학교에서는 학급붕괴 현상이고 중학교에서는 교내폭력 현상이다. 일본에서 '학교붕괴'란 이 두 현상을 총칭하는 말이다. '학급붕괴'란 소수의 학생들이 교실에서 교사의 지시를 무시하거나 반항하는 것을 계기로 혼란이 학교교실 전체에 퍼져가고 있음을 말한다. 일본의 교내폭력은 1997년도에 1만 8,209건으로 전년도에 비해 2.2배가 증가한 것으로 나타났다(한국교육신문, 2000. 4. 10.).

무엇이 어떻게 학교폭력이 되는가

1997년 정부는 '학원폭력(학교폭력)'에 대한 전면전을 선포했는데, 이 시기에는 '학교폭력'이 아니라 '학원폭력'이란 용어가 주로 사용되었다. 학원폭력은 본래 일본에서 사용된 용어였으며, 2005년까지도 학원폭력이란 용어가 우리나라에서 사용되었다(예를 들어, 고대신문, 2005. 3. 14.). 2004년 「학교폭력예방법」이 제정되면서 '학교폭력'이 공식적인 용어로 사용되기 시작하였다.

현재의 학교폭력 개념은 기본적으로 법적인 정의에 기초하고 있다. 학교폭력에 대해 법적인 정의가 명료하게 된 것은 2004년 「학교폭력예방법」이 제정되면서부터이다. 2004년 「학교폭력예방법」에서는 "학교 내외에서 학생 간에 발생한 상해, 폭행, 감금, 협박, 약취 · 유인, 명예훼손 · 모욕, 공갈, 강요 및 성폭력, 따돌림, 정보통신망을 이용한 음란 · 폭력 정보에 의하여 신체 · 정신 또는 재산상의 피해를 수반하는 행위"를 학교폭력으로 규정하였다. 2012년 개정된 「학교폭력예방 및 대책에 관한 법률」에서는 "학교 내외에서 학생을 대상으로 발생한 상해, 폭행, 감금, 협박, 약취 · 유인, 명예훼손 · 모욕, 공갈, 강요 · 강제적인 심부름 및 성폭력, 따돌림, 사이버 따돌림, 정보통신망을 이용한 음란 · 폭력 정보 등에 의하여 신체 · 정신 또는 재산상의 피해를 수반하는 행위"를 학교폭력으로 규정하고 있다(이승현, 2012).

2012년 개정된 법률에서 보면 학교폭력은 학생 개인이나 집단에 의해 반복적이고 지속적으로 일어나는 신체적 · 물리적 폭력은 물론 강제심부름, 따돌림, 욕설, 협박 등의 심리적 · 언어적 폭력 행위를 의미하는 것으로 그 개념이 확장되었다. 이러한 학교폭력의 법적 개념은 형법상의 물리적 폭력 개념을 넘어선 것으로 학생들 사이에서 일어나는 다양한 폭력 현상을 포괄하기 위한 학교폭력 개념이라 할 수 있다(이승현, 2012). 법률에 의해 정의되는 학교폭력은 세 가지의 특징을 지닌다. 첫째, 학교폭력은 신체 및 정신, 재산상의 피해를 수반하는 행위이다(행위의 범주). 둘째, 학교폭력은 학교 내에서 발생한 사건뿐 아니라 학교 밖에서 일어난 행위도 포괄한다(장소의 범주). 셋째, 학교폭력은 학생 간 일어난 행위뿐만 아니라 '학생을 대상으로' 발생한 행위도 포함한다(이규미 외, 2019).

법률적인 학교폭력 정의는 학교폭력에 해당하는 것이 무엇인가를 명료하게 규정한다. 하지만 학교폭력의 본질이 무엇인가에 대한 정의를 담고 있지는 않다. 게다가 학교폭력이라는 용어는 대개 상해, 폭행, 협박 등을 연상시키므로, '괴롭힘'은 학교폭력이라는 용어와 별개로 사용되는 경우도 있다. 서구사회에서 사용하는 용어인 'bullying'은 '학교폭력' 또는 '괴롭힘'으로 번역되는데, 때로 학교폭력과 별개의 것으로 간주되기도 한다. 노르웨이 학자 올베우스(Olweus, 1993)에 따르면, 'bullying'은 "힘의 불균형 상태에서 일정 기간 반복적으로 행해지는 공격적 행동"이다. 현재 우리나라에서 사용되는 학교폭력의 개념은 매우 포괄적 개념으로 학생을 대상으로 하는 신체적 폭력, 언어적 폭력, 관계적 폭력(괴롭힘과 따돌림), 사이버 폭력, 성폭력 등을 모두 가리킨다.

「학교폭력예방법」에 따른 학교폭력 정의는 다음과 같은 학교폭력 유형을 포함하고 있다(교육부, 2021).

신체폭력

- 신체를 손, 발로 때리는 등 고통을 가하는 행위(상해, 폭행)
- 일정한 장소에서 쉽게 나오지 못하도록 하는 행위(감금)
- 강제(폭행, 협박)로 일정한 장소로 데리고 가는 행위(약취)
- 상대방을 속이거나 유혹해서 일정한 장소로 데리고 가는 행위(유인)
- 장난을 빙자한 꼬집기, 때리기, 힘껏 밀치기 등 상대 학생이 폭력으로 인식하는 행위

언어폭력

- 여러 사람 앞에서 상대방의 명예를 훼손하는 구체적인 말(성격, 능력, 배경 등)을 하거나 그런 내용의 글을 인터넷, SNS 등으로 퍼뜨리는 행위(명예훼손)
- 여러 사람 앞에서 모욕적인 용어(생김새에 대한 놀림, 병신, 바보 등 상대방을 비하하는 내용)를 지속적으로 말하거나 그런 내용의 글을 인터넷, SNS 등으로 퍼뜨리는 행위(모욕)
- 신체 등에 해를 끼칠 듯한 언행("죽을래" 등)과 문자메시지 등으로 겁을 주는 행위(협박)

금품갈취(공갈)

- 돌려줄 생각이 없으면서 돈을 요구하는 행위
- 옷, 문구류 등을 빌린다며 되돌려 주지 않는 행위
- 일부러 물품을 망가뜨리는 행위
- 돈을 걷어 오라고 하는 행위

강요

- 속칭 빵 셔틀, 와이파이 셔틀, 과제 대행, 게임 대행, 심부름 강요 등 의사에 반하는 행동을 강요하는 행위(강제적 심부름)
- 폭행 또는 협박으로 상대방의 권리행사를 방해하거나 해야 할 의무가 없는 일을 하게 하는 행위(강요)

따돌림

- 집단적으로 상대방을 의도적이고, 반복적으로 피하는 행위
- 싫어하는 말로 바보 취급 등 놀리기, 빈정거림, 면박주기, 겁주는 행동, 골탕 먹이기, 비웃기
- 다른 학생들과 어울리지 못하도록 막는 행위

성폭력

- 폭행 · 협박을 하여 성행위를 강제하거나 유사 성행위, 성기에 이물질을 삽입하는 등의 행위
- 상대방에게 폭행과 협박을 하면서 성적 모멸감을 느끼도록 신체적 접촉을 하는 행위

- 성적인 말과 행동을 함으로써 상대방이 성적 굴욕감, 수치감을 느끼도록 하는 행위

사이버 폭력

- 속칭 사이버 모욕, 사이버 명예훼손, 사이버 성희롱, 사이버 스토킹, 사이버 음란물 유통, 대화명 테러, 인증놀이, 게임부주 강요 등 정보통신기기를 이용하여 괴롭히는 행위
- 특정인에 대해 모욕적 언사나 욕설 등을 인터넷 게시판, 채팅, 카페 등에 올리는 행위. 특정인에 대한 저격글이 그 한 형태임
- 특정인에 대한 허위 글이나 개인의 사생활에 관한 사실을 인터넷, SNS 등을 통해 불특정 다수에 공개하는 행위
- 성적 수치심을 주거나, 위협하는 내용, 조롱하는 글, 그림, 동영상 등을 정보통신망을 통해 유포하는 행위
- 공포심이나 불안감을 유발하는 문자, 음향, 영상 등을 휴대폰 등 정보통신망을 통해 반복적으로 보내는 행위

교육부의 '2020년 학교폭력 실태조사'에 따르면, 여러 가지 학교폭력의 유형 가운데, 언어폭력(33.6%)과 집단따돌림(26.0%)이 가장 많이 발생했다. 그 다음, 사이버 폭력은 12.3%, 신체폭력은 7.9%, 스토킹은 6.7%, 금품갈취는 5.4%, 강요는 4.4%, 성폭력은 3.7%로 나타났다. 언어폭력과 집단따돌림, 신체폭력은 초등학교(각각 34.7%, 26.8%, 8.7%)에서, 사이버 폭력은 중학교(18.1%)에서

〈표 1〉 2020년 학교폭력 실태조사 결과

구분	언어 폭력	집단 따돌림	스토킹	신체 폭력	사이버 폭력	금품 갈취	성폭력	강요
전체	33.6	26.0	6.7	7.9	12.3	5.4	3.7	4.4
초	34.7	26.8	6.3	8.7	10.2	5.6	3.2	4.5
중	30.2	24.3	7.6	5.4	18.1	5.2	4.8	4.4
고	32.3	23.8	7.6	7.2	15.4	4.5	4.9	4.3

(피해 유형별 비율(%), 복수응답)

출처: 교육부, 2021. 1. 20. 2020년 학교폭력 실태조사 결과.

비중이 상대적으로 높았다(교육부, 2020). 한편, 스토킹은 중고등학교(7.6%)에서, 금품갈취는 초등학교(5.6%)에서 상대적으로 높았다.

「학교폭력예방법」에서 폭력의 유형으로 분류되어 있지 않지만, 우리가 간과해서는 안 되는 미세한 형태의 폭력이 있다. 너무 미세하여 눈에 잘 띄지 않으며, 폭력인지 아닌지 그 경계선이 모호하지만, 누군가를 정서적으로 상처를 주는 은근한 형태의 차별과 무시도 폭력이 될 수 있다. 그것은 '미시적 폭력(microaggression)'의 유형이다. 특정집단에 대해 편견을 가지고 부정적이거나 차별적인 태도를 보이는 말과 행동도 미시적 폭력이다.

오늘날 학교나 직장에서 폭력이라고 말하기도 어렵고 차별이라고 문제 삼기 어려운 형태의 미묘한 왕따가 일어나고 있다. 예를 들어, 학교에서 '쳐다보거나 말을 걸지 않으며 인사를 하지 않는' 방식으로 특정 학생을 투명인간 취급하는 행동이 일어나기도 하고, 직장에서는 학벌이 낮거나 비정규직이라는 이유로 '무시하고, 배제하며, 깎아내리는' 행동이 빈번하게 일어나고 있다. 이것은 폭언이나 폭행에 해당되지 않으며, 가해의 증거를 찾기 어려운 교묘한 형태의 폭력이다. 물리적 폭력이나 욕설처럼 강한 강도는 아니지만, 자신을 비하하고 조롱하는 말을 듣는 당사자들은 괴롭고 고통스럽다. 그러나 편견과 차별의식은 무의식 속에 '스며들어' 있기에 가해자 자신도 모르게 자신의 말과 행동을 통해 잠재적으로 표현된다. 이 모든 형태의 차별적 행동이 미시적 폭력임을 인식할 필요가 있다.

Chapter 04

학교폭력의 본질: 피해자의 정체성 훼손

가해자 행동 중심의 정의와 피해자 중심 정의

앞서 살펴봤듯이, 학교폭력에 대한 법적 정의만으로 학교폭력에 대한 개념이 명료해지는 것은 아니다. 보다 근본적으로 폭력이란 무엇인가 하는 정의의 문제가 남아 있다. 학교폭력에 대한 2012년 법률의 정의는 강제심부름, 따돌림, 욕설, 사소한 괴롭힘도 폭력으로 규정하고 있지만, 그것이 왜 폭력인가에 대한 의문을 남기고 있다. 그 의문에 대한 근본적인 탐색이 필요하다.

폭력에 대한 정의를 보면, 갈퉁(Galtung)의 개인적 · 구조적 · 문화적 정의, 사르트르(Sartre)의 실존주의적 정의, 아마르티아 센(A. Sen)의 정체성 차원의 정의, 호네트(Honneth, 2012)의 인정 이론적 정의 등이 있다(문성훈, 2010). 폭력에 대한 고전적 연구는 갈퉁(Galtung, 2000)의 연구로, 학술적 연구에서는 그의 폭력 정의가 많이 인용된다. 갈퉁에 의하면 폭력이란 '근본적으로 인간의 실제적 삶이 잠재적으로 가능한 것보다 협소해지도록 만드는 외적 영향력'을 말한다. 즉, 폭력이란 신체 훼손 이상이며, 잠재적으로 가능한 삶과 현실적 삶 사이에 괴리를 일으키는 모든 요소가 폭력에 해당된다는 것이다. 그리고 그는 개인적 폭력, 사회구조적 폭력, 문화적 폭력이라는 개념을 통해 다양한 폭력 현상을 구분 짓고 있다.

하지만 갈퉁의 이러한 폭력 분류는 비판을 받는다(문성훈, 2010). 폭력의 주체 중심으로 폭력을 분류하고 있기 때문에 피해자 중심으로 폭력 현상을 파악하기 어렵게 만든다는 것이다. 개인적 폭력은 개인이 폭력의 주체(가해자)가 되는 경우이며, 사회구조적 폭력은 사회구조가 불평등을 일으키는 폭력의 주체일 뿐 구체적인 행위자가 없다. 사회구조적 폭력은 삶의 조건을 열악하게 하는 것이지만, 그것이 과연 폭력인가 하는 의문을 갖게 한다. 문화적 폭력은 오로지 개인적 폭력과 사회구조적 폭력을 정당화하는 메커니즘으로만 인식된 나머지 그 자체가 개인의 삶의 실현을 훼손한다는 점이 충분히 고려되지 못하고 있다(문성훈, 2010).

한편, 호네트(Honneth, 2012)는 인정이론적 관점에서 폭력을 '개인의 정체성' 훼손 현상이라고 정의함으로써 다양한 폭력 현상을 모두 포괄하고자 시도한다. 인정투쟁의 이론적 측면에서 개인의 정체성 차원은 세 가지 차원으로 구별되고 규정된다. ① 신체적 존재로서의 자아정체성, ② 도덕적 판단 능력을 갖춘 존재로서의 자아정체성, ③ 개성적 존재로서의 자아정체성이다. 이에 따라, 첫째, 구금, 감금, 고문 등은 신체적 정체성에 대한 훼손 행위로 규정되며, 이는 단순히 신체적 고통을 일으키는 것이 아니라 개인의 긍정적인 자기의식을 훼손하는 폭력으로 간주된다. 둘째, 공동체나 타인과의 관계에서 도덕적 판단 능력을 부정하거나 도덕적 판단 능력을 사용할 기회를 허용하지 않는 것은 도덕적 판단 능력을 갖춘 존재로서의 정체성을 훼손하는 폭력으로 규정된다. 셋째, 타인의 능력이나 취향, 생활방식, 개성 등을 무시하고, 이를 열등한 것으로 평가절하하는 것은 개인의 "자기실현 방식에 대한 동의의 박탈"로서 개성적 정체성을 훼손하는 폭력으로 규정된다(문성훈, 2010).

개인의 정체성 훼손이라는 관점에서 폭력을 정의한 것은 폭력이란 근본적으로 사랑 · 권리 · 연대(사회적 가치 부여)에 대한 상호인정관계가 파괴됨으로써 개인의 긍정적인 자기관계가 근본적으로 훼손되는 현상임을 드러내려는 것이라 할 수 있다(문성훈, 2010). 나아가 이러한 폭력의 정의는 폭력을 가해자 중심으로 파악하는 것이 아니라 피해자 중심으로 파악하는 것이 필요함을 드러내는 것이라 할 수 있다.

학교폭력에 대한 기존의 정의를 보면, 인정관계의 훼손이라는 측면이 제대로 고려되지 못하고 있고, 또한 대부분 피해자 중심이 아니라 가해자 중심으로 이루어지고 있다. 예를 들어, 학교폭력 연구자들은 대체적으로 학교폭력을 정의함에 있어 기본적으로 올베우스(Olweus, 1993)의 정의를 따르고 있는데, 올베우스의 학교폭력 정의 역시 가해자 중심으로 이루어진 정의이다. 올베우스는 학교폭력을 'bullying'이라는 용어로 표현하는데, 'bullying'

개념은 'mobbing' 개념이 포착하지 못하는 다양한 유형을 모두 학교폭력으로 포괄한다. 그에 의하면, 학교폭력은 다음 세 가지 요소, 즉 ① 공격 행위 또는 의도적으로 해를 끼치는 행위, ② 오랫동안 반복적으로 수행됨, ③ 힘의 불균형을 특징으로 하는 인간관계를 포함하고 있다(Olweus, 2010). 바로 이러한 학교폭력 정의가 가해자 중심으로 이루어진 정의로, 힘의 우위를 가진 가해자가 의도적으로 해를 끼치는 공격적 행위를 오랫동안 반복적으로 수행한 것이 학교폭력이다. 이러한 학교폭력의 세 가지 기준, 즉 의도성, 반복성, 힘의 불균형이 연구자와 실천가 사이에서 널리 수용되고 있고, 이러한 척도에 입각하여 'Olweus Bullying Questionnaire(OBQ)'가 개발되어 사용되고 있다(Olweus, 2007). 하지만 올베우스(Olweus, 2010)는 가해자 중심 관점에서 학교폭력을 정의하고 있어 피해자 중심으로 학교폭력을 파악하기 어려운 한계가 있다.

폭력이 무엇인가에 대해 분명한 개념 정의와 아울러 폭력 개념의 정의에서 암묵적으로 전제하고 있는 폭력에 대한 비판의 규범적 토대가 무엇인가를 확인하는 것이 또한 중요하다. 사람들은 대체로 폭력은 그 어떤 것이라도 무조건 나쁘다는 의식을 갖고 있는 것만은 아니며, 폭력에 정당성을 부여하는 경우도 있다. 예를 들어, ① 정당방위로 자기를 보호하기 위해 폭력이 사용될 수 있고(자연권적 정당화), ② 법적 질서를 수호하기 위해 폭력이 허용될 수도 있으며(국가에 의한 합법적 폭력), ③ 좋은 목적을 위해 사용되는 폭력은 정당하다는 것이다(목적과 수단 관계). 자연권적 정당화는 국가에 의한 폭력이 독점화된 현대사회에서 적합하지 않다는 비판을 받으며, 국가에 의한 합법적 폭력의 경우도 법적 질서 자체가 부당한 경우, 국가의 합법적 폭력을 비판할 수 있는 규범적 토대를 제공해 주지 못하는 것으로 평가된다(문성훈, 2010). 목적과 수단 관계의 관점은 현존하는 법적 질서를 넘어서 폭력을 비판할 수 있는 규범적 토대라는 평가를 받는데, 이는 폭력에 대한 규범적 판단에 있어 하버마스(Habermas, 2006)가 말한 '목적합리성'을 적용한 관점이라 할 수 있다.

목적과 수단 관계의 관점에서 폭력을 합리화할 수 있는 것도 어디까지나 폭력의 가해자 입장에서 이루어지는 것이다. 그 가해자가 어떤 의도와 목적을 가졌는가가 중요하다는 것이 된다. 예를 들어, 과거 청소년병영캠프에서 일어난 일상적인 가혹행위를 언론이나 교육당국, 학부모가 폭력으로 인식하지 않는 이유는 바로 목적과 수단 관계의 관점에서 보기 때문이다. 폭력이 극한의 정신력, 신체적 훈련을 위한 불가피한 수단으로 채택되었다는 것이다. 극한의 정신력, 신체적 훈련 속에는 불가피하게 때리고, 기압을 주고, 발로 차는 행위가 포함된다. 그러므로 훈련 교관에 의해 일어나는 일련의 행위는 폭력이 아니며, 설령 폭력이라고 해도 그것은 교육과 훈련을 위한 불가피한 수단이라는 인식이다. 어느 학교장의 폭력에 대해 일부 학부모가 인식하는 바도 좋은 예이다(한겨레신문, 2013. 7. 25.). '훈육을 위해 불가피한 것'이었다는 것이다. 학생들은 신체적 · 심리적 폭력을 당했음에도, 그것이 훈육으로 인식되는 것이다. 왜 그러한가? 학교라는 공간에서 일어난 일이고, 다른 누가 아닌 학교장이 한 행위이므로 그의 행위는 훈육이 될 수밖에 없다는 인식이다.

목적과 수단 관계의 관점에 따르게 되면 폭력 자체에 대한 규범적 평가가 불가능하며, 오로지 폭력이 사용되는 목적에 대한 규범적 평가만이 가능할 뿐이다(문성훈, 2010). 예를 들어, 교관의 폭력행위 자체에 대한 평가가 아니라 훈련을 하는 목적인 극기, 극한의 정신력 함양이 아이들에게 좋은 것인가, 나쁜 것인가에 대한 평가만이 가능한 것이다. 목적과 수단 관계의 관점은 수단과 목적이 분리될 수 있다는 전제에 입각한 것으로 수단 자체가 실제는 목적이 될 수 있다는 것을 무시한다(Dewey, 2007). 극기, 자기계발은 허울 좋은 목적에 불과할 뿐, 실제 훈련의 과정과 훈련의 수단 자체가 실제상으로 훈련의 목적을 구성하는 것이다. 학교에서 일어나는 폭력에 대해서도 마찬가지로 말할 수 있다. 학교에서 교사의 체벌이 폭력으로 인식되는 일은 드물다. 체벌은 교육적 목적을 위해 사용될 수 있으며, 교육적 목적의 성격을 갖는 한 체벌은 폭력으로 규정되지 않는다. 사실 학교폭력의 원인에 대한 수많은 주장 가운데는, 교사가 생활지도를 할 수 있는 체벌권이 없어진 것에서 기인한다는 주장도 있다. 이 주장에 따르면, 생활지도 목적으로 교사가 수단으로 선택하는 체벌은 폭력이 아닌 것이다. 그것은 교육적인 매라고 규정된다. 그렇게 본다면 학생들 간에 일어나는 다양한 형태의 폭력적 행위가 폭력이 될 수밖에 없는 이유는 폭력적 행위를 정당화할 수 있는 목적이 없기 때문이다.

목적과 수단은 분리되지 않는다. 어떤 이유에서건 특정 개인에 대한 사이버 스토킹, 혐오발언, 괴롭힘은 그 자체가 폭력이다. 그 대상이 도덕적 문제가 있다고 의심되면, 사이버 스토킹을 해도 그것은 '스토킹'이 아니라 어디까지나 '추적'이며, 사회정의의 목적을 실현하는 정당한 행위라고 인식되기도 한다. 중화이론(neutralization theory)에 따르면, 가해자는 가해 행동이 상대의 잘못으로부터 비롯되었으므로 가해자 자신은 아무런 잘못이 없다고 주장(책임 부정)하거나, 자신의 가해 행동은 결코 폭력이 아니며, 집단의 정의를 실현하는 정당한 행위(대의명분)라고 자신의 행위를 합리화하기도 한다. 사이버 공간을 매개로 다른 사람을 의도적이고 악의적으로, 반복적으로 따라다니며 괴롭힌다면, 그 대상이 누구인가와 상관없이, 그것은 '추적'이 아니라 '사이버 불링(cyberbullying)'이다. 그런데 사이버 불링이 아닌 '추적'이라고 자신의 행위를 합리화하는 것은, 중화이론이 주장하는 바와 같이, 마치 가해학생이 가해 행동을 해 놓고 그것이 '장난'이었다고 중화시키는 것이나 다를 바 없다.

사회에서 일어나는 집단괴롭힘은 학교폭력의 양상과 너무도 닮아 있다. 집단 내에서 지배적인 위치를 획득할 목적으로 폭력을 행하는 지능적인 가해자의 경우, 사람들의 비난을 받지 않고 오히려 지지를 받을 수 있는 방식을 취한다. 아이들이 싫어하는 아이(아이들이 싫어하게끔 안 좋은 소문을 흘리기도 한다), 또는 아이들에게서 관심을 받지 못하는 아이를 표적으로 삼아 잔인하게 공격하며 괴롭힌다. 그러면 주변 아이들은 "그래 당할 만 해."라고 더욱 옆에서 부추기거나, 제지하지 않고 방관한다. 이런 비슷한 양상의 폭력이 학교 안팎에서 지금도 일어나고 있으며, 때로 '표현의 자유'로 미화되기도 한다.

그런데 폭력을 가해자 중심으로 파악하거나 규정하지 않고, 피해자 중심으로 이해하고 규정하게 되면, 폭력에 대한 매우 다른 그림이 그려지게 된다. 현재 학교폭력의 정의는 가해자의 행동에 초점을 두고 있다. 그러나 피해자 중심으로 학교폭력을 정의한다면, 자존감 훼손, 보편적 인권과 존재의 가치를 훼손하는 행동이라고 정의를 내릴 수 있다. 가해자의 의도와 목적이 무엇이었든, 피해자가 어떤 피해와 손상을 입었는지가 중요하다는 입장을 취한다면, 폭력을 가해자의 행위의 목적에 의해 정당화하기 어려워진다. 이런 점에서 볼 때, 인정이론적 폭력 관점은 매우 의미가 크다고 평가할 수 있다.

호네트의 인정이론적 폭력 관점은 개인의 정체성을 훼손하는 어떠한 형태의 폭력도 폭력이며, 그것은 폭력 행위의 목적합리성에 의해 정당화될 수 없다는 입장이다. 폭력에 대한 이런 규범적 관점이 현실적으로 목적합리성의 관점보다 강력한 논거로서 작용할 수 있는가? 예를 들어, 군대나 감옥, 정신병원 등의 필드(field)에는 일반의 규범적 통념을 적용하지 않는 경향이 있는데, 군대의 특수성, 감옥, 정신병원 같은 필드의 특수성을 인정하고 있기 때문이다. 물론 사적인 가혹 행위는 금지되어 있으나, 훈련, 교정, 치유를 위한 목적으로 행해지는 행위는 폭력으로 인식되지 않는다.

인정이론적 관점에서는, 군대나 감옥, 정신병원에서 아무리 훈련, 교정, 치유를 목적으로 삼더라도, 군인이나 수용자의 정체성을 훼손하고 자기실현을 어렵게 만든다면, 그것은 규범적으로 비판받아 마땅하다는 주장이 제기될 수 있다. 하지만 훈련, 교정, 치유가 정체성을 훼손하는 것도 아니고 오히려 자기실현을 가능하게 만드는 것이라는 가해자 측의 반론도 만만치 않게 나올 수 있다. 이 경우는 조직 대행자의 행위가 어떤 결과를 가져오는가에 대한 결과 해석의 문제로 논의가 집중되며, 결과가 어떠한가에 대한 해석의 문제로 남게 될 공산이 크다.

그러나 여기서 중요한 포인트는, 폭력을 행하는 조직이나 조직 대행자의 목적과 의도가 교정이나 치유라고 아무리 주장해도, 피해자의 입장에서 그 행위가 정체성의 훼손을 경험한 것이라면, 조직이나 조직 대행자의 행위는 행위의 목적에 의해 정당화되기 어렵다는 점이다. 이것이 바로 폭력을 가해자 중심으로 파악하고 규정하는 규범적 토대와 피해자 중심으로 파악하고 규정하는 규범적 토대의 차이를 극명하게 드러내 주는 점이다.

다만, 폭력을 피해자 중심으로 규정하는 규범적 토대에 대해 의문이 제기될 여지는 있다. 피해자가 타인의 자극(행위)에 더 민감하게 반응하는 경향이 있으므로 정체성의 훼손을 더 쉽게 경험하는 것이라면, 이는 상당 부분 피해자 탓이 아닌가 하는 의문이 그것이다. 비유하자면, 창문에 돌이 날아갔는데, 창문 유리창이 쉽게 깨지는 것은 창문 유리가 그만큼 충격에 약하기 때문이지, 창문에 날아간 돌만을 탓할 것은 아니라는 것이다.

이 의문은 쉽게 물리치기 어려운 면이 있다. 사람들에게 상당한 설득력이 있기 때문이다. 이런 난제를 해결할 길은 없는가? 듀이(Dewey, 2007)의 '상호작용 경험론'이 해결의 실마리를 제공해 줄 수 있다. 사람들은 자신이 보인 행위(자극)가 세계/타자에 어떤 변화를 일으키는 결과를 가져오는지에 무관심한 경우가 많다. 이것은, 창문에 돌을 던지면서 어떤 결과가 생길 것인지 사전에 깊이 숙고하지 않는 것에 비유할 수 있다. 그런데 만일 자신의 행위로 인해 대상에 어떤 결과가 생겼는지 책임 있는 자세로 관심 있게 지켜보고, 자신의 행위 결과와 그 의미에 대한 피드백을 받음으로써 자신이 어떻게 반응(행위)을 개선해야 하는지를 깨달았다면, 그 사람은 비로소 대상과의 상호작용, 상호교류의 경험을 가지게 된 것이다. 그리고 그 대상의 특성을 고려하여 이전과는 다른 행위를 선택하게 될 것이다. 이런 선택이 바로 듀이가 말하는 '지적인 사고'가 작용하는 경우이다. 듀이에 의하면 진정한 지적인 사고란 "자신의 반응으로 인해 세계/타자가 어떠한 변화를 겪게 되는지에 대해 책임 있는 자세로 관심 있게 지켜보는 것이다" (Dewey, 2007: 238). 이런 의미에서 사고하는 것은 또한 '결말에 대하여 관심'을 가진다는 뜻을 담고 있다.

대상의 특성을 고려하여 자신의 행위를 선택하는 경우를 비유하자면, 깨지기 쉬운 유리 창문이라는 점을 충분히 고려함으로써 돌을 던지지 않는 것이다. 만일 그것을 충분히 고려하지 못했다면, 이는 의도적이지 않은 행위로 간주할 수 있고, 자신의 행위 결과와 그 의미를 자각한다면, 차후 개선될 가능성이 있다. 하지만 깨지기 쉬운 창문이라는 것을 사전에 충분히 고려해서 돌을 던졌다면, 이는 의도성과 고의성을 가진 행위(폭력)라 하지 않을 수 없다. 이 경우는 유리 창문이 특성상 깨지기 쉬운 탓을 할 수가 없다.

폭력을 가해자 중심의 규정에서 피해자 중심의 규정으로 전환하는 것은 폭력에 대한 규범적 토대를 바꾸어 놓을 수 있다는 점에서 진일보하는 것이다. 하지만, 한 걸음 나아가 가해자 중심/피해자 중심의 이분법을 넘어서서 상호작용의 경험 측면에서 폭력을 규정하는 것이 폭력에 대한 규범적 토대를 보다 확고히 할 수 있는 길이 될 수 있다.

Chapter 05

심각한 학교폭력 유형의 예

학교폭력 유형 중 가장 심각한 모습으로 나타나고 있는 집단따돌림과 사이버 폭력을 중심으로 살펴보자.

집단따돌림

「학교폭력예방법」에 따르면 집단따돌림은 집단적으로 상대방을 의도적이고 반복적으로 피하는 행위, 싫어하는 말로 바보 취급 등 놀리기, 빈정거림, 면박주기, 겁주는 행동, 골탕 먹이기, 비웃기, 다른 학생들과 어울리지 못하도록 막는 행위 등이다. 집단따돌림은 또한 '전혀 말을 걸지 않거나 상대를 하지 않기' '물어봐도 대답하지 않고 쳐다보지도 않기' '등굣길이나 하굣길에 자기들끼리만 가기' '쉬는 시간에 같이 놀지 않기' '점심 시간에 밥을 같이 먹지 않기' 등의 방식으로도 일어난다. 집단따돌림은 소속 집단 내에서 소외 또는 배제시키는 현상이라 할 수 있다(김용태, 박한샘, 1997). 그러나 「학교폭력예방법」(1조 2항)에서 정의하는 '따돌림'이란 학교 내외에서 2명 이상의 학생들이 특정인이나 특정집단의 학생들을 대상으로 지속적이거나 반복적으로 신체적 또는 심리적 공격을 가하여 상대방이 고통을 느끼도록 하는 모든 행위를 말한다. 집단에서 개인을 소외시키거나 배제하는 따돌림 행위만을 의미하는 것이 아니라, 신체적 · 심리적 괴롭힘도 포함하는 개념이다. 이와 같이 「학교폭력예방법」에서는 따돌림과 괴롭힘을 구분하지 않고 있다. 하지만 실제 학교에서는 따돌림과 괴롭힘은 다른 유형으로 간주되기도 하며, 학교폭력 연구에서도 그러하다. 따라서 여기서는 따돌림과 괴롭힘을 다른 유형으로 다루고자 한다.

따돌림은 집단의 관계 구조에서 발생하고 있기 때문에 따돌림이 왜 일어나는지를 이해하려면 집단의 구조에 주목해야 한다(Thornberg, 2010). 예를 들어, 외양적 · 행동적 · 성격적 '다름'을 이유로 따돌림이 일어나는 경우, 따돌림의 대상이 된 아이는 또래 친구들에 의해 이상한 아이로 '정의'되면서 그 집단에서 배제당한다. 또한 따돌림은 응징의 수단이 되기도 하는데, 가해자가 피해자를 인색하거나 공격적이라고 생각하고 처벌, 복수 형태로 따돌림 행위를 한다. 따돌림은 관계형 따돌림과 외톨이형 따돌림으로 구분된다(이지영 외, 2016).

■ 관계형 따돌림

관계형 따돌림은 학생들 사이에서 일어나는 갈등에서 비롯된다. 갈등은 학생들 관계에서 뿐만 아니라 어른들의 모든 대인관계에서도 자연스럽게 발생한다. 갈등은 좋은 쪽으로 해결되기도 하지만, 더욱 악화되며 심각해지기도 한다. 이때에 학생들은 상대에게 느끼는 부정적인 감정을 표출하거나 상대에게 징벌을 가하기 위해 따돌림이라는 방법을 이용하기도 한다.

> "원래 친했던 친구가 그 학생이랑 멀어지면서 다른 애들한테도 소문을 퍼뜨리고, 걔에 대해서 안 좋게 말하거나 그러니까… 친구 네 명이 있었는데 그중에서 한 명한테 가서 나머지 두 명을 이간질 시키니까 저희도 화나서 이 한 명을… 좀 혼내야겠다고 생각했죠." (C, 여, 15세)[9]

따돌림은 또한 남들에게 비춰질 자신들의 이미지를 관리하기 위한 방법으로 사용되기도 한다. 학생들은 자신이 누구와 어울리는가에 따라 자신의 정체성이 결정된다고 생각하기 때문에(김은정, 2007) 또래 친구가 하는 행동이 '용인할 만한 것인가'에 대한 문제에 민감하다(이지영 외, 2016). 학생들은 자기들의 이미지를 '깎아 내리는' 친구를 멀리하여 이미지 관리에 힘쓴다.

> "애들이 욕할 만한 짓을 해 가지고 애들이 얘(친구)를 욕하면 나도 욕먹을 수 있으니까 떨구는 것도 있어요 … 아무 짓도 안 했는데

뒷담화를 까던가 카스(카카오스토리) 같은 데서 관종(관심종자)처럼 관심 끄는 짓을 했을 때 그 친구 욕을 해요."(K, 여, 15세)

■ 외톨이형 따돌림

외톨이형 따돌림은 관계형 따돌림과 어떻게 다른가? 외톨이형 따돌림은 대인갈등 속에서 비롯되는 따돌림이 아니다. 그 특징이 무엇인가를 살펴보자.

첫째, 외형적으로 다른 특징을 가졌다는 이유로 따돌림 행위를 한다(이지영 외, 2016). 예를 들어, '못생기거나 뚱뚱하다' '장애가 있다' 등 외모나 신체적 장애 등이 따돌림의 이유이다.

"단지 뚱뚱하다는 이유로 왕따를 당한 거예요."(E, 여, 15세)

"좀 걷는 것도 이상하고… 걔가 뭘 잘못하면 애들이 다 같이 욕하고 그랬어요."(G, 남, 16세)

"하는 행동이 다른 애들보다 특이하다든가… 왜 장애인들 보면 특이하잖아요…."(S, 남, 16세)

둘째, 상대 학생의 행동이 본인의 기준에 맞지 않는다는 이유로 따돌림 행위를 한다(이지영 외, 2016). 예를 들어, 조용하고 말이 없거나 본인 기준에서 이해할 수 없는 행동은 비정상적인 것으로 간주한다.

"애들하고 말도 잘 안 하고… 가만히 앉아 있는데 둘(따돌림 대상자들)이 마주보고 뭘 하는지도 모르겠고, 학교에서 국어말하기 수행평가가 있었는데 둘이 발표하는데, 목소리가 하나도 안 들렸어요. 이해가 안 가요. 왜 저러는지…."(A, 여, 15세)

"이해할 수 없는 행동을 하니까요. 그래서 왕따를 시키고 애들 더 모아 가지고 왕따를 만들어 버려요."(C, 여, 15세)

"하는 행동이 다른 애들보다 특이하다든가…."(I, 남, 16세)

"그냥 말이 이상했어요. 그래서 근처에도 안 갔어요."(G, 남, 16세)

셋째, 사회성이 부족하다는 이유로 따돌림 행위를 한다(이지영 외, 2016). 예를 들어, '대인관계에 서툴다' '한 분야에 열정적인 성향이 강해 자기만의 세계에 지나치게 몰입한다' '예민하거나 성격이 특이하다' 등이 따돌리는 이유가 된다. 한 분야의 자기 세계에만 몰입하는 학생들을 '오타쿠, 덕후, 슈퍼덕후' 등으로 조롱한다.

"만화 너무 좋아하는 애들은 다른 친구들은 그런 얘기 싫어하는데 모둠활동 때에도 지들끼리 그런 얘기를 해서…."(B, 여, 15세)

"거기서 조용한 애들은 괜찮은데 약간 나대는 애는 애들이 더 싫어해요. 너무 나대서. 애들이 싫어하는 행동을 해요."(N, 여, 15세)

"(학기 초에) 친해지고 싶어서 아무 생각 없이 장난으로 하는데 괴롭힘을 당하는 애가 예민하게 반응한다거나 성격이 특이해서…." (M, 남, 15세)

"일베, 일간 베스트라고 있어요. 그게 좀 이상한데, 고인 욕하고, 보통그런 애들, 일베충 일베충 그러는데… 그런 애들도 포함이 되

요."(S, 남, 16세)

평소 사회성이 부족해 보이는 아이가 온라인에서 활발하게 활동할 경우, 그것이 다른 아이들에게 이질적인 모습으로 보이게 하며, '눈 밖에 나는 아이'로 찍히게 한다. 오프라인에서의 네트워크가 그대로 온라인으로 이어지면서 아이의 행동과 이미지가 지속적으로 모니터링되는 상황이 일어난다.

"학교에서 별로 친구도 없고 혼자 다니는 친구인데 온라인에서는 왠지 할 말 다하고 가오를 잡는다고 할까?"(J, 남, 16세)

"온라인에서는 얼굴이 안보이니 자신감이 더 생겨서 더 예쁜척 한다거나 애들이 욕하죠."(D, 여, 16세).

이렇듯, 온 · 오프라인에서 서로 다른 모습을 보이는 아이에 대해 생겨나는 거부감이 따돌림으로 표출된다(이지영 외, 2016). 그런데 자세히 보면, 단순히 일관되지 못한 모습에 대한 거부감이라기보다는 '평소 그 아이의 모습답지 않게' '가오를 잡는다' '예쁜 척 한다'는 것이 따돌림의 주된 이유이다. 외톨이형 따돌림의 경우, 이렇게 외형 특징 및 다른 행동적 특징을 이유로 따돌림이 나타나는데, 이는 인간의 '다름'에 대한 인정과 수용의 지평이 좁다는 것을 나타낸다(이지영 외, 2016).

그런데 집단 내에서 친구 간 갈등을 조장하는 아이를 벌하거나 자신들의 이미지를 떨어뜨리는 아이를 멀리하는 수단으로 따돌림을 사용할 경우, 이를 어떻게 생각해야 하는가? 이런 관계형 따돌림은 학교폭력이라고 규정하기가 어렵다는 주장도 나올 수 있다. "이러한 형태의 따돌림은 또래와의 관계에서 비일비재하게 발생하는 일종의 또래 부침의 과정이기 때문에 드러나는 가시적인 상황만을 보고 모두 '집단따돌림'이라 명명하고 단정 지어서는 안 된다"는 주장(이지영 외, 2016: 297)이 제기되기도 한다. 이 주장은 '따돌림을 하는 입장을 이해할 수 있는 것이 아니냐, 그것을 어떻게 따돌림이라고 명명할 수 있느냐'라는 의문을 담고 있는 듯하다. 우리는 여기서 학교폭력이 무엇인가 그 정의를 다시 확인할 필요가 있다. 특히 학교폭력에 대한 피해자 중심 정의(定意)의 관점에서는 어떻게 이야기할 수 있을까?

집단따돌림을 당하는 학생은 따돌림을 당할 만한 특징이 있는 것처럼 지적하는 연구들이 의외로 많았다. 예를 들어, 이혜영(1999)의 연구에 따르면 따돌림을 당하는 아이들은, 첫째, 예쁜 척, 잘난 척, 있는 척하는 아이들이다. 둘째, 지나치게 소극적이고, 반응이 없거나 분위기를 맞추지 못하는 아이들이다. 셋째, 지능이 너무 낮거나 신체적인 장애가 있는 아이들이다. 이규미 외(1998)의 연구에 따르면, 따돌림을 당하는 아이들은 공통적인 사회심리적 특성을 가지고 있다. 첫째, 자폐적, 경직되고 비현실적, 자기패배적, 피해망상적이며, 자기만의 세계에 몰입하는 경향이 있다. 둘째, 정서적 측면에서 분노, 외로움, 불안, 우울, 무력감 등 부정적 정서를 가지고 있다. 셋째, 행동적 측면에서 자기 표현 능력의 부족, 회피적 행동, 엉뚱한 행동, 청결하지 못한 외모 등을 보인다.

또한 김용태와 박한샘(1997)의 연구에 따르면, 첫째, 또래에 대해 신뢰감을 갖지 못하고, 외로움, 분노, 우울, 모욕감, 억울함 등과 같은 부정적 정서를 가지고 있다. 둘째, 무기력하며, 스스로를 고립시키고 대인기피 현상을 보이는 경향이 있다. 그런데 이 연구는 피해자의 특성이 따돌림을 당한 결과로서 보고 있다. 집단따돌림에 대한 일부 연구들은 대부분의 학생은 피해자들이 '따돌림을 당할 만한 원인을 제공한다고 지각'하지만, 피해자들은 자신이 따돌림을 당하는 이유에 대해 잘 인식하지 못하기 때문에 따돌림의 악순환이 계속되고 있다고 보고 있다. 이 연구들은 이렇듯 피해자가 피해를 당할 만한 특성을 가지고 있다는 것을 밝힘으로써 그 연구는 의도치 않게 결과적으로 '피해자 비난하기'를 하고 있다. 이 연구들의 가정은 마치 피해자가 가진 바람직하지 못한 특성을 없애면, 따돌림을 당하지 않을 것이라는 것이다. 이것은 바꿔 말하면, 따돌림의 행위는 가해자의 의도나 의지와 무관하게 피해자의 특성으로 말미암아 일어나는 것이라는 것이다. 과연 그러한가? 피해자 비난하기는 따돌림의 인과관계를 그릇되게 설정했기 때문에 생겨나는 것이다. 예를 들어, 학교에서 아이들이 받는 체벌은 학교규칙과 교사의 기대에 어긋나기 때문에 교사가 부과하는 것이므로, 교사에게는 하등의 잘못이 없다고 말하는 것과 같은 논법이다. 그러나 학생인권조례에 따르면, 학생의 잘못과 상관없이 체벌을 해서는 안 된다. 체벌은 비교육적이며, 위법적인 것이다. 집단따돌림과 관련하여 학생도, 연구자도 범하기 쉬운 잘못된 인과관계 설정이다.[10] 앞서 살펴본 연구들은 2000년대 이전에 이루어진 연구지만 지금도 집단따돌림에 대한 관점에서는 별로 변화가 없다. 이 점에 대해서는 Part 3에서 자세히 다룬다.

다음에는 오프라인에서 온라인으로 이어지는 따돌림을 포함한 사이버 폭력에 대해서 알아본다.

사이버 폭력

사이버 공간에서는 학교폭력 유형 중 신체적 폭력 이외의 거의 모든 형태의 폭력이 일어난다. 언어폭력, 성폭력, 따돌림 등이 사이버 공간에서 일어나고 있기 때문에 사이버 폭력을 학교폭력의 한 유형으로 분류하여 다루는 것은 적절하지 않다.

교육부의 학교폭력 유형에 따르면, 언어폭력과 사이버 폭력은 다른 유형으로 구분되어 있으나, 실제 각 유형의 내용을 보면, 언어폭력과 강요 유형 속에도 사이버 폭력 유형이 들어가 있다. 언어폭력의 예를 들면, ① 여러 사람 앞에서 상대방의 명예를 훼손하는 구체적인 말(성격, 능력, 배경 등)을 하거나 그런 내용의 글을 인터넷, SNS 등으로 퍼뜨리는 행위(명예훼손), ② 여러 사람 앞에서 모욕적인 용어(생김새에 대한 놀림, 병신, 바보 등 상대방을 비하하는 내용)를 지속적으로 말하거나 그런 내용의 글을 인터넷, SNS 등으로 퍼뜨리는 행위(모욕), ③ 신체 등에 해를 끼칠 듯한 언행("죽을래?" 등)과 문자메시지 등으로 겁을 주는 행위(협박) 등은 사이버 폭력이다(교육부, 이화여자대학교 학교폭력예방연구소, 2021). '강요'

유형의 예를 보면, 와이파이 셔틀, 게임 대행 등이 있는데, 이것도 사이버 폭력이다.

먼저, 사이버 공간에서 일어나는 따돌림(cyberbullying)에 대해서 알아보자. 사이버 불링은 온라인이라는 사이버 공간을 매개로 일어난다는 특성으로 인해 전통적 형태의 집단따돌림과 별개의 형태로 간주되었다(이지영 외, 2016). 그러나 최근 들어서는 사이버 불링이 오프라인상에 발생하는 전통적 형태의 따돌림과 연관성이 있다는 사실에 주목하면서(Gradinger, Strohmeier & Spiel, 2009), 사이버 불링을 전통적 형태의 집단따돌림의 하위 개념 혹은 연장선으로 보기도 한다(Vandebosch & Van Cleemput, 2009). 라스카우스카스와 스톨츠(Raskauskas & Stoltz, 2007)의 연구에 따르면, 사이버 불링만 독립적으로 발생하는 경우는 드물며, 전통적인 형태의 따돌림과 사이버 불링은 상관관계가 높다. 전통적 형태의 따돌림에서 나타나는 가해자의 역할과 피해자의 역할은 온라인 공간에서도 그대로 반복되며, 특히 남학생은 여학생에 비해 온라인 및 오프라인상에서 피해를 당하는 경향이 높은 것으로 나타나고 있다(Erdur-Baker, 2010). 오프라인과 온라인 경계를 넘나들며 발생하는 따돌림 현상을 이해하기 위해서는 온라인과 오프라인을 구분하기보다는 생활환경 전체 속에서 따돌림 현상을 바라볼 필요가 있다(이지영 외, 2016). "이미 유년 시절부터 새로운 온라인 미디어 환경에 적응해 오고 있는 청소년들에게 온/오프라인의 구분은 명확하지 않을 수 있으며, 이 두 공간을 넘나드는 청소년들의 미디어 이용 행태는 집단따돌림 현상에도 그대로 반영되어 나

타날 수 있다."(이지영 외, 2016: 300)

하지만 사이버 불링은 오프라인을 중심으로 한 전통적 형태의 따돌림과 구별되는 몇 가지 특징이 있다. 슬론제와 스미스(Slonje & Smith, 2008)의 사이버 불링에 대한 문헌 고찰 결과에 따르면, 첫째, '벗어나기 어렵다는 것'이다. 오프라인에서 일어나는 전통적 형태의 따돌림은 특정 물리적 공간에서 일어나며, 따라서 그 물리적 공간은 벗어나면 따돌림을 피할 수 있다. 예를 들어, 학교에서 따돌림을 당하더라도 학교를 나오면 따돌림으로부터 벗어날 수 있다. 그러나 사이버 불링은 물리적 공간의 경계와 상관없이 온라인을 통해 언제든지 일어날 수 있기 때문에 사이버 불링 피해자에게 안전한 공간은 없다. 둘째, 잠재적 청중의 범위이다. 전통적 형태의 따돌림은 그 현장에 있는 소규모 집단에게만 노출되지만, 온라인에서는 대규모의 청중에게 사이버 불링이 노출된다. 따돌림의 목격자 혹은 방관자가 훨씬 많아지게 됨으로써 피해자가 당하는 모욕감이나 수치심이 더 커지게 된다. 셋째, 비가시성과 익명성이다.

그런데 익명성이 보장되지 않는 온라인 활동에서도 사이버 불링이 활발하게 일어나고 있다(이지영 외, 2016). 청소년들이 많이 이용하는 카카오톡, 카카오스토리, 인스타그램 등을 통해 오프라인상에서의 대인관계가 그대로 이어지고 있다. 오프라인에서 어울리지 않는 친구들이라 할지라도 이들 모두 소셜미디어로 연결되어 있어서 수시로 모니터링하는 일이 일어난다. 설령 친한 친구 무리가 아니더라도 호기심으로 다른 아이들의 것을 보게 되는데,

여기에서 발견되는 친구의 다른 모습, 특히 평소 사회성이 부족한 친구들이 사이버 공간에서 활발하게 자신을 표현하는 모습을 보게 되면 부정적인 감정이 올라오기기도 한다(이지영 외, 2016).

사이버 불링(따돌림)이 사이버 폭력의 전부는 아니다. 사이버 불링은 사이버 폭력의 한 유형이다. 사이버 폭력은 여러 가지 형태로 나타나고 있다. 한국교육학술정보원(2019)이 제시한 사이버 폭력의 유형은 다음과 같다.

- 사이버 언어폭력은 문자나 사진 및 동영상 등으로 이루어지는 온라인 게시판 비방글, 악성댓글, 욕설 등의 행위이다.
- 사이버 명예훼손은 비방의 목적으로 정보통신망을 통하여 공공연하게 사실을 적시하여 타인의 사회적 평가를 저해하는 모든 행위이다. 사이버 명예훼손은 사이버 모욕을 포함하는데, '사이버 모욕'은 구체적인 사실 언급 없이 언어나 비언어에 의해 추상적 판단이나 경멸적 감정을 표현하는 타인의 사회적 평가를 저해(은유적 표현으로 '저격'이라고도 함)하는 행위이다.
- 사이버 따돌림은 '관계적인' 괴롭힘으로 사이버상에서는 주로 떼카, 카톡감옥 등의 사이버 감금이나 따돌림의 행위이다.
- 사이버 갈취는 사이버 머니, 금품 갈취형으로 주로 와이파이 셔틀, 게임머니, 중고나라 사기 등 사이버상의 갈취 형태의 괴롭힘이다.
- 사이버 스토킹은 정보통신망을 이용하여 타인의 동의 없이 공

포심이나 불안감을 유발하는 글, 예를 들어 SNS상의 쪽지나 댓글 등 반복적으로 보내어 심리적으로 괴롭히는 행위이다.

- 신상정보 유출 및 영상 유포는 정보통신망을 이용하여 상대방의 동의 없이 개인의 사생활과 비밀, 개인 정보를 유출하거나 개인의 사생활과 관련된 특정 신체부위나 각종 유해성 사진이나 영상을 전송・유포하여 괴롭히는 행위이다.
- 사이버 성폭력은 특정인을 대상으로 성적인 묘사 혹은 성적 비하 발언, 성차별적 욕설 등 성적 불쾌감을 느낄 수 있는 내용을 인터넷이나 휴대전화를 통해 게시하거나 음란한 동영상, 사진을 퍼뜨리는 행위이다.
- 사이버 갈취는 인터넷에서 사이버(게임) 머니, 스마트폰 데이터 등을 빼앗는 행위이다.
- 사이버 강요는 인터넷에서 다른 사람에게 그 사람이 원치 않는 말이나 행동을 하도록 강요하거나 심부름을 시키는 행위이다.

사이버 폭력이 심각한 이유는, 첫째, 시・공간의 제한이 없고 파급력이 크며, 둘째, 언어, 다양한 사진과 영상 등이 그 매개 도구가 될 수 있고, 셋째, 은밀하고 발견하기 어려우며, 넷째, 사이버 폭력의 기록(흔적)이 복제・확산되는 지속성이 있고, 다섯째, 신속한 대응이 어렵고 후유증을 동반하며 재발 가능성이 높기 때문이다(유지연, 이덕난, 2021).

사이버 폭력은 대면-비대면 교육 상황에서 모두 발생할 수 있으며, 특히 코로나19 팬데믹 속에서 등교 수업이 축소되고, 원격 수업이 병행 실시되던 기간에 사이버 학교폭력이 크게 증가한 것으로 나타났다. 2020년 방송통신위원회의 사이버 폭력 실태조사에 따르면, 초(4~6학년)·중·고교생 대상 조사에서 2020년 사이버 폭력 피해 경험률(피해+가/피해)은 19.7%이고, 가해 경험률(가해+가/피해)은 9.5%인 것으로 나타났다. 피해 경험률은 2019년(19.0%) 대비 0.7% 상승하였다. 가·피해 동시 경험 비율을 제외한 순수 사이버 폭력 피해 경험률만 살펴보면, 코로나19 이후인 2020년에 13.3%이고, 이는 2018년(8.6%)과 2019년(8.9%)에 비해 크게 증가한 것으로 나타났다. 그러나 가·피해 동시 경험 비율을 제외한 순수 사이버 폭력 가해 경험률은 2018년에 8.6%에서 2019년 7.9%, 2020년 3.1%로 매년 감소한 것으로 나타났다. 피해 경험률과 순수 피해 경험률은 모두 증가하였으나, 가해 경험률과 순수 가해 경험률이 모두 감소한 원인은 밝혀지지 않았다(유지연, 이덕난, 2021).

학교급별 실태조사의 결과를 보면, 2020년에 사이버 폭력 피해 경험은 초등학생 25.8%, 중학생 18.1%, 고등학생 14.7%로 초등학생의 피해 경험 비율이 가장 높은 것으로 나타났다. 2018년과 2019년에는 중학생의 피해 경험 비율이 가장 높았다는 점에 비추어 초등학생 사이버 폭력의 증가에 주목해야 한다(유지연, 이덕난, 2021).

사이버 폭력의 원인에 대한 연구 결과를 보면, 사이버 폭력에 대한 긍정적인 태도와 쉽게 실행할 수 있다는 인지된 행위통제감

(이고은, 정세훈, 2014), 청소년의 SNS 및 서비스메신저 접촉빈도(박주애, 최응렬, 2021), 인터넷 사이트 집합적 효율성(이성식, 황지영, 2008), 인터넷 윤리의 통제효과(장하영, 이성식, 2019) 등의 요인이 사이버 폭력과 연관되어 있다. 그러나 이 요인들이 사이버 폭력의 직접적인 원인이라고 보기는 어렵다. 이 요인들은 사이버 폭력과 상관관계가 있다는 것을 보여 줄 따름이다. 사회학습이론과 긴장이론에 입각한 연구도 마찬가지이다.

사회학습 요인을 분석한 연구(송승연, 이창배, 2020)에 따르면, '비행 친구의 수' '사이버 폭력 노출'과 '사이버 폭력 태도' 변수는 모든 유형의 사이버 폭력 가해 경험에 정(+)적인 영향을 미치는 것으로 나타났다. 둘째, 억제 요인이 청소년의 사이버 폭력 가해 경험에 영향을 미치는지를 분석한 결과, '법적 처벌 인지'는 사이버 따돌림 유형에서만 통계적으로 유의미한 영향을 미치고 있었다. '학교 처벌 인지'는 사이버 언어폭력 유형에서만 통계적으로 유의미한 영향을 미치고 있었다. 정리하자면 사회학습 요인인 '비행 친구 수' '사이버 폭력 노출' '사이버 폭력 태도' 변수 모두가 유의미하며, 그 정도가 높아질수록 사이버 폭력 가해 경험을 가질 확률이 높아진다. 억제 요인의 측면에서 보면, 사이버 언어폭력 유형에서 '학교 처벌 인지'의 영향력만을 확인할 수 있었고, 사이버 따돌림 유형에서는 '법적 처벌 인지'의 영향력만을 확인할 수 있었다(송승연, 이창배, 2020). 하지만 사회학습 요인인 비행친구의 수, 사이버 폭력 노출, 사이버 폭력 태도 요인이 어떻게 사이버 폭력을 유발하게 되는지는 확인하기 어렵다.

그 점에서 긴장이론(strain theory)의 관점을 사용하여 사이버 폭력 예측변인을 검증한 연구(신소라, 2016)를 살펴볼 필요가 있다. 이 연구에 따르면, 첫째, 청소년은 가족으로부터의 긴장과 학교폭력 피해로부터 긴장을 경험하는 빈도가 높을수록 사이버 폭력 가해 행동을 할 가능성이 높아진다. 둘째, 분노를 느끼는 빈도가 높을수록 사이버 폭력 가해 행동의 가능성도 높아진다. 셋째, 청소년의 긴장을 유발하는 가족요인과 학교생활, 학교폭력 피해요인 모두 분노를 발생시키는 원인으로 작용하였으며, 분노는 사이버 폭력 가해 행동의 '원인'으로 작용하였다는 것이다. 이 연구에 따르면, 긴장요인은 모두 분노를 매개로 하여 사이버 폭력 가해 행동의 가능성을 높이며, 학교생활로부터의 긴장은 사이버 폭력 가해 행동에 직접적인 영향을 미치지 않았음에도 불구하고, 분노를 매개로 하면 사이버 폭력 가해 행동을 높이는 것으로 나타났다.

하지만 청소년의 가족생활과 학교생활 속에서 긴장이 생기는 이유에 대한 설명이 미비하며, 긴장이 어떻게 분노를 유발하고, 분노요인이 어떻게 사이버 폭력을 유발하는지, 그 과정에 대한 구체적인 설명이 없다. 그 과정에 대한 설명에는 사회학습 요인인 비행 친구 수, 사이버 폭력 노출 정도, 사이버 폭력 태도 등도 아울러 고려되어야 한다. 사이버 폭력 발생의 원인을 한 가지 이론적 관점에서 파악하기는 어렵다. 사이버 폭력을 포함한 학교폭력이 일어나는 이유와 원인을 Part 3에서 알아보려 한다.

학교폭력 그 새로운 이야기

Part 3

학교폭력은 왜 일어나는가

인성교육을 실시한다는 청학동 기숙서당에서 엽기적 학교폭력이 있었다는 충격적인 보도가 있었다(한국일보, 2021. 3. 30.). '인성교육' 청학동 서당서 엽기 학폭 폭로 릴레이' '아들 목에 칼' '또래에 성고문 당한 딸 잇단 靑청원' '체액 먹이고 유사 성행위 강요 남학생들 재판 앞둬' 등의 내용이 보도되었다.

최근 학교폭력이 집단화되고, 나이 어린 초등학교 학생들 사이에서도 학교폭력이 빈번하게 일어나는 이유는 무엇일까? 무엇이 잘못된 것일까? "아이들은 싸우면서 큰다"는 말이 있듯이, 학교폭력은 자연스러운 성장의 과정일까? 한 진화심리학자는 이렇게 말한다. "학교폭력이 모든 사회에서 빈번하게 나타난다는 사실은 그것이 성장 과정에서 문제가 있었던 아이들만이 저지르는 예외적인 병리현상이라는 기존의 설명에 물음표를 던진다. 학교폭력은 자연선택에 의해 진화한 적응이다."(전중환, 2013. 1. 17.) 과연 학교폭력은 진화론적 관점에서 이해될 수 있는가? 진화심리학자에 따르면, "다른 영장류의 새끼들처럼, 아이들은 또래 집단 내에서 자신의 힘, 지능, 운동능력, 용감함 등을 친구들에게 과시함으로써 높은 지위를 차지하고자 한다"(전중환, 2013. 1. 17.). 약자를 골라 괴롭히는 것은 또래 집단 내에서 높은 지위에 오르기 위한 수단이다. 한마디로, 힘세고 강한 놈이 약한 놈을 괴롭힘으로써 자신의 힘을 과시하여 세상을 지배하는 것이 자연스러운 진화론적 과정이라는 것이다. 진화심리학적 관점에서 공격성과 폭력성은 적응문제의 해결을 위한 것이다. "폭력과 공격을 통해 다른 사람의 자원을 빼앗아 짝짓기와 번식에 유용하게 쓸 수 있고, 자신의 자원을 빼앗기지 않기 위해 기능하기도 하며, 기존의 사회적 위계질서 내에서 자신의 지위와 힘을 증가시키고 유지하기도 한다"(안성조, 2015: 115). 따라서 가해학생들이 약자를 괴롭히는 것은 타인과 공감하는 능력이 부족해서가 아니며, 자연스러운 진화론적 적응과정에 따른 것이라는 것이다. 가해학생들은 대개 정신적으로나 신체적으로 아주 건강하며, 피해학생들보다 키도 크고 힘도 세며, 반 친구들이나 교사에게 인기도 많다는 것이다. 과연 학교폭력의 원인에 대한 진화론적 설명이 맞는 것일까? 일부분 맞는 것 같기도 하다. 진화론적 관점에서 학교폭력 해결책은 폭력보다는 건강한 방법(경쟁적인 스포츠 등)을 통해서 자신의 힘과 능력, 용감함을 또래들에게 과시하여 자신의 사회적 지위를 높이는 길을 택하도록 하면 된다는 것이다(전중환, 2013. 1. 17.).

그러나 인간에게는 우월한 위치를 차지하기 위한 공격성과 폭력성만이 존재하는 것일까? 공감, 이타주의, 협력은 인간의 '이기적인 본성을 겨우 가려놓은 얇은 판뚜껑'에 불과한 것일까?(정은, 2018) 영장류 학자인 드발(de Waal)은 이렇게 말한다. "수십 년 전만 해도 사람들은 인간은 착한 방향으로 향하는 본성이 부족하거나 아예 없으므로 아이들을 착해지도록 훈육해야 한다고 말했다. 하지만 이제는 인간은 본래 착하게 태어나며 착한 사람이 목표에 빨리 도달한다는 데 합의가 이루어졌다."(de Waal, 2014: 70)

어떤 관점에서 볼 때 학교 안팎에서 일어나고 있는 폭력 현상을 정확하게 이해하고 예방책을 마련할 수 있을까? 일반적으로 가해자의 심리적 특징에서 학교폭력의 원인을 찾는다. 이는 가해자의 공격성 등의 심리적 특성이 그 원인이고, 그 결과로 학교폭력이 일어난다는 심리학적 모델에 입각해 있다. 그런데 이 모델은 학교폭력이 학교 내외 어떤 상황에서 일어났고, 어떤 과정을 거쳐서 진행되었는지에 대해서는 밝혀 주는 바가 거의 없다. 학교폭력이 일어난 계기는 무엇인지, 그리고 그 상황에서 아이들에게 어떤 일이 있었고, 아이들이 어떤 반응을 상호간 간에 보였는지도 관심을 기울여야 한다. 이제 학교폭력이 왜 일어나는지 그 현장으로 들어가 보자.

Chapter 06

가해학생에 대한 고정관념

가해학생: 심리적 문제가 있다?

학교폭력 가해자는 심리적 문제가 있는 것일까? 가해자 중에는 품행장애와 적대적 반항장애 등의 병리적 증상이 나타나기도 한다(이규미 외, 2019). 하지만 연구에 따르면 가해자들에게 모두 심리적 문제가 있는 것은 아니다. 충동적이고 공격적이며, 또래와 어울릴 수 있는 사회적 기술(social skill)이 결핍된 가해자 유형이 있는가 하면, 사회적 기술이 뛰어나며 또래와 잘 어울리는 가해자 유형도 있다. 가해자라고 해서 모두 다 똑같은 동질집단은 아니라는 것이다(Shetgiri, Lin, & Flores, 2012). 자신의 지배성향을 전략적으로 표출하는 유형의 가해자는 사회성과 공감력이 부족하여 문제 행동을 일으키는 것이 아니라, 오히려 지적이고 유능하며 자신의 이미지를 좋게 하고 또래에 대한 자신의 지배력을 확보하기 위해 어떻게 학교폭력을 이용해야 하는지를 안다(Hawley, 2007).[11)]

그리고 가해자 중에서 품행장애와 적대적 반항장애 등의 병리적 증상이 나타나는 경우에 품행장애 등이 학교폭력을 유발하는 원인이라고 단정하기 쉽지만, 그렇지 않다. 그렇게 보는 것은 인과(因果)의 순환론이다. 품행장애가 무엇인가를 보면, "반복적이고 지속적으로 다른 사람의 권리를 침범하면서 중요한 사회적 규범을 어기는 행동 양상"이다(이규미 외, 2019: 100). 다른 사람의 권리를 훼손하는 행동은 폭력이다. 그런데 가해학생이 품행장애 행동(학교폭력)을 하는 이유가 품행장애가 있기 때문이라고 주장한다면, 그것은 대답이 아니라, '도돌이표' 순환논리이다. 가해학생의 폭력적 행동을 특징짓는 심리학적 용어를 부여하고, 그 용어에 의해 폭력적 행동의 원인이나 이유를 설명하는 방식은 순환논리이다. 학교폭력 사안이 왜 발생했는지에 대한 설명, 즉 관계성 속에서 어떤 일이 발생했는지에 대한 규명 없이 품행장애 등의 심리적 특성으로 가해자를 규정하고, 심리적 특성에 의해 가해 행동을 설명하는 방식은 한계가 있다. 이러한 한계에도 불구하고 학교폭력 해결 처방으로 품행장애아나 적대적 반항장애아에 대한 상담, 심리치료를 제공하면 학교폭력이 쉽게 해결될 수 있다는 환상이 다분히 존재한다.

가해청소년의 심리사회적 요인에 대한 질적 연구(권현용, 김현미, 2009)를 보자. 이 연구는 질적 연구를 통해 학교폭력 가해청소년의 심리사회적 요인을 밝히고 있다. 이 연구 결과에 따르면, 학교폭력 가해청소년의 심리사회적 요인은 우울, 불안, 낮은 자존감, 충동성, 반사회성행동(공격성), 분노, 절망감(장래희망), 비행,

음주, 성(性), 흡연, 가출, 학교생활, 교사와의 관계, 또래집단, 폭력노출, 빈곤, 가족문제, 부모의 양육태도, 멀티미디어의 영향 등이다. 특히, 학교폭력 가해청소년의 심리사회적 요인의 핵심 요소는 가족의 기능적 · 구조적 결손과 성장기에 경험한 폭력장면 노출이 주요한 요인이다.

이 연구는 질적 연구임에도 불구하고, 실험연구처럼 인과관계를 밝히고 있는데, 질적 연구는 인과관계를 밝히는 데 목적이 있는 것도 아니며, 인과관계를 밝히려 해도 밝힐 수 있는 연구방법이 아니다. 우울과 불안, 분노 등이 원인이 되어 학교폭력을 하게 된다면, 우울과 불안, 분노 등이 있는 학생은 모두 가해자가 되어야 한다. 그래야 우울, 불안, 분노와 가해 행동과의 인과관계가 성립한다. 그러나 그러한 방식의 인과관계 설정은 우울과 불안, 분노 등이 있지만, 폭력과 무관하게 살아가는 수많은 사람을 모독하는 일이 된다.

질적 연구에서 밝혀 주어야 할 점은, 왜 그 학생들은 우울하고 불안한가, 왜 자존감이 낮은가, 왜 분노심과 공격성이 높은가 하는 것이다. 이것이 질적 연구에서 가장 초점을 두어야 할 핵심적 내용이다. 아이가 어떤 환경과 상황 속에서 살았는지는 보이지 않으며, 아이의 심리적 특성만이 그 아이의 실존으로부터 분리되어 제시되고 있다.

질적 연구 결과 중 자존감에 대한 것은 다른 연구 결과와 일치하지 않는다. 외국의 연구에 따르면, 예상과는 달리 가해자는 자존감이 낮은 것이 아니라 오히려 자존감이 높게 나타난다(Salmivalli,

2010). 그러나 자존감이 높다고 해서 모두 폭력적이 되는 것은 아니다. 친사회적 행동을 하는 학생 중에도 자존감이 높은 아이들이 있다. 가해 행동과 자존감 간의 관계는 단순한 상관관계로 이해를 해야 한다. 그렇다면 가해자가 자존감이 높게 나타나는 이유는 무엇일까? 그 이유 중의 하나는 모든 심리검사가 응답자 자신이 질문을 읽고 응답하는 '자기 보고식'이라는 점에 있다. 가해자는 자신의 사회적 역량에 대해 부풀려진, 과장된 의식을 가지고 있다는 것이다(Salmivalli, 2010). 뿐만 아니라 자존감이 높게 나타난 학교폭력 유형이 무엇이었는지를 살펴보는 것도 필요하다. 지위를 획득하기 위한 괴롭힘(bullying)의 유형에서 가해자의 자존감이 높은 것으로 나타난 것임을 주의해야 한다(Salmivalli, 2010).

인지심리학 관점의 연구는 공격적인 아이들이 사회적 정보처리 능력이 결여되어 있다고 밝히고 있다. 즉, 공격적인 아이들은 상대의 의도를 적대적으로 해석하는 경향이 있다는 것이다. 공격적 성향이 강한 한 초등학생을 중심으로 적대적 귀인이 어떻게 발생하는지에 대한 연구(박은숙, 김천기, 2015)를 보면, 긍정적인 학우의 자극, 나쁜 의도가 없는 우발적인 상황, 왕따 당하는 아이의 행동 등에 대한 적대적 귀인이 공격적인 행동으로 이어진다는 것을 알 수 있다. 따라서 공격적인 행동을 감소시키기 위해서는 적대적 귀인을 줄이는 것도 중요하다. 그런데 우리가 생각해 봐야 할 점은, 적대적 귀인은 공격적인 아이들만의 특성이 아닌 일반 사람들에게서도 나타나는 특성이기도 하다는 것이다. 다만, 일반 사람은 다른 사람의 의도와 동기를 적대적으로 지각한다고 해도, 모두가 공격적인 반응을 보이지는 않는다. 이러한 행동의 차이는 사회적 상호작용에 작용하는 규범과 공격적 반응을 허용하는 정도에 따라 달라진다. 그리고 모든 공격적 행동이 이러한 적대적 과정을 거쳐 나오는 것은 아니다. 선제적(proactive) 형태의 폭력도 있다. 그것은 적대적 귀인과 상관없이 자신의 목적 달성을 위한 수단으로 폭력적 행동을 사용하는 형태이다.

그리고 학교폭력의 과정에서 적대적 귀인도 중요하게 작용하지만, 또래집단 전체에 대한 일반적인 인식도 학교폭력에 영향을 준다. 즉, 학급에서 함께 지내는 또래집단을 긍정적으로 인식하는가, 부정적으로 인식하는가 하는 것이 중요하다(Salmivalli, 2010). 예를 들어, "믿을 수 없다." "자신을 지지해 주지 않는다." "다른 사람을 해치려 한다." 등으로 인식하는가 하는 것이 중요하다. 그리고 집단괴롭힘에 대한 다른 급우들의 태도를 어떻게 인식하고 있는가도 중요하다. 그 인식에 따라 방관 행동이 나타나기도 한다. 예를 들어, 어떤 학생은 자신은 집단괴롭힘에 반대하지만 다른 학생들은 집단괴롭힘을 긍정적으로 받아들인다고 인식하기도 한다. 학교에서 누구도 공개적으로 집단괴롭힘에 도전하지 않으며, 또 상호 간에 자신의 인식과 태도를 교감하지 않는 상황에서는 다른 학생들은 집단괴롭힘을 긍정적으로 생각한다고 추론하게 된다. 그 결과로 학급 규범이 집단괴롭힘에 대해 허용적이라고 믿게 되고, 그 규범을 강화하게 된다. 이것은 집단괴롭힘에 대한 아이들의 태도에 영향을 줄 수밖에 없다. 여기서 생각해 볼 수 있는 점은 학생들의 개별적인 공감능력이 중요하지만, 학생들 간의 교감능력도 매우 중요하다는 것이다.

가해청소년의 생애사를 보면, 학교폭력이 일어나는 이유를 어느 정도 확인할 수 있다. 중등학교 자퇴 및 중도 탈락 청소년을 대상으로 생애사적 내러티브 면담법을 이용한 박성희(2015)의 연구는 학교폭력이 소외가정에서 자란 학생들이 자신의 존재감을 인정받기 위한 요구 및 갈망에서 비롯되는 것임을 밝히고 있다. 10개의 사례 중 학교폭력 핵심 사례 5개를 분석한 결과, 폭력 행위의 의미는 아직 미성숙한 상태에서 '부모로부터 유리되기와 이성과 관계 맺기, 사회적 명망 얻기, 강하게 보이기, 명예 지키기, 가정과 학교 문화에 저항하기'로 나타났다. 연구자는 가해자에게서 나타난 학교폭력의 동기를 '애정적 동기, 공격적 · 사회적 동기, 공격적 · 물질적 동기, 자기방어적 동기, 고통에서 벗어나 안정 얻기'로 분류한다.

이 연구에서 주목을 끄는 두 사례를 보자. 한 사례는 부모의 관심과 배려를 받지 못하고 경제적으로 어려운 생활을 하는 학생이다. 이 학생은 폭력을 자신의 이미지와 평판을 높이기 위한 수단으로 이용한다. 폭력을 통해 또래친구를 '부하'로 만들거나 굴욕시키며 학급 안에서 자신의 강한 지위를 만들어 낸다(박성희, 2015). 이와는 다른 '명예 지키기' 사례를 보자. 남자에게 인기가 있는 것을 시기하는 또래들이 자신에게 '몸 파는 여자'라는 낙인을 붙이자, 자기 방어를 위하여 이들에게 폭력을 휘두른다. 성적 모욕, 수치심을 느낀 나머지 스스로 명예를 지키기 위해서 자기 방어를 위한 폭력을 의도적으로 사용한다. 이러한 폭력은 자신의 명예를 지기키 위한 것으로 자신을 인정하지 않는 학우들을 회피하고 관계를 단절하는 대처방법이 된다. 이 사례 둘을 예로 든 것은, 일률적으로 가해학생의 학교폭력 원인을 똑같은 것으로 규정해서는 안 된다는 것을 말하기 위함이다. 유형별로, 각 유형에서 사례별로 그 원인을 찾아가지 않으면 안 된다. 연구참여자의 특성을 살펴볼 때는 가정배경이 공통적으로 좋지 않다는 인식 때문에, 역시 가정배경이 학교폭력의 원인이라고 생각할 수 있겠지만, 이렇게 학교폭력이 일어난 구체적인 상황을 보면, 가정배경이 폭력의 원인이 되었다고 보기 어렵다. 이 점을 학생들의 생애사에서 확인해 볼 수 있다. 이 연구는 중퇴한 학생을 대상으로 연구한 것이고, 소외가정에서 자란 아이라는 배경을 염두에 두고 봐야 하며, 가해자 전부가 이런 특징을 가지고 있다고 일반화하기 어렵다.

가해학생의 심리적 특성을 밝히려는 많은 연구는 가해학생의 특성과 피해학생의 특성이 각기 존재하는 것처럼 전제하고 그것을 밝히려 시도하지만, 상관관계 연구의 범위를 벗어나지 못한다. 인과관계를 밝히려면 실험연구를 해야 하지만, 학교폭력 사안으로 학생들을 실험하는 것 자체가 비윤리적이다. 상관관계 연구 결과를 통해 어떤 심리적 특성이 가해 행동의 원인이 되거나 또는 피해를 당하는 원인이 되는 것처럼 해석하는 것은 오류이다. 그것은 단순히 연구의 오류가 아니라 학교에서 마치 피해자가 될 아이들, 가해자가 될 아이들을 학교폭력이 일어나기 전에 미리 분류하고 관리할 수 있다는 잘못된 착각을 불러일으킬 수 있다는 점에서 위험하다.

그리고 잠재적 폭력학생은 단순히 어떤 심리적 특성을 가진 학생이 아니라, 그러한 심리적 특성이 폭력적 행동을 유발되게끔 하는 자극적 상황에 지속적으로 노출된 학생들이다. 만일 자극적인 상황에 덜 노출된다면, 아무리 그러한 심리적 특성이 있다고 해도 폭력적 행동이 나타나기는 어렵다(Carver & Scheier, 2012).

학교폭력 집단 유형의 변화: 가해자와 피해자가 뒤바뀌는 학교폭력

가해집단과 피해집단이 각기 다른 심리적 특성을 가지고 있다는 믿음은 그 특성을 밝히려는 연구를 지속적으로 수행하게 한다. 거기에서 한 걸음 나아가, 학생들이 어떤 심리적 특성을 가지고 있는가를 확인하면 그들이 가해집단이나 피해집단 또는 무경험 집단에 속할지를 예측할 수 있다는 가정도 생겨난다. 이러한 가정을 경험적으로 확인한 연구가 있다. 조영일(2013)의 연구는 개인의 특성, 가정의 특성, 학교의 특성이 학교폭력 집단 유형의 변화와 어떠한 관련이 있는지를 분석한 연구이다. 이 연구는 1차년도와 2차년도에 걸친 종단 연구를 실시하여, 초등학교 4학년 학생들이 2년에 걸쳐 어떻게 변화하였는지를 살펴보았다.

학교폭력 집단 유형에는 가해집단, 피해집단, 가해 및 피해와 무관한 집단(무경험 집단), 가해피해 집단이 있다. 이 연구는 집단 유형의 변화와 개인, 가정, 학교의 특성이 관련성이 있는가에 대한 상관관계를 밝히는 연구이다.

이 연구에서 살펴본 학교폭력의 가해 행동은 '다른 사람을 심하게 때리기' '남을 심하게 놀리거나 조롱하기' '남을 협박하기' '다른 친구들을 집단따돌림 시키기' '남의 돈이나 물건 뺏기'가 사용되었으며, 피해 행동은 '다른 사람에게 심하게 맞기' '심한 놀림이나 조롱당하기' '남에게 협박당하기' '다른 친구들에게 집단따돌림 당하기' '돈이나 물건을 강제로 빼앗기기'이다. 가해학생의 변인으로는 분노, 공격 행동에 대한 긍정적 태도, 우울, 공부 압력을, 가정변인으로는 부모 애착, 부모 통제, 부모 갈등, 부모의 공격적 양육태도를, 학교변인으로는 교사 애착, 고립적 교우관계, 주위 사람들의 일탈적 자아 낙인이 설정되어 있다.

이 연구의 결과가 흥미롭다. 첫째로, 학교폭력 가해 혹은 피해 경험은 1차년도 조사보다 2차년도 조사에서 비율이 줄어들었다. 즉, 1차년도의 조사에서 학교폭력 무경험 집단은 77%였으나 2차년도의 조사에서 83%로 증가하였다. 둘째로, 학교폭력 가해 혹은 피해를 경험한 학생들의 경험은 단기적(즉, 1년 미만)이었다. 1차년도 조사에서 학교폭력 가해피해 경험을 보고한 아동들 중 77.7%의 학생들이 2차년도의 조사에서 학교폭력을 경험하지 않았다고 보고하였다. 그러나 그 이유는 밝혀지지 않았다. 셋째로, 1차년도 조사에서 학교폭력 경험이 없는 학생을 대상으로 한 2차년도 조사를 보면, 우울과 고립적 교우관계 수준이 높은 학생들은 그렇지 않은 학생에 비하여 학교폭력 피해집단으로 이동할 확률이 각각 1.34배와 1.77배 높았다. 1차년도 조사에서 피해 경험을 한 학생을 대상으로 한 2차년도 조사를 보면, 우울, 분노, 공부로 인한 압박감 수준이 높은 학생은 그렇지 않은 학생들에 비하여 가해집단으로 이동할 확률이 각각 1.89배, 2.42배, 1.84배 높았다. 1차년도 조사에서 피해 경험을 한 학생을 대상으로 한 2차년도 조사를 보면, 분노 수준이 높거나 부모들의 공격적인 양육태도 수준이 높은 학생은 그렇지 않은 학생에 비하여 가해피해 집단으로 이동할 확률이 각각 3.37배와 3.64배 높았다. 특히 1차년도 조사에서 가해피해 경험이 있는 학생을 대상으로 한 2차년도 조사를 보면, 부모 애착 수준이 높은 학생들은 그렇지 않는 학생들에 비하여 학교폭력 무경험 집단으로 이동할 확률이 3.89배, 가해집단으로 이동할 확률은 5.24배 높았다. 교사 애착 수준이 높은 학생들은 그렇지 않은 학생들에 비하여 피해집단으로 이동할 확률이 5.7배 높았다.

이 연구 결과에 토대해서 우울, 분노, 공부 압력, 공격 행동에 대한 긍정적 태도의 수준을 낮춤으로써 집단 유형의 변화에 영향을 미칠 수 있다는 주장이 나온다(조영일, 2013). 따라서 학교폭력 예방 및 치유 프로그램에 이 요인들을 고려해야 한다는 것이다. 그런데 학교폭력 집단의 유형 변화와 관련하여 설명되어야 할 부분들이 많이 남아 있다. 예를 들어, 가해피해 경험이 있는 학생 중 부모 애착 수준이 높은 학생들은 그렇지 않는 학생들에 비하여 학교폭력 무경험 집단으로 이동할 확률이 3.89배이며, 동시에 가해집단으로 이동할 확률은 5.24배 높은 이유가 무엇인가 하는 것이다. 또한 교사 애착 수준이 높은 학생들은 그렇지 않은 학생들에 비하여 피해집단으로 이동할 확률이 5.7배 높아지는 이유는 무엇인가 하는 것이다. 그 이유가 밝혀지지 않은 상태에서 학교폭력 가해피해 경험을 하는 학생들의 치료 및 예방에는 부모의 애착 수준이 중요하다는 정책적 함의는 설득력이 떨어진다. 부모의 애착 수준이 높으면 가해집단으로 이동할 확률이 무경험 집단으로 이동할 확률보다 훨씬 높기 때문이다.

이 연구는 가해학생의 심리적 원인을 정확히 파악하여 그 원인을 제거하면 학교폭력 문제가 자동적으로 해결될 것이라고 가정하고 있는데, 그런 가정은 인간의 행동을 인과관계의 기계적 작동으로 파악하는 한계가 있다. 가해자는 학교폭력을 어떻게 인식하는지, 왜 학생들과의 관계 속에서 학교폭력을 사용하게 되었는지에 대한 설명이 필요하다.

어쩌다 '괴물'이 되었는가

학교폭력과 개인의 심리적 특성 간의 상관관계 연구 결과를 인과관계로 착각하게 되면, 학교폭력의 원인을 가해자의 심리적 특성으로 귀인하는 오류를 범하게 된다. 사회심리학적 관점에서 볼 때, 이러한 귀인 오류의 문제는 학교폭력 발생에 작용하는 상황적 요인을 간과하고, 개인의 성격특성이나 기질 등으로 학교폭력이 일어나는 모든 원인과 책임을 돌린다는 데 있다. 미디어에서 보여 주듯이 흔히 사람들은 가해자의 공격적 행동은 그가 처한 상황과 무관하게 그의 사악한 인간성 때문에 나타난다고 생각한다. 사람들에게는 인간의 행동에 작용하는 상황적 요인의 힘은 과소평가되고, 내적인 심리적 요인의 힘이 과대평가되는 경향성이 있다. 그것이 '기본적 귀인 오류(fundamental attribution error)'이다(Aronson, et al., 2013). 사람들이 귀인 오류에 쉽게 빠지는 이유는 타인의 행동을 관찰할 때 타인의 모습 자체에 집중하게 되며, 타인의 행동에 작용하는 상황의 힘을 보지 못하기 때문이다.

한 예를 보자. 미국 콜로라도주 리틀턴 지역의 컬럼바인 고등학교에서 일어난 충격적인 총기난사사건의 비극의 원인은 무엇이었을까? 그 비극을 예방할 수는 없었는가? 총을 잔인하게 쏘아 댔던 그 학생들은 어쩌다 무서운 '괴물'이 되었는가? 그들은 사이코패스가 아니었을까? 그들이 자란 가정은 어떤 가정이었기에 이들이 괴물을 되었을까? 이것이 사람들이 갖는 의문이다.

일부 연구자들 역시 가해자 중의 하나였던 해리스가 정신과 의사도 쉽게 속일 수 있는 사이코패스였을 것이라고 주장하였다. 그 사건은 개인의 심리적 병리의 결과라고 결론을 내렸지만, 그것은 잘못된 판단으로 판명되었다. 가해자인 해리스(Harris)와 클리볼드(Klebold)는 모범적으로 생활을 했기에 그 사건의 원인에 대한 개인 특성적 설명은 그다지 설득력이 높지는 않다(Aronson et al., 2013). 그들은 공부를 잘하는 편이었고, 결석하는 일도 없었으며, 집에서나 학교에서도 말썽을 일으킨 적이 없었다. 다만, 그들은 학교에서 외톨이로 지내야 했고, 그것은 그 학교의 많은 다른 학생들도 비슷했다.

사회심리학자 애런슨(Aronson, 2000)은 같은 학교 학생들을 죽이는 충격적인 행위를 단순히 개인의 정신적 질환의 결과로 몰아가는 것은 유사한 비극을 예방하는 데 도움이 되는 결정적으로 중요한 뭔가를 놓치게 한다고 주장한다. 애런슨(Aronson, 2000)은 해리스와 클리볼드가 자신들을 배척하고 조롱하는 학교 분위기에 극단적인 방법으로 반응한 것이며, 지금도 여전히 이런 학교 분위기는 수많은 학생의 삶을 힘들게 하고 있다고 주장한다. 대부분의 고등학교는 학생들이 '잘못된' 인종집단(소수집단)에 속해 있다는 이유로, '가난한 빈민가 출신'이라는 이유로, '잘못된' 옷을 입거나, 아니면 '너무 작거나, 너무 뚱뚱하거나, 너무 똑똑하다'는 이유로 소외당하고 배척당하는 폐쇄적인 곳이라는 것이다.

총기난사사건 이후에 컬럼바인 학생들의 증언에 따르면, 해리스와 클리볼드는 조롱과 괴롭힘을 당하였다. 한 학생은 "모든 아이가 그들을 좋아하지 않았다. 그들은 마법에 관심이 많았고, 이상한 모자를 좋아했다. 우리가 그들을 괴롭혔다. 그러나 이상한 머리 모양을 하고 뿔 달린 모자를 쓰고 학교에 온 아이들에게 무얼 기대하겠는가? 사람들이 누군가를 제거하고 싶으면 대개 그들을 괴롭힌다. 학생들은 그들을 '호모'라고 부르곤 했다"(Aronson et al., 2013: 356).

해리스와 클리볼드가 남긴 동영상에서 그들은 학교에서 모욕과 괴로움을 당하고 참았던 것에 분노하며 소리쳤다. 클리볼드는 총신을 짧게 자른 산탄총을 휘두르면서 "우리가 받아 마땅한 존경심을 얻을 것이다."라고 말했다. 실제로, 대다수 난폭한 살인 이면의 동기는 수치심과 굴욕감, 거부감을 자존감으로 변형시키려는 시도였다. 집단따돌림은 10대의 자살과 절망감, 폭력을 야기하는 위험한 요인이다(Aronson et al., 2013).

한 연구팀이 1995년과 2001년 사이에 발생한 15개 학교의 총기난사사건을 조사한 결과, 그중 13개 사건의 가해자가 오랫동안 학교에서 괴롭힘과 사회적 거부를 당한 것에 분노했다고 보고하였다. 컬럼바인 참사 직후에 수많은 청소년이 자신들도 학교에서 거부당하고 조롱받은 것에 대한 괴로움을 기술하는 메시지를 포스팅하였다. 10대 중 누구도 총기난사를 용납하지 않았지만, 그럼에도 그들의 인터넷 게시물은 해리스와 클리볼드가 견뎌야 했을 고통에 대한 높은 공감을 나타냈다(Aronson et al., 2013).

개인의 심리적 문제로 인하여 학교폭력이 일어났다는 주장은 단순명쾌하다. 그러나 그러한 주장은 "유사한 비극을 예방하는 데 결정적으로 중요한 무엇인가"를 놓치게 한다. 그러한 심리적 문제를 갖게 한 부정적이고 배타적인 사회적 환경, 교실의 상황, 학생들의 관계성에 주목해야 한다.

Chapter 07

가해자의 가정환경, 학교환경, 사회환경

가정환경이 아이를 폭력적으로 만들었나

일반 대중에게 가해학생은 심리적 문제 외에 가정환경에도 문제가 많다는 고정관념이 있다. 여러 연구에서도 가정의 부정적인 환경이 폭력의 원인으로 주목받기도 하는데, 예를 들어 가정의 양육방식이 학교폭력에 직간접적인 영향을 미친다는 것이다. 예를 들어, 자녀의 정서적 지원의 결핍, 자녀에 대한 감독과 점검의 부재, 자녀교육에 대한 부모의 무관심 등의 자녀양육방식이 학교폭력 가해 행동을 증진시키는 경향이 있다(Bowers, Smith, & Binney, 1994; Olweus, 1993; Sullivan, 2000). 부모의 자녀양육과 학교폭력 가해 행동에 대한 선행연구를 정리한 올베우스(Olweus, 1993)는 가해 행동에 영향을 미치는 자녀양육 요인들을 다음과 같이 제시한다. 첫째, 온정적이며 무관심한 부모는 자녀가 충동적이고 공격적인 행동을 할 위험성을 높인다. 둘째, 어떤 행동이 수용되고 수용되지 않는지 명확한 규칙을 설정하지 않거나 자녀의 공격적 행동을 묵인하는 부모, 그리고 체벌과 같은 물리적 방법을 사용하는 부모는 자녀가 학교폭력 가해자가 되도록 할 위험성을 높인다. 셋째, 다른 사람들과의 일상적 상호작용에서 공격적 행동을 나타내는 부모는 자녀가 학교폭력 가해자가 되도록 할 위험성을 높인다. 쉴즈와 씨체티(Shields & Cicchetti, 2001) 역시 권위주의적이고 강압적인 양육방법을 사용하여 자녀를 통제하고 자녀를 거부하는 태도, 즉 가혹하고 처벌적인 태도로 자녀를 대하는 부모는 자녀가 학교폭력 가해자가 될 위험성을 높인다고 주장한다.

그런데 부정적인 양육방법을 사용하는 부모는 대체적으로 사회경제적 지위(SES)가 낮다는 연구가 있다. SES가 낮은 부모는 강압적 양육방식, 예를 들어 명령, 제한, 위협 및 신체적 처벌을 사용함으로써 자녀에게 강압과 폭력이 허용된 문제해결 방법이라는 인식을 하게 하여 갈등상황에서 폭력적인 행동을 할 가능성을 높인다는 것이다(Heimer & Coster, 1999). 하지만 학교폭력과 SES의 관계에 대한 메타분석(meta-analysis)에 따르면, 학교폭력 피해자 중에는 오히려 가족의 유대가 약하고, 불안정한 양육환경에서 자란 하층의 아이가 많았다(Tippett & Wolke, 2014). SES가 높은 아이들은 피해자나 가해자가 될 가능성이 낮았다(Tippett & Wolke, 2014). 그러나 다른 연구(Shetgiri et al., 2012)에서는 SES가 높은 가정의 아이가 학교폭력의 가해자가 될 확률이 높다는 결과를 보여주고 있다. 학교폭력 가해자 중에는 지능적이고 다른 학생의 정서의 대한 이해력이 뛰어난 숙련된 조작자가 있으며, 학교폭력을 자신의 사회적 프로필을 높이고 또래를 지배하는 수단으로 사용한다(Tippett & Wolke, 2014, 김경년, 2021: 5-6 재인용).

가해 행동과 가정환경의 관계가 일관적이지 않은 것은 가정환경에 대한 측정의 문제가 있지만, 가해 행동이 단지 가정 특성의 문제만이 아니라는 것을 의미한다(김경년, 2021). 게다가 학교폭력이 개인의 특성이나 가정의 특성에서 비롯된다는 주장을 뒷받침할 만한 확정적 증거가 없으며, 그러한 주장에 바탕을 둔 개입이 지속적인 효과를 나타낸다는 증거도 없다(Galloway & Roland, 2004).

부모의 무관심, 언어폭력과 신체적 폭력, 잘못된 양육태도, 일방적인 의사소통방식, 모델링이 될 만한 부모의 역할 부재, 부모의 잘못된 애정요인 중에서 한두 가지 요인은 어느 가정에나 대체로 존재한다. 이 요인을 통해 가해자가 되는 이유를 설명하는 방식은 한계가 있다. 어떤 상황에서 무슨 일이 있었는지, 그 사안의 본질을 파악하려 하기보다는 어떤 배경의 학생인가에 초점을 두는 이해방식은 학교폭력을 예방하거나 해결하는 데 별 도움이 되지 않는다.

실제 사례를 들어 살펴보자. 다음 사례는 서울시내 중 · 고등학교에 재학하는 학생 중 학교폭력 가해 행동으로 인하여, 사회봉사, 특별교육을 수행한 남학생 6명을 대상으로 진행한 연구에 나오는 것이다(이명자, 김영갑, 2018).

사례 1 (남 17, 고 1) 학교의 동급생이 얼굴이 긴 게 기분 나쁘고 쳐다보는 것처럼 보여 진다는 이유로 1년 동안 지속적으로 괴롭힘과 폭력을 행함.

특징: 어른들에게 예의바르게 행동하는 것을 자신의 가장 큰 장점으로 여김. 대화를 매우 좋아하고 수다스러운 면이 있으나 가족에 대해서는 쉽게 입을 열지 않음.

사례 2 (남 17, 고1) 학교에서 자신보다 또래 간 서열 위치가 낮은 동급생이 자신보다 서열이 높다고 이야기하고 다니는 것을 알고 버릇을 고쳐 준다고 신체 폭행을 가함.

특징: 폭력적인 아버지를 매우 두려워함. 지적장애 쌍둥이 동생을 오빠로서 평생 돌봐야 한다고 아버지에게 항상 주입받음으로써 심적 부담이 매우 큼.

사례 3 (남 17, 고1) 친구가 다른 반의 동급생을 괴롭히는 것을 보고 본인은 상대 학생과 아무런 이해관계가 없음에도 이유 없이 집단폭행을 행하고 금품갈취를 함.

특징: 속해 있는 또래집단에서 가장 낮은 위치에 있으며 집단에서 다른 친구들이 시키는 일들을 반항 없이 함. 부모님에게 경제적 도움을 받는 것에 대해 거부감이 큼.

사례 4 (남 15, 중 2) 함께 어울려 다니는 8명의 친구들과 반 동급생 중 3명을 지속적으로 괴롭히고 신체폭행을 행함. 피해학생 중 발달장애 학생도 1명 포함되어 있음.

특징: 학업도 우수한 편이고, 흡연도 하지 않음. 자신의 물건을 허락 없이 사용하는 것에 매우 민감하고 상대방이 자신에게 어떤 피해라도 주면 반드시 갚

아 줘야 한다고 생각.

사례 5 (남 17, 고1) 수업시간에 잠을 자면서 mp3를 듣고 있는데 이것에 대한 제지가 들어오자 교사와 학생들에게 욕설을 하고 폭력을 행함.

특징: 학교에서 싸움으로 가장 유명하고, 쉽게 다른 사람이 접근하지 못함. 친밀한 선생님들에게는 매우 공손하고 귀여운 캐릭터 상품들을 자주 착용함.

사례 6 (남 17, 고1) 점심 시간에 만화책을 보고 있는데 선도부학생이 강제로 압수해 갔다는 이유로 방과 후에 선도부학생을 불러내서 신체폭행을 가함.

특징: 체육특기생으로 고등학교 입학을 위해 중학교 학업 1년을 유예함. 이로 인해 어머니에 대한 강한 불신을 갖고 있음. 반면에 남자선생님에 대한 애착이 강함.

이 연구에서 제시한 가정요인은 아래와 같다. 하지만 이 가정요인은 개별사례와 매치되어 있지 않고 인터뷰 학생 전체의 가정요인을 종합한 결과이다. 따라서 학교폭력 사례와 가정요인을 연결시키는 데 한계가 있다.

가족 내 외톨이

- 가정 내에서 의사소통을 할 사람이 없음.
- 자녀의 돌봄보다 개인욕구 충족이 먼저인 부모의 양육태도

문제 행동을 회피하는 부모

- 학교폭력대책자치위원회에 참석하지 않음.
- 학교처벌을 받는 기간(특별교육) 동안 가정에서 투명인간 취급, 대화 단절

형제간 폭력

- 남자 형자에게 수시로 신체적 폭력을 경험
- 흡연 사실을 알게 된 형제가 도구를 사용해 신변 위협

부의 폭력적 행동에 대한 동경

- 아버지가 타인과의 신체적 폭력을 하는 장면을 목격하고 남자다운 강한 이미지로 받아들임.
- 주변 사람들이 아버지에게 비굴하게 하는 행동을 멋지다고 여김.

부모 서로에 대한 부정적 시각

- 어머니는 아버지를 대해 항시 불만을 토로하고 부정적 이미지 강조
- 아버지는 어머니를 무시하고, 자녀들 앞에서 욕설을 자주함.

위에서 제시된 가정요인은 인터뷰 참여 학생 모두에게서 공통적으로 나타나는 요인이 아니라, 학생에 따라 각기 다 다르게 나타나는 요인이다. 그러므로 이것이 일반적인 학교폭력의 가정요

인이라고 말하기 어렵다.[12] 이 연구에서 밝혀낸 가정요인 중에서 학교폭력을 유발한 직접적 요인은 어떤 요인인가? 직접적인 요인은 '이것이다'라고 확정하여 말할 수 있는 것은 거의 없다. 한 가지 예외적으로 주목하게 되는 가정요인은, '다른 사람을 비굴하게 만드는 폭력적인 아버지의 남자다움'에 대한 동경이다. 이는 사회학습(social learning)이라는 측면에서 중요하다. 앞서 오벨우스(Owelius)의 연구에서 제시된 것처럼 '다른 사람들과의 일상적 상호작용에서 공격적 행동을 나타내는 부모'는 자녀가 학교폭력 가해자가 되도록 할 위험성을 높인다. 그러나 아울러 고려해야 할 점은 이 학생의 아버지가 '어떤 행동이 수용되고 수용되지 않는지 명확한 규칙을 설정했는지, 그리고 자녀의 공격적 행동을 묵인하는가' 하는 것이다. 그것에 대한 심층면담이 있었다면, 가정요인을 더 명확하게 확인해 볼 수 있었을 것이다. 그러나 더욱 중요한 것은 청소년기의 학생들이 부모의 영향만을 받는 것은 아니라는 사실이다. 청소년기는 또래집단의 영향이 커지는 시기로 또래집단은 학생들의 행동 발달의 모범이나 기준이 되며, 사회적 압력으로 작용하면서 학생들의 행동 형성에 큰 영향을 미친다는 것이다. 다시 말해서, 가정배경의 영향을 조절하는 수많은 가정 외적인 변인(예를 들어, 학교, 또래집단 등)이 개입한다는 것이며, 따라서 가정배경이 원인이 되어 학교폭력이 발생했다고 주장하기는 어렵다는 것이다.

가정배경의 특성에서 학교폭력의 원인을 찾는 연구에 따르면, 가정환경이 좋은 아이들은 가해자가 될 수 없는 것처럼 인식되는 경향이 있다. 하지만 가정환경이 좋은 아이들도 학교폭력 가해자가 되기도 한다. 그리고 가정환경이 안 좋은 아이들이 피해자가 될 가능성도 높다. 가해자는 가정환경이 안 좋다는 일부 사례를 전체로 일반화시키게 되면, 학교폭력이 발생했을 때 가정환경이 안 좋은 아이는 학교폭력 상황에서 가해자로 몰릴 가능성이 높아진다. 그리고 가해자의 가정에 대한 편견을 강화한다. 예를 들어, "가해자가 왜 학교폭력을 하는지 이유를 알겠다. 가정이 그 모양이니 그 아이가 가해자가 되는 거야."라는 편견을 강화한다. 반면에 가정환경이 좋으면, 학교폭력 가해자가 될 가능성은 거의 없다는 편견으로 이어진다. 이런 편견은 학교에서 누가 가해자이고 피해자인지를 규명하는 데 영향을 미칠 수 있다. 가정배경에서 학교폭력의 원인을 규명하려는 연구의 맹점은 무엇보다 학교폭력의 사안이 무엇인지와 무관하게 가정배경에서 그 이유를 찾음으로써 학교폭력의 원인을 찾는 데 있어 중요한 것을 놓치게 된다는 것이다.

학교폭력을 조장하는 학교환경과 사회환경이 따로 있는가

학교요인 역시 학교폭력의 원인으로 여러 연구에서 지적되고 있다. 학교나 교실 환경이 무질서할 경우, 학생들은 학교폭력의 피해자가 될 것이라는 두려움을 더 많이 느낀다(Akiba, 2008). 즉,

학교에서의 행동규칙이 명확하고 그것이 엄격하게 시행되는 학교에서는 학생들이 학교폭력의 위험성이 줄어든다는 것이다. 한 연구에 따르면, 초등학생의 공격성에 가장 큰 영향을 미치는 심리변인이 학교규칙 준수로 나타났다(허승희, 이희영, 2019). 즉, 학교생활의 규칙이 명료하고, 학생들이 학교에서의 행동규칙을 긍정적으로 수용할수록 공격성이 낮아지고 이것은 학교폭력 행동에도 중요한 영향을 미친다. 하지만 학교의 무질서나 규칙 준수 여부는 학교폭력의 원인이라기보다는 학교폭력의 위험요인이 된다는 것으로 해석하는 것이 맞다.

교사와 학교장의 학교폭력에 대한 태도는 학교폭력 억제와 관련된 요인이다. 학교에서 학생들의 폭력을 묵인하고, 학교폭력 문제를 경시하거나 무시할 때 집단따돌림이나 신체적 폭력이 보다 빈번하게 일어난다(허승희, 이희영, 2019). 교사나 학교장의 학교폭력에 대한 태도와 개입 정도는 학생들의 학교환경에 대한 지각에 영향을 미치며, 학생들의 학교폭력 행동과도 관련된다. 교사나 학교장이 학교폭력을 묵인하거나 방조하는 태도는 괴롭힘을 당하는 피해자들이 피해를 당했다고 신고하거나 혹은 도움을 기대할 수 없는 환경을 조성한다. 이는 학교폭력의 위험요인이다.

또한 학교의 입시경쟁교육이 폭력의 원인으로 지목되기도 한다. 입시경쟁교육은 학생의 인성 및 사회성 함양 교육을 소홀하게 만듦으로써 학교폭력이 발생할 수 있는 원인이 된다는 것이다(관계부처합동, 2012). 입시경쟁의 풍토 속에서 협동심보다는 경쟁심과 개인주의, 이기주의가 부추겨지고, 학업실패는 좌절과 실망,

자포자기를 초래하기도 한다. 또한 성적이 과도하게 중시되면서 타인들과의 사회적 상호작용 능력이 소홀히 되고, 학업스트레스를 해소할 수 있는 감성교육 기회가 부족해지기도 한다. 이 분석은 일면 타당성이 있지만, 그 요인들이 어떻게 학교폭력을 유발하게 되는지는 제대로 밝혀지지 않고 있다. 그리고 사회적 상호작용 능력이 충분하고, 학업스트레스를 해소할 수 있는 여건이 제대로 갖추어진다 해도, 학교폭력이 일어나지 않을지는 분명하지 않다. 실제 연구(Jimmerson, Swearer, Espelage, 2010)에 의하면, 특히 집단 따돌림과 괴롭힘 등이 단지 상호작용 능력이 부족해서 발생하는 것이 아니다. 가해학생들이 사회적 상호작용 능력을 충분히 갖춘 경우도 많다. 그러므로 학교폭력 발생 원인이 단지 인성 및 사회성 함양의 부족에서 오는 것이라고 보기 어렵다.

학교요인으로 또한 교사가 적절한 생활지도를 하기 어려운 교육여건, 즉 수단과 관련 제도의 미흡이 지적된다(관계부처합동, 2012). 하지만 '교사가 적절한 생활지도를 하기 어려운 교육여건'이 학교폭력의 원인은 아니다. 학교폭력을 강압적으로 억제할 수 없는 요인은 될 수 있어도 그 자체가 학교폭력이 일어나는 원인은 아니다. 학교폭력의 원인으로서 교육여건에 대한 이명박 정부의 정책 논리는 이러했다. '억제하지 못하면 학교폭력이 일어난다.' '억제책이 강하면 그만큼 학교폭력이 줄어든다.' 일견 맞는 말처럼 들리지만, 학교폭력을 억제하지 못하는 요인을 학교폭력의 원인이라고 규정하는 것은 인과관계에 대해서 혼동을 불러일으킨다. 학교폭력에 대응할 수 있는 수단과 제도가 강화되고, 생활지도의 전문성이 함양된다고 해서 학교폭력 발생 원인이 사라지는 것은 아니다. 다만, 그것은 학교폭력에 대처할 수 있는 한 요인으로 고려해 볼 수 있는 것이다.

학교요인뿐만 아니라 사회환경 요인 역시 학교폭력의 원인으로 지적되고 있다(관계부처합동, 2012). 여기서 사회환경은 '유해한 환경'을 뜻한다. 청소년 범죄 중 유흥비 마련을 위한 범죄(금품 갈취)가 증가하는 것은 이러한 유해환경과 무관하지 않다는 것이다. 유흥비 마련이 폭력의 원인이 될 수 있지만, 그것이 집단따돌림과 괴롭힘 등 최근 학교폭력의 특징을 설명하는 데는 한계가 있다. 그리고 유흥비 마련이 폭력의 원인이라고 해서 유흥업소와 같은 환경 자체가 학교폭력의 원인이라고 말하기 어려우며, 다만 그러한 환경은 '위험요인'이라고는 말할 수 있다.

유해환경 속에는 대중매체도 들어간다. 대중매체의 선정적이고 자극적인 애정물, 폭력물 등은 성적 충동과 폭력에 대해 둔감하게 하며, 분노 상태에서 폭력을 행사하는 동기를 조장한다는 것이다(김우준, 2011; Lowry et al., 1995; Tolan & Guerra, 1994). 폭력 장면의 주인공을 영웅화하여 폭력을 미화시킴으로써 청소년으로 하여금 폭력을 긍정적으로 인식하도록 만든다. 특히 인터넷을 통하여 폭력 영화, 만화, 게임 등의 영상매체 접근이 용이하여 청소년의 폭력에 대한 모방을 자극하고 있다는 것이다. 그런데 폭력의 목적을 모방하는 것인지, 또는 폭력의 방법을 모방하는 것인지를 구분할 필요가 있다(Dewey, 2007). 폭력방법의 모방이 폭력을 유발하게 되는 것은 이미 아이에게 폭력의 성향과 충동이 내재하여 있고, 폭력을 사용할 수 있는 능력이 있을 때이다. 모방 자체가 폭력을 유발하는 것은 아니다. 그리고 자극적인 애정물, 폭력물 등에 노출되었을 때, 성적 충동과 폭력 충동이 높아질 수 있지만, 역으로 해소될 수 있다는 주장도 있다(Harris, 1991). 이는 아이가 처한 복합적 상황과 관련해서 이해를 해야 하며, 단순히 그 요인만을 가지고 학교폭력을 설명하기는 한계가 있음을 말해 준다.

한편, 학교폭력 유발요인으로 사회구조적 · 관계적 요인이 중요하게 거론된다. 이러한 요인에 초점을 두는 이론이 사회학적 일탈이론이다. 하지만 일탈이론 또한 집단따돌림과 괴롭힘 등 최근의 학교폭력 유형을 설명하는 데는 한계가 있다. 예를 들어, 긴장이론(strain theory)[13]으로 학교폭력을 설명하기 위해서는 비합법적인 폭력수단을 사용하여 달성하려는 목적이 뚜렷해야 하는데(Froggio, 2007), 언어폭력의 경우 그 목적이 분명하지 않아 설명하는 데 난점이 따른다. 다만, 괴롭힘 행동을 통해 얻고자 하는 것이 또래집단의 지배적 위치 등이라면, 이 경우는 긴장이론의 적용이 가능하다. 사회통제이론(social control theory)[14]은 집단의 유대 약화를 폭력의 원인으로 설명해야 하는데(Erickson, Crosnoe, & Dornbush, 2000), 또래집단의 약한 유대가 아니라 강한 유대가 심리적 폭력의 원인이 되는 현상(집단따돌림)이 일어나고 있기 때문에 사회통제이론으로도 설명이 어렵다. 물론 부모나 교사와의 유대관계가 돈독한 경우는 학교폭력이 억제될 수는 있을 것이라는 추정이 가능하다. 하지만 부모나 교사와 유대관계가 끈끈하다고 해도 또래집단 내에서 일어나는 집단따돌림에 가담할 가능성을 완전히 배제하기는 어렵다. 부모나 교사와 유대관계를 유지하는 학생이라도 학급 내에서 일어나는 '괴롭힘'이나 '따돌림'을 폭력이 아닌 '장난'으로 인식하거나 피해자의 특성 탓으로 인식한다면 따돌림에 참여할 가능성은 여전히 남는다.

학교폭력의 원인을 어느 한 가지 요인으로 설명하는 것은 한계가 있기 때문에 다양한 요인의 관계망으로 설명하려는 관점이 있다. 그것은 사회생태학적인 관점이다. 예를 들어, 브론펜브레너(U. Bronfenbrenner)의 사회생태학적 모델을 의거한 연구(Espelage & Swearer, 2010)에 의하면, ① 개인적 요인(충동성, 분노, 우울증, 불안, 알코올과 약물중독), ② 가족과 지역사회 요인(부정적인 가정환경, 형제간의 갈등, 안전하지 못한 지역사회환경), ③ 또래집단과 학교 요인(일탈적 또래집단, 학교비행, 일탈집단 참여, 학교부적응, 낮은 사회적 지지)이 각각 개별적으로 학교폭력 참여에 영향을 주는 것이 아니라 상호작용하면서 영향을 준다. 예를 들어, 「학교폭력에 대한 생태체계적 요인들 간의 경로분석」(황혜원, 신정이, 박현순, 2006)에 따르면, 가족변인인 부모와의 관계와 가족갈등이 개인변인인 충동성을 통하여 청소년의 학교폭력에 영향을 미치는 것으로 나타났고, 또한 학교변인인 교사처벌, 학교에 대한 인식, 학교 분위기가 비행친구 접촉이라는 또래변인을 통해 청소년의 학교폭력에 영향을 미치는 것으로 나타났다. 사회생태학적 모델을 입각한 연구는 학교폭력 관련 요인을 종합적으로 고려한다는 장점이 있지만, 그것이 단점이 되기도 한다. 학교폭력과 관련된 많은 요인 중 어떤 요인이 더 중요한지, '콕 찍어서' 밝혀 주는 것이 아니라, 대체적으로 알려진 학교폭력 요인의 '종합세트'를 제시하기 때문에 별다른 의미를 갖지 못하기도 한다.

이상 논의한 바와 같이, 학교폭력의 원인을 가해자의 심리적 요인이나 가정환경 요인 등으로 한정시키기 어렵다. 학교폭력은 단지 한 개인의 심리적 현상으로 치부해서는 안 되며, 집단적인 현상으로 봐야 한다. 따라서 잠재적 학교폭력 가해자 개인을 통제하면 학교폭력을 막을 수 있다는 식의 접근방법은 적절하지 않다. 학교폭력의 집단적인 현상에 대해서는 다른 접근방식이 필요하다. 그 접근방식은 무엇일까?

학교폭력은 단지 가해자의 병리적 요인에 의해 유발되는 것이 아니며, 모든 인간 안에 내재되어 있는 '지배성(dominance)', 또는 원초적 권력의지에서 비롯된다는 관점이 있다. 이 관점은 진화생물학에서 나온 것이다. 진화생물학자들에 의하면, 지배성은 주변 환경이나 타인을 통제하려는 욕구로, 매우 어린 시점에서 발현하며, 강압적이며 자기 확신적인 행동으로 이끄는 동기체제이다(이현준, 유태용, 2018). 이러한 지배성은 가해자에게만 존재하는 것이 아니라, 모든 인간이 보편적으로 지니는 특질이라는 것이다. 모든 학생이 공통적으로 지배성을 가지고 있다면, 모두가 학교폭력의 가해자가 되는 것일까? 지배성이 학교폭력으로 표출되기 위해서는 지배성을 학교폭력으로 이어지는 매개적 요소가 필요하다(김경년, 2021). 성(性), 가정환경, 공격성, 인기도 등이 중요한 매개적 요소로 확인되고 있다. 남녀공학 중학교 1학년을 대상으로 조사한 김경년(2021)의 연구 결과에 따르면, 지배성의 매개체로서 성(性),[15] 가정의 사회경제적 지위, 공격성,[16] 인기도(popularity) 모두 학교폭력 가해행위와 유의미한 관계가 있다. 또한 학급 내 또래 지위의 불평등은 가정환경(부모의 감독 부재, 과잉간섭, 학대 등 양육방식) 및 공격성과 상호작용하여 학교폭력 가해행위를 더욱 증폭시킨다. 학급 내 또래 지위 불평등의 영향은 학생의 또래 지위를 두드러지게 돌출시켜서 학생들의 위치를 가시적으로 드러나게 하며, 인기가 있는 학생과 그렇지 못한 학생을 구별한다. 사회적 지위의 격차가 커질수록 사람들 간의 관계는 지배의 관계로 변화되고, 위계질서 속에서 강자가 약자를 약탈하고 갈취한다는 윌킨슨(Wilkinson, 2008)의 주장의 맥락에서 보면, 또래집단의 위계적 구조는 지배성과 관련된 행동을 촉진하고 인기가 없고 존재감이 없는 학생에 대한 폭력을 부른다(김경년, 2021).

다음에 살펴볼 또래관계의 구조와 학교폭력의 집단적 현상에 대한 내용은 앞서 살펴본 지배성의 관점과 맥락에서 보면, 훨씬 더 그 이해가 선명해진다.

Chapter 08

또래관계의 구조와 학교폭력

학교폭력이 학급 내 또래들 간의 관계성에서 비롯된다는 주장이 설득력 있게 제기되어 왔다. 이러한 주장은, 학생들의 개인적 특성과 가정환경 특성이 어떠하든, 또래의 관계성을 매개로 하지 않고서는 폭력이 유발되기 어려우므로 상당한 설득력이 있다. 이는 학교폭력이 집단과정과 맥락 속에서 집단구성원 간 상호작용을 통해 각자의 행동이 강화되어 발생한다는 연구에 의해서 뒷받침된다(Salmivalli et al., 1996).

밴셀 등(Bansel et al., 2009)의 질적 연구에 따르면, 학교폭력의 원인이 권력 및 지배력 그리고 소속감 등, 교실 내에서 일어나는 일상적인 문화에서 기인한다. 밴셀 등은 학교폭력을 독립된 개인적 행위로 볼 것이 아니라 신체적 폭력, 따돌림 등이 일어나는 행위현장 내에 이미 조직화되어 있는 권력의 복합적 관계의 산물로 봐야 한다고 주장한다. 따라서 '권력의 복합적 관계와 학생들의 권력 경험'을 이해하는 방향으로 지도의 관점이 전환되어야 한다고 주장한다. 이러한 주장을 뒷받침하기 위해 밴셀 등은 질적 연구를 통해 학교폭력의 지속적 발생은 이에 개입된 학생들이 즐기는 권력의 쾌락, 권력행사 능력, 소속 욕구, 리더십 발휘, 지배력 행사의 쾌락, 타인에 대한 일상적 통제 욕구 등과 관련되어 있음을 밝혀내고 있다. 단순화해서 말하자면, 또래집단 속에서 약자에 대한 권력행사가 학교폭력의 원인이 되고 있으며, 그것을 추동하는 것은 권력행사의 쾌락, 권력의 욕구라는 것이다. 이러한 관점은 또래 간 상호작용이 학교의 규범에 의해 통제되는 것이 아니라 학생들의 권력관계에 의해 통제되고 있음을 주장하는 것으로, 피해학생은 또래집단 내 권력과 지배력에 의해 무력하게 당하는 아이로 인식된다.

따라서 또래관계의 구조가 어떠한가, 그 구조 안에서 학교폭력이 어떻게 일어나는가를 살펴보는 것이 필요하다.

교실 카스트

'교실 카스트'는 학생집단 사이에 고정된 '신분계급'이 존재하고 있음을 나타내는 용어이다. 교실의 학생집단 속에는 세력관계, 권력관계, 지위의 서열이 존재하는 것일까? 그것은 자연스럽게 생겨나는 것일까? 성적에 따라 학생 간에 서열이 매겨진다는 것은 잘 알려진 사실이지만, 다른 요인들에 의해 학생 간에 신분계급관계가 형성된다는 것은 공공연한 비밀이다. 어떻게 공부하는 학생

간에 신분계급관계가 존재하게 되는 것일까?

학교는 인격을 도야하는 지식과 민주주의 규범을 가르치는 교육기관임에도 어떻게 학생 간에 신분계급이 생기는 것일까? 이 질문으로부터 시작해 보자.

『교실 카스트』는 교실 내에 '신분계급'이 존재함으로 밝히고 있는 책이다. 이 책의 저자 스즈키 쇼는 일본 학교 내에서 벌어지고 있는 교실 신분제도를 고발하고 사회와 학교를 재조명한다. 교실 카스트는 학생들 안에서 형성된 계급질서를 인도의 카스트 제도에 비유하여 일컫는 말이다. 스즈키 쇼에 따르면, 교실 카스트로 인해 학생들의 지위가 나뉘고 '이지메'라는 폭력이 일어나게 된다. 교실 카스트는 일본 교육의 문제만이 아니며 우리나라 학교에서도 나타나는 현상일 수도 있다.

『교실 카스트』에 따르면, 학생의 서열은 상위 · 중간 · 하위 그룹으로 짜여져 있다. 상위그룹 학생의 특징은 "밝고 목소리가 크고 버스 뒷좌석을 점령하는 남자" "기가 세고, 권리를 나눠 줄 수 있는 학생" "인기 있는 남자, 인기 있는 여자" "젊은 문화에 대한 활용 능력이 높다." "운동도 잘하고 잘생긴 남자" 등이다. 학업과의 상관관계는 높지는 않으며, 상위그룹과 중간그룹의 성적은 낮지 않은 편이며, 하위그룹은 성적이 낮은 편이다. 하위그룹 학생의 특징은 "특징이 없다는 게 특징"이며, 굳이 말하자면 "촌스러운 아이" "눈에 띄지 않는 얌전한 학생" 등이다. 상위그룹은 "따돌림을 받지 않을 특권"을 가지고 있다. 하위그룹의 학생은 왜 힘의 관계를 받아들일까? "무섭고 귀찮을 것 같아서" "상위계층의 반감을 사지 않도록 세심하게 주의를 기울인다." 등의 이유가 있다.

교사들은 교실 카스트의 존재를 인지하고 있으며, 교사 나름대로의 집단에 대한 인식이 있다. 학생의 "자기주장이 관철되면 상위그룹에 속해 있다." "하고자 하는 의욕이 없으며 힘 앞에 굴복하면 하위그룹에 속해 있다." 상·하위 학생에 대한 교사의 견해를 보면, 상위그룹에 대해서는 매우 긍정적이며, 하위그룹에 대해서는 부정적인 태도를 지니고 있다. 예를 들어, 상위그룹은 카리스마를 가지고 분위기를 온화하게 하여 교사의 화난 마음도 누그러뜨린다. 반면, "하위그룹 학생은 적극성이 없고 노력하는 마음이 없다." 하위그룹 학생들은 "장래가 점점 불안하고" "외롭고, 인생을 손해 보고 있다고 생각하는 편이다". 교사들의 인식 속에서 교실 카스트는 부정할 수도 없고, 없어서는 안 되는 존재로 인식하고 있다. 한 교사의 말이다.

> 저는 학생들의 교실 카스트에 대해서 긍정적으로 생각합니다. 그 이유는 물론 학업의 소중함과 학력 향상은 학교의 본질입니다만, 학생의 진로를 포함하여 자신의 정체성, 힘, 권력이라고 생각하는 것을 살아가는 힘이라고 한다면, 자신이 어떤 인간인지, 자신이 어떠한 곳에서 활약할 수 있는지, 자신의 장단점을 파악하기 위해서는 이러한 지위의 차이라고 하는 것을 이해함으로써 세상에는 이런 사람들이 있다는 것도 이해하지 않으면 안 된다고 생각하기 때문입니다(스즈키 쇼, 2013: 231).

상위그룹이 가지고 있는 '하이퍼메리토크러시(hypermeritocracy)' 요소, 즉 리더십과 의사소통, 대인관계 능력 등은 학력 이외의 중요한 요소로 학교에서 높이 평가해야 할 요소라는 인식을 가지고 있다. 흥미로운 점은 교사는 상위그룹이 보이는 특성을 "리더십" "의사소통" "대인관계 능력" 등으로 인식하고 명명하고 있다는 것이다. 교실 카스트는 일본사회의 전체주의적 문화에서 생겨나는 것이며, 그 문화 안에서 교사의 인식도 형성되는 것으로 보인다.

과연 우리나라의 경우도 고착된 신분계급인 교실 카스트가 존재하는 것일까? 우리나라 경우에도 일본의 교실 카스트와 다른 점이 있기는 하지만, 학급집단에는 공식적이든 비공식적이든 위계와 서열이 존재한다고 밝혀지고 있다. 학급에 서열이 존재한다는 것을 어떻게 알 수 있는가? 학교폭력의 가해자와 피해자가 생긴다는 자체가 학급에 서열이 존재한다는 것을 보여 주는 증거라고 주장하는 학자(문경숙, 2014)도 있다. 학교폭력은 힘의 불균형 상태에서 힘 있는 아이가 힘없는 아이에게 의도적으로 그리고 반복적으로 해를 가하는 행위이기 때문에(Olweus, 2010), 학교폭력이 일어난다는 것은 곧 힘의 불균형 상태가 상존해 있었다는 것을 뜻하며, 힘의 불균형 상태는 곧 서열이 존재한다는 것을 나타낸다는 것이다. 따라서 학교폭력을 이해하기 위해서는 서열에 대한 이해가 필요하다는 주장이 설득력 있게 제기된다.

학교 내 청소년들의 권력관계에 대한 연구(엄명용, 송민경, 2011)는 학교 내 학생들 사이에 가시적 · 비가시적 권력관계 유형이 존재하고, 이 유형들 간 역동이 학교폭력에 영향을 준다는 것을 밝히고 있다. 서울과 경기도에 소재한 초·중·고등학교 중 7개 학교 사례를 분석한 결과, 지배자 유형의 학생은 가해자, 조력자, 강화자의 역할을, 추종자 유형의 학생은 피해자, 방관자의 역할을, 은둔자 유형의 학생은 피해자 역할을 주로 하는 것으로 나타났다. 방어자 역할을 하는 학생은 권력관계 구조 속에서 주로 어떤 위치에 있는지, 그리하여 어떻게 조력자나 추종자가 아닌 방어자 역할을 할 수 있게 되는지에 관심을 가지게 되나, 이 연구에서는 확인되지 않고 있다. 이것에 관심을 가지게 되는 이유는, 방어자 역할이 가능하도록 하는 데 공감능력만 필요한 것이 아니기 때문이다. 권력관계 구조에서의 위치도 중요하다. 중학교 학생의 방어자 역할에 대한 연구(손강숙, 이규미, 2015)를 보면, 학급에서 대체적으로 리더 위치에 있는 학생이 방어자 역할을 하는 것으로 확인된다.

학급 내 서열에 대한 문경숙(2014)의 연구는 학교폭력을 가해자의 심리적 특성으로 이해하려 하기보다는 학급 내에 존재하는 '서열이라는 창'으로 이해하려는 연구이다. 중학생을 대상으로 면담한 결과를 보면, 서열이 높은 학생과 낮은 학생의 특성이 다르다. 서열이 높은 학생은, ① '주변에 선배가 있다'(관계), ② '힘이 세 보인다'(신체), ③ '말이나 욕을 잘한다'(언어), ④ '나댄다'(행동) 등의 특성이 있다. 서열이 낮은 학생은, ① '소심하다'(성격), ② '그저 그렇게 생겼다'(신체), ③ '자기만 생각한다'(이기심), ④ '나댄다'(행동) 등의 특성이 있다. 서열이 생기는 이유에 대해 학생들은 '자기 힘을 과시하고 싶어 하기 때문에'(우월지향), '자기만 생각하기 때문에 '(자기 중심적), '신체적 특성 때문에'라고 밝히고 있다. 이 연구는 서열이 높은 자와 낮은 자("순한 양") 사이의 힘의 역학이 바로 "학교폭력이라는 현상 밑에 흐르고 있는 기제"라고 주장하고 있는데, 서열관계가 어떻게 학교폭력으로 이어지는지는 밝혀져야 할 과제이다. 또래 지위(peer status)라는 사회적 관계의 측면이 학교폭력 발생의 역학과 관련되어 있다는 것은(Prinstein & Cillessen, 2003) 서구사회에서도 밝혀지고 있다.

핀란드 사례에 대한 샐미발리 등(Salmivalli, Kärnä, & Poskiparta, 2010)의 연구에 따르면 괴롭힘(bullying)은 또래집단 안에서 학생들이 "지배적 위치" "높은 지위"를 얻기 위한 수단으로 이용된다. 청소년기의 학생들에게 또래집단 내 지위가 매우 중요하며, 한 연구(Lafontana & Cillessen, 2010)에 따르면, 청소년(6~22세)은 우정보다 또래집단 안에서의 지위 향상을 더 우선시하는 경향이 있다. 연구에 참여한 청소년 대부분은 규칙 준수보다 집단 내 평판과 지위에 더 신경을 쓰는 것으로 나타났다(Lafontana & Cillessen, 2010). 청소년들은 또래집단 속에서 스마트하게 보이고 싶어 하며, 또래들이 자신을 존경하고, 우러러보기를 원한다(Salmivalli et al., 2005). 우리나라 학생들도 또래집단 안에서 차지하는 지위를 중시하고 있는 것으로 보인다. 다음은 한 대학생(여학생)의 초중등학교 시절에 대한 회상이다.[17]

> 같은 반 또는 학교 학생들과 좋은 관계 및 우정을 지키는 것이 중요하다고 생각을 하는 부분도 있었지만, 그 집단 내에서 주도적

위치와 힘을 갖는 것 또한 중요하다고 생각했다.

사실 초등학교 저학년 때는 순수하게 친구들과의 좋은 관계 및 우정을 지향했었다. 그러나 초등학교 고학년이 되고 중학교 시기를 거치면서, 학교 내에도 '약육강식'의 질서가 존재함을 인식해서 내가 어느 정도 자신감이 있고 약하지 않은 존재라는 것을 다른 친구들에게 인식시키기 위해 노력했던 것 같다. 특히 우리 중학교가 일명 '똥통 학교'라는 별명이 있었고 괴롭힘도 허다했기 때문에, 이를 피하기 위해서는 '공부 잘하는 애'로 인식되는 것이 가장 쉬운 방법이었던 것 같다. 친구들을 괴롭히는 가해학생들은 '우등생 이미지'의 아이들을 괴롭히지 않았기 때문이다. … 지금 생각해 보면 당시 내가 우등생이라는 위치를 갖고 있지 않았다면 더욱 심한 괴롭힘을 당했을 수도 있다는 생각이 든다.

학생들 중에는 또래집단 내에서 주도적 위치와 힘을 갖는 것을 중요하게 생각하는 경우도 많다. 그러나 주도적 위치와 힘을 갖기 위해, 또는 또래집단 내에서 높은 지위를 갖기 위해 모두가 학교폭력이라는 비합법적 수단을 사용하는 것은 아니다. '공부 잘하는 아이'가 되는 것만으로도 또래집단 내에서 높은 지위를 획득할 수 있다. 그러나 긴장이론(strain theory)의 관점에서 보면, 학교가 인정하는 적법한 방법으로 높은 지위를 획득하기 어려운 경우 학교폭력을 지위 획득의 수단으로 택하는 학생들이 있다.

가해학생들이 큰 노력을 들이지 않고서도 또래집단에서 지배적 위치를 획득할 수 있는 방법은 약자를 괴롭히는 것이다. 특히 학급집단 내에서 "순종적이고, 불안정하며 신체적으로 약하고 아이들이 싫어하는 아이"를 표적으로 삼음으로써, 다수의 동조와 지지를 얻는 방법을 선택한다(Salmivalli et al., 2005). 가해자가 표적으로 삼는 아이는 1~2명 정도이다. 다수를 표적으로 삼게 되면 괴롭힘의 원인이 가해자 탓으로 귀인되기 때문에, 1~2명의 약자를 표적으로 삼는 것이다. 그래야 괴롭힘의 원인이 피해자 탓으로 귀인되는 효과가 나타난다. 이 경우 또래아이들은 피해를 당한 급우에 대해 '부정적 편향성(negativity bias)'[18]을 가진다. 부정적 편향성이란 인간은 긍정적인 면보다 부정적인 면에 집중하는 경향이 있음을 나타내는 개념이다. 즉, 피해자가 그런 곤경에 처한 것은 피해자의 잘못에서 비롯되는 것이라고 생각하며, 피해자의 부정적인 면을 확대해서 보는 경향이 있다는 것이다. 피해자에 대한 또래집단의 부정적 편향성이, 공격적인 학생들이 집단 내에서 인기 있고 높은 지위를 확보할 수 있는 비결이다. 특히 가해학생의 반사회적인 터프한 행동은 성인의 규범과 가치에 도전하는 것이라고 인식되며, 또래문화 속에서는 '쿨'한 것으로 지각되기도 한다.

그러나 모든 학생이 다 또래 지위를 획득하고자 하는 것은 아니다. 급우생과 친밀하게 지내며 좋은 관계를 유지하는 것을 교우관계의 목적으로 삼기도 한다. 어떤 학생은 권력, 지위를 원하지도 않고, 아이들과 좋은 관계를 유지하고 싶어 하지도 않는다. 혼자 떨어져 있는 것을 좋아하기도 한다. 또래관계에서 어떤 목적을 추구하느냐는 자신에 대해, 그리고 또래집단에 대해 어떻게 인식하느냐와 관련되어 있다(Salmivalli et al., 2005).

학교폭력 발생의 집단적 맥락과 역동: 폭력의 위계구조

앞서 보았듯이 학교폭력이 일어나는 구체적 상황과 집단적 맥락을 고려하지 않고서는 이해할 수 없는 형태의 폭력들이 있다. 힘의 서열관계 속에서 학교폭력이 어떻게 일어나는지 살펴보자. 이희연(2013)의 연구는 학교폭력 경험이 있는 학생 열세 명을 대상으로 심층면접을 한 결과를 분석한 것으로, 이들 학생들이 다닌 학교에 힘의 원리가 지배하는 폭력위계 구조가 있으며, 이것이 학교폭력 발생의 원인과 뗄 수 없는 관계에 있다는 것을 밝히고 있다. 연구에 참여한 학생들은 다양한 유형의 학교폭력을 경험하였는데, 그것은 상해, 폭행, 감금, 협박, 약취 · 유인, 명예훼손 · 모욕, 공갈, 강요, 강제적인 심부름 등이다.

이 연구 결과를 보면, 또래집단 내에는 피라미드 형태의 힘의 위계관계가 있으며, 피라미드 구조 안의 상층부에 '잘나가는 애' 또는 '일진'이 존재한다. 힘의 위계구조의 상층부 집단이 바로 가해자들의 힘의 근원이 된다.

> 이 '잘나가는 애들'은 얼짱으로 불리는 외모 또는 인기나 힘이 있는 아이들로서 대부분 '노는 선배들'과 연결되어 있었으며, 이 선배들과의 인맥과 노는 집단 그 자체가 '힘의 뿌리이자 권력'으로 작동되고 있었다. 또한 피라미드 상층에 위치한 비행또래 집단은 자

신들만의 방식으로 또 다른 선후배 간 서열관계를 유지하고 있었는데, 이 서열관계는 일반 아이들의 서열관계보다 강한 상명하복 관계로, 선배는 후배를 '교육'한다는 명목으로 폭력을 자행하고 있었고 이 폭력은 아래로 계속 대물림되는 모습을 보이고 있었다. 그리고 비행또래 집단 바로 아래는 '좀 잘나가는 애들' 또는 '노는 흉내를 내는 애들'이 위치해 있었는데, 이 아이들은 잘나가는 애들에게 잘 보여서 그들과 인맥을 맺고 그 그룹에 끼어 들고 싶어 하는 아이들이 많았다. 그 아래 중간층에는 평범한 애들 또는 일반 애들이라고 불리는 대부분의 학생이 위치해 있었고, 가장 아래층에는 '찐따' '찌질이'라고 불리는 가장 힘이 약하거나 자기표현을 잘 하지 못하는 다소 소심하고 조용한 아이들이 위치하고 있었다. 이러한 폭력위계 구조를 형성하는 가장 핵심세력은 상층에 위치한 짱과 일진그룹인데, 이들이 노는 선배와의 인맥을 '힘의 뒷배경'으로 가지고 있으면서 반에서 지배적 위치를 차지하고 반 분위기를 장악하고 있었다. 그리고 이렇게 형성된 위계구조는 어느 정도 견고하지만 때론 각 계층의 구성원이 변경되기도 하였다. 그러나 구성원의 변화나 계층 간 이동이 있더라도 그 구조는 그대로 존속되기 때문에, 그 구조가 해체되지 않는 이상 학교폭력은 사라지지 않을 것으로 생각하고 있었으며, 대부분의 아이가 이 힘이 지배하는 폭력위계 구조에 적응하는 방식으로 생존하고 있었다(이희연, 2013: 287-288).

사람이 아무리 공격적인 특성을 가지고 있다고 해도 자신보다

힘이 센 강자에게는 폭력적인 행동을 하기가 어렵다. 힘의 우열 관계에서 자신보다 약자인 대상에 대해서만 폭력을 행사하는 것이다. 폭력은 힘의 불균형 상태를 전제로 하고 있다. '일진' 학생의 의식을 보면 '나는 때려도 된다'는 의식을 가지고 있다. 약자에게는 마음대로 해도 된다는 생각을 가지고 있다. 가해학생들의 이런 의식과 행태는 어떤 어른들의 모습을 연상시킨다. 아파트 관리인을 종이라 여기며 마음대로 부려도 되고 마음에 안 들면 폭력적인 언행을 일삼는 일부 아파트 입주민을 닮아 있다. 이들 학생들은 이 사회가 약육강식의 세계라고만 믿고 있으며, 상대를 존중하고 배려하는 사람들의 세계를 경험하지 못했다. 한편, '중간' 집단은 상명하복의 불평등한 관계를 맺고 있으며, 거기서 벗어날 수 없다는 체념의식을 가지고 있다. 그래서 이 아이들은 강한 애들에게 붙어서 친해지려고 노력하며, '그 애들 덕 좀 보자.'라는 의존적 의식을 가지고 있다. 이들은 약자에 대한 집단적 혐오를 조장한다(이희연, 2013). 약자에 대한 집단적 혐오를 나타내는 언어에는 '찌질이'나 '찐따'와 같은 말이 있다. '찐따'라는 말은 찌질이와 왕따를 합친 말인데 '찐따'라는 누군가가 본질적으로 존재하는 것이 아니라 낙인을 붙이고 만들어 내는 '네이밍(naming)'이다. 그렇게 함으로써 다른 무관한 아이들도 덩달아서 그 아이를 '찐따'라고 보게 하고 그 아이가 문제가 있는 것처럼 인식하게 만든다.

> 그 아이들이 찌찔이나 찐따가 된 것은 대부분 반에서 영향력을 가지고 있는 아이가 어떤 특정한 아이를 찌찔이나 찐따로 부르기

> 시작하면서 어느새 모든 아이가 따라서 그 아이를 그렇게 부르는 분위기가 형성되었다고 하였다. 그리고 그렇게 부르다 보면 그 아이는 또래 사이에서 인격적 존재가 아닌 '찌찔이나 찐따'라는 혐오감이 내포된 '특정 단어' 자체로 취급을 당하게 되는 경향이 있었다. 이렇게 집단적으로 한 개인을 '특정 단어'로 취급하면서 '집단적으로 거부하면서 따돌리는' 방식에 대해 미안한 마음보다는 '문제가 좀 있으니까, 그런 데는 다 이유가 있다'라는 식으로 자신들의 폭력적 행위를 합리화하는 경향이 있었다(이희연, 2013: 290).

가해자는 자신의 긍정적 자아상에 어긋나는 가해 행동을 할 때 '인지적 부조화(cognitive dissonance)'를 느끼게 된다. 그러한 인지적 부조화를 해소하기 위해 피해자를 '비인격화'하거나 '사물'처럼 취급한다. 예를 들어, '쥐새끼' '찐따' '왕따' 등의 낙인은 피해자를 인간이 아닌 사물처럼 인식함으로써 자신의 가해 행동으로 인해 생길 수 있는 무의식적인 인지적 부조화를 줄일 수 있다.

학생들 집단 속에서 약자에 대한 집단적 혐오를 조장하는 언어가 아무런 죄책감 없이 사용되고 있다. 학교폭력 예방교육에서 이 점이 간과되고 있다. 학교 밖의 사회에서, 학생들은 언론이 '일베'의 혐오발언도 표현의 자유로 '쉴드'쳐 주는 것을 목격하면서 혐오적 표현에 대한 문제의식이 마비되는 듯하다.

학생 개개인은 집단의 힘의 압력에 저항하기 어렵고 따라서 굴종하는 분위기가 있다. 집단따돌림이나 괴롭힘이 발생해도 가해자에게 대항하거나 피해자를 돕기 어렵다. 공감능력이 높고, 도덕적으로 성숙한 아이여도 혼자서 집단의 분위기는 바꾸기 어렵고, 아무리 친한 친구여도 도와주기가 어렵다. 무언의 압력, 무언의 명령이 있기 때문이다. 이런 경우 방관자가 되기 쉽고 아예 가해자 편으로 넘어갈 수도 있다.

집단 속에서 무기력한 피해자들은 홀로 트라우마를 감내한다. 그들은 비참하고 초라한 감정 속에서 우울, 자신감 상실, 위축, 무서움, 비참함, 초라함, 창피함, 눈치 보기, 자살시도 등을 보이기도 한다.

> 정말 힘들었던 시간이었어요. 시선도 너무 무서웠고, 제 자신감도 잃어버리고, 나는 정말 우울하고 애들이랑 놀지도 못하는 왕따인데, 쟤는 날 어떻게 생각할까… 혼자 감당하기가 너무 힘들더라고요. 자살시도까지도 몇 번 해 봤는데… 저는 차도에 뛰어 들라고 한 적도 있고요. 너무 무서운 거죠. 비참했어요. 초라한 느낌. 저는 그런 일에 충격을 많이 받았고, 솔직히 창피하잖아요. 너무 고통스러워서 막 나쁜 쪽으로 생각한 적도 많고, 애들 중에 한 명 때려가지고 강전(강제전학)이나 갈까 이런 생각도 하고. 그러고 진짜 막 수업 시간에 무단으로 빠지고, 3시간 동안 화장실에서 혼자 막 울고 그랬어요. 진짜 완전 예민해지니까, 눈치 보게 되고… (이희연, 2013: 294).

학생들은 학교폭력 문제를 학교가 해결할 수 없다고 말한다. 학교폭력이 해결되려면 학생들의 약육강식의 세계관이 바뀌어야 한다. 또한 교육이 바뀌어야 한다. 학교가 서로 경쟁하며 공부한 하는 곳이 아니라 함께 어울려 살아가야 하는 공동체가 되어야 하고, 인격적 · 도덕적으로 성장할 수 있는 교육기관이 되어야 한다. 이것이 그 학생들의 공통 경험에서 나온 말이다(이희연, 2013). 이들은 학교교육을 통해 도덕적 인격의 성장을 경험해 본 적이 없다고 말한다. 제대로 된 교육을 받아 본 적이 없으며 교육내용이 전혀 마음에 와 닿지 않았다고 한다. 정글처럼 힘이 지배하는 집단 속에서 아이들은 더욱 영악해지고 지능적으로 행동하고 있으며 범죄라고 생각하지 않기 때문에 반성이 없다고 보았다. 그 학생들의 말은 학교폭력 해결을 위한 가장 본질적인 방법이 무엇인가를 생각하게 한다. 프로그램 위주의 대처방식도 필요하지만, 그것은 근원적인 해결책이 되지 못한다. 학교교육이 본질적으로 무엇을 놓치고 있는가를 성찰하게 하는 것이 학교폭력이기도 하다.

폭력의 위계구조의 사회적 맥락: 중간집단전체주의와 이지메

학생집단의 폭력적 위계구조가 생겨나는 사회적 맥락은 없는가? 일본의 경우 그 사회적 맥락은 '중간집단전체주의'이다. 중간집단전체주의 사회체제에서 나타나는 학교폭력의 유형이 '이지메'이다. 그것이 무엇인가를 잘 보여 주고 있는 책이 『이지메의 구조』이다. 이 책은 일본 학생들이 집단생활을 하는 폐쇄적 학교에

전체주의 질서가 작동하고 있음을 밝히고 있다.

여기서 '전체주의'는 개인의 존재에 대한 '전체'(국가 또는 집단)의 압도적인 우위와 침투성(관통성)을 특징으로 하며, 개인들을 '전체'(국가)에 흡수하게 만들며, 국가에 흡수되지 않는 사람은 '비국민'으로 취급하는 사회체제를 의미한다. '중간집단전체주의'는 전체주의의 개념을 사회집단에 적용한 개념이다(나이토 아사오, 2013). 여기서 '중간집단'이란 국가와 개인 사이 중간에 존재하는 집단을 뜻한다. 중간집단전체주의는 이 중간집단이 전체주의 성격을 띠고 있음을 나타내는 용어이다. 학교, 회사 등의 조직이 구성원의 외모와 태도, 감정, 존재방식을 획일화시키고 조직에 맞추도록 강요하는 경향을 일컫는다. "쇼와(1926~1989) 초기부터 패전까지 일본 사회는 국가전체주의 경향도 중간집단전체주의 경향도 극히 강했다. 전후에 국가전체주의가 대체로 약화되었으나 뒤를 잇듯 학교와 회사를 매개로 중간집단전체주의가 비대화되어 사람들의 생활 전반을 뒤덮어 버렸다."(나이토 아사오, 2013: 250) 예를 들어, 회사의 경우, "중간집단공동체는 종업원에게 인격변조적인 '교육'을 마음대로 실시함으로써 종업원의 인격적 예종을 전제로 하여 조직을 운영할 수 있었다"(나이토 아사오, 2013: 249). 일본 사회는 개인을 회사에 예속시키고, 사축화(社畜化)하여 고도성장을 이룰 수 있었다는 것이다.

학교 역시 중간집단전체주의 성격이 농후하다. 『이지메의 구조』 저자는 일본 사회에서 중시하는 학교공동체주의는 중간집단전체주의라고 주장한다.

> 학교는 성스러운 공동체라는 인식하에 학생이 전인적으로 관계를 맺을 수밖에 없도록, 각자의 다양한 기분이나 행동이 서로의 운명에 크게 영향을 미치도록 제도 · 정책적으로 설계되어 있다. 지금까지 어떤 인연도 없었던 또래의 아이들을 한데 묶어(학교제도) 아침부터 저녁까지 교실에 모아 놓고(학급제도) 생활 전반을 감시하는 것이다. 현행 학교제도는 이처럼 좁은 생활 공간에 학생들을 강제 수용한 다음 다양한 '관계'를 강제한다. 가령 집단학습, 집단섭식, 학급활동, 잡무 할당, 학교행사, 각종 연대책임 등을 강압함으로써 모든 생활활동이 소집단의 자치훈련이 되도록 만든다(나이토 아사오, 2013: 163).

학교는 학생생활 전반에 관여한다. "학교는 학생 개개인의 개성을 인정하지 않는다. 학교는 교복을 입히고, 양말 색이나 머리 길이를 통일하고, 운동장에서 '차렷' '앞으로 나란히'를 시키거나 하면서 학생을 '학생답게' 만들려고 한다. 그 '학생다움'에 예속함으로써 … 성스러운 '학교다움'이 현현한다. 왜 학생이 염색을 해서는 안 되느냐 하면, 그것은 성스러운 '학교다움'이 파괴되기 때문이다."(나이토 아사오, 2013: 203)

중간집단전체주의적 성격을 띤 학교는 동등한 인격, 인간의 존엄이 존중되는 민주시민사회의 질서가 아니라 '무리의 힘'에 의한 군생질서가 지배하는 공간이다. 군생질서는 '무리의 힘'이 학생들에게 옳고 그름을 분별하는 규범의 표준점이 되는 질서이다. 군생질서 속에 아이들은 살아남기 위해 계산적이고 약삭빠르게 '어른처럼' 대처하고, 자신의 신분적 위치가 낮아지고 약해지면, 비굴하게 참는다(나이토 아사오, 2013). 이러한 군생질서가 바로 이지메의 질서이다. 이지메의 질서를 바로잡아야 할 교사들은 아이들의 군생질서에 개입하지 않으며, 오히려 교사가 상관할 일이 아니라고 방관한다.

학교의 집단생활 속에서 학생들은 서로의 '마음'을 신경 쓰면서 무리를 이루어 살아간다. 학교공동체의 군생질서는 보편적인 규범과 정의의 원칙에 입각한 것이 아니라, "유대나 교제를 통한 마음과 기분의 움직임이 그대로 질서화의 정치가 되는 성격의 질서이다"(나이토 아사오, 2013: 171). 한마디로, 학생들의 집단생활의 질서는 '마음의 질서', 즉 타인의 마음을 문제로 삼으로써 이루어지는 질서이다. 예를 들어, '저 녀석은 재수 없어.' '이기적이야.' '저밖에 몰라.'라는 '고발'은 행위가 아니라 '마음'(내면)에 대한 고발이다. 그러므로 공격당하는 학생은 학생들 앞에서 자신의 마음이 발가벗겨진 상태가 되고, 자신의 마음에 대해 그들이 어떤 악의를 품고 있는지, 그에 따라 자신의 운명이 어떻게 될지 전전긍긍하며 불안 속에서 살아간다. 약자는 언제나 강자의 눈치를 보며 공격당하지 않기 위해 '반성의 몸짓'을 취하게 되는데, 이것이 강자에게 승리의 쾌감을 준다(나이토 아사오, 2013: 173).

이지메는 단순한 개인적 폭력과는 다르다. 집단이라는 관계 속에서 일어난다. 이지메는 가해자가 신과 같은 전능감(全能感)을 체험하기 위한 집단의 '축제'이며, 이 전능감은 오로지 무리를 매개로 해서만 체험된다. 가해자가 전능감을 느끼는 방식은 한마디로 '신(神) 놀이'이다. [아이들의 신 놀이는 일본사회의 무의식적인 신관(神觀)과 연관되어 있을지 모른다.] 피해자의 존재를 "손바닥 안의 점토처럼 주무르거나 뭉갬으로써 자신의 힘을 과시하는 놀이"이다(나이토 아사오, 2013: 88). 신 놀이 형태는 ① 파괴신/희생물 놀이(신분이 낮은 자가 뜻대로 당해 주지 않는 경우 가해자의 불완전감이 노출됨으로써 가해자가 피해의식을 느끼고 분노하며 단숨에 피해자를 파괴하는 것 등), ② 피해자를 노예처럼 부려먹는 주인/노비 놀이, 희롱하며 장난치는 신/장난감 놀이(변기에 얼굴을 처박는 행위 등) 등이 있다. 이지메 속에서 가해학생들은 자신을 전지전능한 신처럼 느끼게 되는데, 이러한 전능감은 타인의 고통 속에서 얻는 자신에 대한 그릇된 허상이다.

이지메는 심리학적으로 보면, 타인에게 고통을 줌으로써 희열을 느끼는 가학적 공격이다(나이토 아사오, 2013). 이지메는 가해자의 가학적 충동, 가해자의 실제 공격 행동, 피해자의 고통으로 이루어진다.

가학적 충동이 표출되는 형태는 세 가지가 있다.

첫째, 타인을 지배하여 절대적이고 무제한적인 지배력을 행사하려고 한다.

둘째, 타인을 지배하고자 하며 착취하고 이용하고자 한다.

셋째, 타인을 괴롭히고 싶거나 타인이 괴로워하는 것을 보고 싶은 욕망으로 나타난다.

가학적 충동은 타인을 완전히 지배하는 쾌감에서 시작한다. 그들은 타인을 지배하고 그들을 무력하게 만들어 자신의 뜻대로 움직이고 군림하는 신이 되고자 한다. 타인에게 고통을 견디도록 강요하며 그 과정에서 자신의 지배력에 대한 쾌감을 느낀다. 타인이 자유와 독립을 지킬 수 있는 권리를 부정한다.

이지메를 당한 피해자는 어떻게 되는가? 심리적 고통 속에서 살게 되며, 심지어는 극단적인 자살을 택하기도 한다. 그런데 피해자 중에는 가해자가 되는 경우가 많은데, 이들은 가해자를 닮아 간다. 피해자였던 그들은 자신을 고통스럽게 한 대상이 자신에게 강인함이 무엇인가를 가르쳐 주었다고 생각하며, 자신의 피해 경험을 '가공'하기 시작한다(나이토 아사오, 2013). 자신이 온갖 '박해' 속에서도 "필사적으로 처세하여 강인해졌다는 자부심", 그리고 세상은 강한 자만 살아남을 수 있는 곳이라고 여기는 약육강식의 질서 감각을 갖게 된다. 그 결과 그들은 괴롭힘을 당하는, 약해빠진 학생들을 보면 이유 모를 한심함을 느끼고, 더 나아가 그들에 대한 분노와 공격 욕구를 느끼게 된다. 이러한 과정을 통해 그들은 피해자에서 가해자로 변화하게 된다. 이 과정은 학교폭력에 대한 기존의 관념을 바꾼다(나이토 아사오, 2013). 기존의 관념 속에서 나온 질문은 이것이었다. "자신도 한때 피해자였기에 동병상련의 감정으로 피해자의 심정을 더 공감할 수 있지 않을까?" 그러나 불행은 누구나 동일하게 경험해야 한다는 '불행의 평등주의' 의식이 그들에게 있으며, 불행의 평등주의에 위배된다고 느끼는 경우 민감하게 반응을 한다(나이토 아사오, 2013). 그들은 고통 없이 행복한 사람은 불행의 평등주의에 위배된다고 간주하여 행복한 사람들에 대한 피해의식과 증오심을 갖게 된다. 특히 강인하지 못한 아이가 행복한 모습을 보일 때, 피해의식과 증오심을 느끼는 것도 그들 안에 있는 불행의 평등주의 의식에서 비롯된다.

나이토 아사오(2013)는 일본의 이지메가 중간집단전체주의의 '토양'에서 나온 것이라고 주장한다. 일본의 이지메는 전체주의적 집단문화 속에서 가학적 · 피학적 성격을 기반으로 나타난 괴롭힘 현상이라는 것이다. 일본뿐만 아니라 과거 히틀러 체제하의 독일에서도 사람들에게 가학적 · 피학적 성격이 비슷하게 나타났다. 에리히 프롬(Erich Fromm)은 그의 고전이 된 『자유로부터의 도피』에서 당시 파시즘 체제하에 있던 독일이나 유럽 국가의 중하위계급에 속하는 대다수의 사람이 가학적 · 피학적인 성격을 띠고 있다고 보았다. 정상적인 사람 중에도 가학적 · 피학적 성격이 나타날 수 있다고 보았는데, 이를 '권위주의적 성격'이라고 불렀다. 가학적 · 피학적 성격을 지닌 사람은 권위에 대해 복종하는 동시에 자신이 권위자가 되어 약자를 굴복시키자 하는 충동을 가지고 있다. 프롬(Fromm, 2006)은 권위주의적 성격이 전체주의 국가 시스템 속에서 살아가고 있는 사람들에게 두드러지게 나타난다고 주장하였다.

우리나라 학교에서도 일본의 이지메와 같은 성격의 학교폭력이 일어나고 있는가? 그렇다고 생각하는 사람들도 있다. 분명, 학교폭력 가해자 중에 이지메 유형의 잔혹한 폭력을 가하는 학생들이 있다. 이들이 단순히 이지메의 방법을 모방한 것인지, 아니면 학교의 중간집단전체주의와 연관되어 있는지는 불확실하다. 우리나라 학교가 어린 학생들의 생활 전반을 통제하는 전체주의적 공동체 형식을 취하고 있다면, 이지메와 같은 학교폭력이 전반적으로 일어날 수 있다. 그러나 일본의 학교는 전체주의적 학교공동체주의의 극단을 보여 주고 있으며, 그 극단성은 '일본적'인 것이다(나이토 아사오, 2013: 191). 현재 우리나라 학교를 중간전체주의 성격의 공동체라고 보기는 어렵다. 해방 이후 독재시절까지는 전체주의 색채가 농후했지만, 현재는 학교가 민주화가 되고 혁신되면서 일본의 학교체제와 같지는 않다. 이지메의 형태는 분명히 존재하기는 하나, 그것이 학생집단의 전체주의적 문화에서 비롯되는 것이라고 보기는 어렵다.

학교폭력에서 왜 벗어나지 못하는 것일까

'가해학생은 어떤 심리적 문제가 있으며, 가정환경에 어떤 문제가 있는가'라는 원인 탐색적 질문보다는 '학교폭력에서 왜 벗어나지 못하고 있는 것일까'라는 질문으로 시작해 보면 탐색하는 내용이 달라진다. 이 질문을 시작으로 해서 학교폭력에 관련된 학생들을 어떻게 해야 교육적 관점에서 올바르게 이끌어 갈 수 있는지, 그 해법에 대한 단서를 얻을 수 있다.

앞서 폭력의 위계구조 속에서 학교폭력이 어떻게 일어나는가를 살펴보았다. 이제 선후배 관계의 폭력의 위계구조 속에서 잔인한 폭력을 당하던 아이가 어떻게 가해자가 되어 버렸는지 그 내적인 과정을 깊이 탐구해 보는 것이 필요하다. 이 내적인 탐구 과정을 탁월하게 잘 보여 주는 연구가 「"이게 다 학교 때문입니다.": 학교에서 새겨진 폭력」이다. 이 연구(서근원, 문경숙, 2016)는 교사나 경찰, 학교폭력위원회 위원의 시선이 아닌 가해자 자신의 시선으로, 가해자 자신의 행위를 어떻게 인식하고 바라보는지를 탐색한 것이다.

여기서 가해자는 '네모'라는 학생이다. 네모의 학교폭력 사건은 모두 신체적 폭력이었다. 첫 번째 사건은 나무중학교 3학년이던 네모와 민수가 2학년 교실에서 물장난을 한 것에서 비롯되었다. 2학년 학생인 성수는 이 일을 담임교사에게 말했고, 성수의 친구인 영길이는 자신의 기타가 젖은 것을 보고 학생부장에게 알렸다. 학생부장은 아이들을 훈육할 목적으로 체벌을 했지만, 네모와 민수가 생각한 적정 수준을 훨씬 넘어선 체벌이었다. 네모와 민수는 자신의 잘못에 비해 너무 심한 체벌을 받았다는 억울함과 분한 감정을 이기지 못하고, 성수와 영길이를 학교 기숙사로 불러 끝내 폭행하고 말았다.

두 번째 사건은, 해돋이학교라는 대안교육위탁기관에서 일어난 학교폭력 사건이었다. 위탁기관은 폭력 가해자들이 모여 교육을 잘 받고, 개과천선하여 학교로 다시 돌아와 정상적인 생활을 하는 것을 돕는 기능을 한다. 그런데 어느 날 농구를 하면서 어떤 학생이 네모에게 욕을 심하게 하자, 네모는 참지 못하고 상대방의 얼굴을 때리고 말았다. 네모는 해돋이학교에 하루도 더 있기 싫다고 했고, 이 위탁기관에서 나가게 되었다.

세 번째 사건은 나무중학교로 돌아온 후 발생했다. 학교 인근의 버스 터미널에서 후배를 만난 네모는 "그 학생에게 담배가 있냐고 물었을 때, 그 후배가 처음에는 아버지 담배라고 했다가 고등학교 형이 준 것이라고 말을 바꿨다. 네모가 거짓말하지 말라고 소리를 지르자, 그 학생은 다시 아버지 담배를 훔쳐 온 것이라고 했다"(서근원, 문경숙, 2016). 네모는 그 학생이 자기에게 거짓말한 것에 분개해 폭행했다.

세 차례 일어난 폭력은 똑같은 신체적 폭력이지만, 그 이유는 각기 다 다르다. 첫 번째는 선생님에게 '꼰지른 애들'에 대한 분노와 지나친 체벌에 대한 억울함에서 비롯된 폭력이다. 특히 자신이 평소 잘해 줬던 후배가 선배의 행동을 선생님에게 고자질하여 선배를 힘들게 한 것은 선후배 관계의 도리에 부합하지 않는다고 생각되었고, 또한 그동안 친하게 지내던 후배의 행동이 '가식'이었다고 생각되면서 분하고 억울한 마음이 가슴에 치밀어 올라서 가해행동을 하게 된 것이다. 두 번째는 대안교육위탁기관에서 '싸가지 없게' 굴었던 학생으로부터 참기 어려운 욕설을 들었을 때의 반응으로 나타난 폭력이다. 세 번째는 담배 피우던 중학교 후배가 자기에게 거짓말을 한 것에 분개하여 터미널 뒷골목으로 데려가 때린 폭력이다.

네모에게 폭력을 행사해도 된다는 정당성을 제시해 준 것은 네모가 맞으면서 학습한 선배들의 행동규범이었다(서근원, 문경숙, 2016). 그 규범은 '싸가지'라는 말로 표현되었다. 네모는 선배들로부터 맞으면서 '싸가지'라는 규범을 학습하였다. "자신에게 시비를 거는 애들, 자신에게 욕을 하는 애들, 자신에게 거짓말을 하는 애들, 공공연히 담배를 피우는 애들, 가출하는 애들"은 모두 싸가지가 없다고 생각하였다(서근원, 문경숙, 2016: 66). 네모가 후배들을 '싸가지'라는 행동규범에 따라 폭력을 행사할 수 있도록 뒷받침하는 또 다른 행동규범은 서열의식이었다. 네모는 "했습니까?" "그렇습니다."와 같은 군대식 표현을 많이 썼는데, 네모가 속한 또래집단의 위계의식이 네모에게 내면화되어 있었다. 그 위계의식 속에서 선배의 명령이라면 그것이 참기 어려운 폭력이라고 해도 네모는 참아내야 했고, 그것이 네모가 습득한 생존방식이었다. 이렇게 네모가 맞으면서 학습한 '싸가지'라는 행동규범은 상하위계 구조에 어긋나는 행동을 해서는 안 된다는 의식을 심어 주었으며, '싸가지 있는 행동'과 '싸가지 없는 행동'의 분류가 네모에게 폭력의 기준점이 되었다(서근원, 문경숙, 2016).

이렇게 맞으면서 몸으로 학습한 서열의식은 자신에게 일어나는 사건들을 해석하고 대처하는 방식에 영향을 미쳤다. 사람들은 흔히 '가해자의 공감능력이 떨어지기 때문에 학교폭력 가해자가 된다.'고 믿는다. 하지만 우리가 생각해 봐야 할 것은 왜 네모의 공감능력이 떨어지게 되었는가 하는 것이다. 가해자의 심리적 특성(공감능력 부족)을 강조하는 주장에는 '왜 공감능력이 떨어졌는지' 이유에 대한 설명이 부재하다. 네모에게 습득된 규범의식 · 서열의식이 공감능력을 완전히 넘어섰고, 공감능력을 마비시켰다는 점에 주목해야 한다.

본래 네모는 중학교 1, 2학년 때 선배들로 폭력을 당하며 힘들게 살았던 학교폭력 피해자였다. 중학교 3학년 때도 괴롭힘을 당하였다. "언젠가 네모의 손등에 상처가 있어 물어 보니 졸업한 선배들이 네모의 생일이라며 담뱃불로 지진 것이라고 하였다. 네모가 선배들에게서 받은 생일 선물이었다. 손등의 흉터는 3~4군데 있었고 아물지 않는 상처에는 진물이 흐르고 있었다."(서근원, 문경숙, 2016: 67) 이렇게 폭력을 당하던 네모가 가해자가 되기 시작하였다. 네모에게 학교폭력은 그동안 얻어맞은 것에 대한 "복수 행위이기도 했고, 그 나름의 정의를 실현하는 일이기도 했고, 폭력이 일상적으로 벌어지는 학교라는 공간에 적응하는 수단"(서근원, 문경숙, 2016: 69)이기도 했다. 이것이 네모에게 학교폭력이 갖는 의미였다. 그렇다고 '맞으면서 배워 버린 폭력'이 네모에게 마냥 마음 편한 것만은 아니었다. "때렸다는 것 자체에 대한 후회도 했고, 자신이 그토록 싫어했던 선배들과 같은 모습이 되어 간다는 사실이 받아들이기 어려웠지만 맞기만 하며 살 수 없는 노릇이었다. 네모는 자기가 고등학교에 진학하게 되면, 다시 후배가 되는 굴레 속으로 들어가게 되고 선배들의 구타는 예정된 것이라고 생각하고 있었다. 맞고 살지 않으려면 때릴 수밖에 없기 때문에 네모는 폭력이라는 도구를 장착하고 고등학교에 진학할 준비를 하고 있었다."(서근원, 문경숙, 2016) 네모에게는 이런 상황에서 스스로 벗어날 수 있는 힘이 없었고, 도와주는 외부의 힘이 가정에도, 학교에도 없었기 때문에 자신이 맞고 살지 않으려면 폭력을 택할 수밖에 없다는 생각을 가지게 되었다.

네모는 왜 학교폭력에서 쉽게 빠져나오지 못하고 있는가? 학교폭력을 당하던 중학교 1, 2학년 당시 네모는 가정과 학교의 지지

체계로부터 완전히 고립되어 있는 상태였다. 네모에게 필요한 것은 따뜻한 관심과 밀착 보호였다. 하지만 학교 측은 네모가 학교폭력의 피해자였을 때는 무관심했고, 가해자가 되었을 때는 매번 인근 위탁교육기관으로 네모를 보내는 것으로 일을 마무리 지었다. 네모는 위탁교육기관을 싫어했다. 그곳은 아이들이 다시 학교로 돌아가 적응할 수 있도록 도울 수 있는 곳이 아니라 "죄수복만 입지 않았을 뿐 마치 교도소의 앞마당을 거닐고 있는 맥 빠진 수감자들"(서근원, 문경숙, 2016: 64)을 수용하는 곳 같았다. 학교의 조치는 네모의 폭력성을 '순화'시키고 학교에 대한 적응을 돕기보다 '떠돌이 생활'을 하게 만들어 더욱 학교에 적응할 수 없게 만들었다. 떠돌이 생활 속에서 누구의 도움도 받지 못하며 네모는 '혈혈단신'으로 생존하는 방법을 몸으로 익혀가고 있었다. 그것이 폭력이었으며, 그렇게 네모는 학교폭력의 가해자가 되어 갔다. 네모 자신도 자기가 점점 나쁜 사람이 되어 가고 있다는 것을 알고 있었지만, "폭력이라는 게… 한번 때리기 시작하면은 그때부터 그냥 폭력의 세계로… 말하자면 담배랑 똑같이" 중독되어 빠져나올 수가 없게 된다(서근원, 문경숙, 2016: 70).

네모의 사례는 네모만의 이야기이다. 그러나 동시에 학교에는 수많은 '네모'가 있으며 그들만의 사연과 이야기가 있다. 어떻게 네모가 '정상적인 삶'을 살아갈 수 있도록 할 수 있을까? 학교에서 수많은 학생이 가해자와 피해자가 되는 것을 방지하기 위해 어떻게 개입하고 지도해야 할 것인지를 깊이 고민하게 만든다. 학교는 과연 그 일을 할 수 있을까?

Part 4

학교폭력, 어떻게 예방하고 해결할 수 있는가

"학교폭력을 목격하면 우리 모두 '멈춰!'라고 외쳐야 합니다." 방관자를 방어자로 만든다는 취지에서 2012년 시작된 '멈춰!' 프로그램이 주목을 받고 있다. 노르웨인 심리학자 올베우스(Olweus, 1993)가 만든 학교폭력예방프로그램(Olweus Bullying Prevention Program)을 벤치마킹한 것이다. '멈춰' 프로그램을 보면 학교폭력 상황이 발생하면 피해학생이 가해학생을 향해 팔을 뻗으며 "멈춰!"라고 외치면, 주변에 있던 다른 학생들이 다 같이 "멈춰!"라고 외침으로써 폭력 사태의 진전을 막음과 동시에 학생 1~2명은 즉시 교사에게 달려가 폭력 발생 사실을 알리고, 교사는 즉시 현장으로 달려가서 학교폭력 사태를 종결시킨다는 것이었다. 하지만 이제 프로그램은 아이들의 놀림감이 되어버린 황당 프로그램으로 평가받고 있다(KBS, 2021. 4. 4.). 왜 그렇게 되었을까? 올베우스의 학교폭력예방프로그램은 학교폭력 발생 기회를 줄이고, 학교폭력 가해자가 학교폭력을 통해 얻을 수 있는 보상(또래집단 안에서의 인기와 사회적 위치 등)을 최소화하며, 학교구성원 간의 공동체 의식을 강화하는 방향으로 학교환경을 조성하는 데 중점을 둔다(Limber, 2011). 이렇듯 학교환경의 재구조화 맥락 속에서 학교폭력에 반대하는 규칙이 실행되어야 함에도 그렇지 못한 상태에서 실행되는 '멈춰!' 프로그램은 '멈춰!'라는 구호로 끝날 수밖에 없다.

비단 '멈춰' 프로그램만 그런 것은 아니다. 서울 어떤 초등학교 6학년의 생활규칙을 보면, 교실 밖에 나가면 '3명 이상 모이지 않기, 30초 이상 만나지 않기, 3문장 이상 이야기하지 않는다.' 이것은 코로나19 방역을 위한 사회적 거리두기가 아니라 학교폭력을 예방하기 위한 생활규칙이다(스브스뉴스, 2021. 3. 7.). "초등학교 시절 어떤 아이가 4학년때 나 괴롭힌 거 적었는데 선생님들이 가해자랑 나 교무실에 불러 놓고서는 '서로 악수하고 사과해' 이랬음 ㅈㄴ 쪽팔리드라." 한 학생의 글이다. 학교에서 실행하고 있는 생활교칙이나 피해학생을 대하는 교사의 태도도 적절하지 않다. 물론 이는 극히 일부 학교에서 일어난 일이며, 학교 전체에 일반화하기는 어렵다. 이명박 정부 시기에 학교폭력 근절대책으로 내놓았던 것 중의 하나는 '밥상머리 교육'이었다. '아버지의 관심과 가정의 교육적 기능을 회복'하기 위해서 밥상머리 교육을 범국민 캠페인으로 추진하였다(대한민국정책브리핑, 2012. 2. 1.). 가정교육이 제대로 되면 학교폭력은 줄어들 것이라는 가정하에서 실행되었지만, 밥상머리 교육은 한때의 유행처럼 왔다가 사라졌다.

현재 많은 학교에서 실시하고 있는 국가 수준의 학교폭력예방 프로그램은 '어울림 프로그램'이며 그 효과성이 높은 평가를 받고 있다(박효정, 한미영, 김현진, 2016; 박효정, 김현진, 한미영, 2016; 최춘자, 이수영, 2016). 학교폭력 예방 어울림 프로그램은 초등학교, 중학교, 고등학교 학생들의 공감, 의사소통, 갈등해결, 자기존중감, 감정조절, 학교폭력 인식 및 대처 역량 등을 함양하는 데 목적을 둔다. 학교폭력 예방에는 학교폭력 자체에 대한 인식 및 대처와 같은 인지적이고 행동적인 역량뿐 아니라 학생의 심리 · 사회적 역량의 함양이 필수적이라는 전제에 입각해 있다. 어울림 프로그램을 운영하는 전국의 3,781개교를 대상으로 전수조사를 바탕으로 분석한 연구(성윤숙, 구본호, 김현수, 2020)에 따르면, 모든 학교급에서 어울림 프로그램을 4년 이상 운영한 학교의 학생들은 모든 6개 역량이 높게 나타났다. 그러나 6개 역량이 향상되고, 그로 말미암아 사회성 향상과 분노 감소 효과가 있었다고 해도(이창숙, 양지웅 2017), 그것이 실제적으로 신체적 폭력, 따돌림, 언어폭력 등의 예방 효과로 이어지는지는 알기 어렵다.

학교폭력을 예방하고 해결할 수 있는 만능형 프로그램이나 처방전은 없다. 전반적인 학교교육의 변화가 수반되어야 한다. 현재 입시경쟁 교육은 학생들에게 공감이 아니라 오히려 타인의 고통을 외면하도록 독려하는 면이 강하다는 비판을 받는다. 예를 들어, 교실에서 학교폭력을 당하는 아이가 있다고 해도 신경쓰지 말고 자신의 학업에 열중할 것을 당부한다.

> 자기 자신이나 돌보고 살아야지 주제넘게 다른 사람의 안녕에 신경을 쓰다가는 자신도 탈락할 수 있다는 공포가 지배하는 사회다. 이에 따라 타인의 고통을 외면하는 능력이 이 사회에서 살아가기 위해 무엇보다 필요한 덕목이 되었다. 학교에서 친구가 왕따를 당하더라도 못 본 척해야 하고 직장에서 동료가 '집단적으로' 부당하게 해고당하더라도 내가 살아남기 위해서는 그 고통을 외면해야 한다(엄기호, 2014: 266).

학생 간의 경쟁을 부추기며, 성적만을 중시하는 학교교육의 틀에서 벗어나 학생들의 공감능력과 사회성의 가치도 인정하고, 피해자를 비난하지 않고 피해자를 보호하는 방어자로의 성장을 적극 지지하며, 회복적 생활교육을 실시하며, 인권감수성을 높이는 것이 중요하다. 그리고 학교폭력에 적절히 대처할 수 있는 교사의 역량을 함양하며, 학교폭력 당사자 간의 화해와 회복을 추구하는 것도 필요하다. 학교폭력의 예방과 해결은 이러한 방향으로 가는 것이 맞으나, 학교폭력 해결의 과정은 결코 순탄치 않다. 교사의 역할 갈등이 일어나기도 하고, 피해자에 대한 학생들의 편견과 비난이 있기도 하며, 인간의 부정적 편향성이 작용하기도 한다. Part 4에서는 이러한 내용들을 자세히 다룬다. 먼저 「학교폭력예방법」에 의해 규정된 학교폭력 대처방식이 무엇인가를 살펴본다. 학교현장에서는 법과 제도에 의해 규정된 예방교육과 사안 처리 절차를 따르지 않으면 안 된다.

Chapter **09**

학교폭력예방법에 따른 대처방식과 한계

학교폭력이 발생하면 법적인 절차에 따라 처리하게 된다. 학교폭력 대응은 기본적으로 사법적 모델에 입각해 있다. 따라서 학교폭력의 사법적 모델의 특징은 무엇이며, 그 한계나 문제점이 무엇인지를 알아보는 것이 필요하다. 교육계는 사법 모델이 학교폭력 사안의 처리 모델이 되었다는 것에 대해 문제의식을 가지고 있다. 학교폭력이 일어나는 이유를 파악하고 해결하기 위한 대안을 만들어 내려고 노력하기보다는 사법적 모델에 의해 해결하려 한다는 것이다. 그리고 사법적 모델에 따르게 함으로써 교사들이 자체적으로 학교폭력을 해결할 수 있는 자율성이 사라졌다는 것이다. 교육계는 학교폭력을 법적인 관점에서 보지 않고 학생들 간의 '관계'의 문제로 볼 때 실마리가 풀린다고 주장한다(고은우 외, 2009). 학생들 간의 갈등을 대화의 영역으로 끌어내고 교육공동체 구성원들이 함께 노력할 때 학교폭력을 해결할 수 있을 것이라는 희망을 이야기한다. 그것이 가장 이상적인 해결방식일 수 있다. 하지만 학교폭력에 관한 한 학부모와 학생, 시민사회가 학교를 신뢰하지 못한다. 이것이 해결되어야 할 과제이다.

학교폭력 예방 및 대책에 관한 법률

2019년 8월 「학교폭력예방법」 개정에 따라 세 가지가 크게 달라졌다. '학교 자체 해결제 도입' '학교폭력자치대책위원회(학폭위) 교육지원청 이관' '경미한 학교폭력 학생부 기재 유보' 등이다(성병창, 이상철, 2019).

첫째, 경미한 학교폭력 사안에 대해서는 학교 자체적으로 해결할 수 있다. 「학교폭력예방법」에 따라, ① 2주 이상의 신체적 · 정신적 치료를 요하는 진단서를 발급받지 않은 경우, ② 재산상 피해가 없거나 즉각 복구된 경우, ③ 학교폭력이 지속적이지 않은 경우, ④ 학교폭력에 대한 신고, 진술, 자료제공 등에 대한 보복행위가 아닌 경우 학교장이 자체 해결할 수 있다.

이때 학교장은, ① 피해학생과 그 보호자의 심의위원회 개최 요구 의사를 서면 확인하고, ② 학교폭력 경중에 대한 전담기구의 서면 확인 및 심의를 받아야 하고, 자체 해결을 하게 되면 지체 없이 이를 심의위원회에 보고하여야 한다. 학교장은 피해학생과 가해학생 간에 학교폭력이 다시 발생하지 않도록 노력해야 하며, 필요한 경우에는 피해 · 가해 학생 및 그 보호자 간의 관계 회복을 위한 프로그램을 운영할 수 있다. 하나의 학교폭력 사안에서 가해

학생이 여러 명인 경우, 가해학생 모두가 학교장 자체 해결 요건에 해당하는 경우에 한하여, 학교장 자체 해결이 가능하다. 각 학교에는 학폭위 대신 학교폭력의 자체 해결 여부만 심의하는 기구를 두며, 이 기구에 참여할 학부모는 학교운영위원회에서 선출한다. 학교장 자체해결제를 시행하게 된 이유 중의 하나는 피 · 가해자 간 갈등이 커지는 것을 방지하기 위한 것이다. 과거 사례에서 보면 관련 학생들은 서로 사과하고 화해하며 친하게 지내게 되었지만, 피해학생의 학부모가 강력한 처벌을 원하거나 가해학생의 보호자 조언으로 진술이 번복되는 경우가 많았다(이정민, 2020).

둘째, 학교폭력의 관련 사항을 심의하기 위하여 학교에 두던 학교폭력대책자치위원회를 폐지하고, 교육지원청에 학교폭력대책심의위원회를 두었다. 자치위원회의 학부모 위원의 전문성 논란에 따라, 학부모 위원은 과반수에서 전체 위원의 3분의 1 이상으로 비율이 줄었다.

학교폭력대책심의위원회는, ① 학교폭력의 예방 및 대책, ② 피해학생의 보호, ③ 가해학생에 대한 교육, 선도 및 징계, ④ 피해학생과 가해학생 간의 분쟁조정을 할 수 있다. 심의위원회는 해당 지역에서 발생한 학교폭력에 대하여 조사할 수 있고 학교장 및 관할 경찰서장에게 관련 자료를 요청할 수 있다. 심의위원회의 위원장은, ① 심의위원회 재적위원 4분의 1 이상이 요청하는 경우, ② 학교의 장이 요청하는 경우, ③ 피해학생 또는 그 보호자가 요청하는 경우, ④ 학교폭력이 발생한 사실을 신고받거나 보고받은 경우, ⑤ 가해학생이 협박 또는 보복한 사실을 신고받거나 보고받은 경우 등에 심의위원회를 소집하여야 한다.

셋째, 가해학생이 1~3호 조치를 받는 경우 1회에 한해 학생부에 처분 사실을 기록하지 않는다. 가해학생 1~3호 조치는 '서면사과'(1호), '피해학생 및 신고 · 고발 학생 접촉 · 협박 · 보복 금지'(2호), '교내 봉사'(3호) 등이다. 주로 경미한 정도의 폭력을 저지른 가해학생이나 쌍방 폭력을 저지른 학생들에게 내려진다. 다만, 추가로 학교폭력 가해행위로 조치를 받게 되면 기재를 유보했던 이전 조치까지 포함해 학생부에 기재한다. 이는 가해학생이 동일 학교급에서 다른 학교폭력 사안으로 가해학생 조치를 받지 않는 경우(초등학생은 조치를 받은 날로부터 3년이 경과한 경우)에 한해서 조건부로 기재하지 않음을 의미한다. 다만, 해당 학생이 동일 학교급에서 다른 학교폭력 사안으로 가해학생 조치를 받은 경우에는 이전에 적지 않은 조치사항을 포함하여 기재한다. 심의위원회가 정한 이행기간 내에 조치사항을 이행하지 않으면 조치사항을 기재하고 이후 조치사항을 이행하여도 기재내용은 유지되는 것으로 한다.

그리고 과거에는 교내 학교폭력대책자치위원회가 내린 처분에 대해 가해학생과 피해학생이 재심을 청구할 경우, 피해학생과 가해학생이 재심을 청구하는 기관이 달랐다. (가해학생은 교육청 내 학생징계조정위원회에, 피해학생은 지자체 내 학교폭력대책지역위원회에 재심을 청구하였다.) 하지만 2019년 법률이 개정되면서 피해학생과 가해학생의 재심 청구 기관이 교육청의 행정심판위원회로 일원화되었다.

학교폭력 사안 처리 절차

교육부(2021)의 『2021 학교폭력 사안 처리 가이드북(개정판)』을 통해 학교폭력의 전체적인 사안 처리 절차를 확인해 볼 수 있다. 사안 처리의 전반적인 흐름은 초기 대응, 사안 조사, 조치 결정, 조치 수용/조치 불복으로 이루어진다. 이러한 흐름을 기반으로 사안 조사 과정에서 전담기구와 가해학생에 대한 조치에 대해 구체적으로 살펴보면 다음과 같다.

■ 사안 처리 시 유의사항

- 학교폭력 사안이 발생한 경우 공정하고 객관적인 자세를 끝까지 견지한다.
- 학생과 학부모의 상황과 심정에 대한 이해와 공감을 통해 신뢰를 형성하고, 불필요한 분쟁이 추가적으로 발생하지 않도록 한다.
- 적극적인 자세로 학교폭력 사안 처리를 위해 노력하고, 축소·은폐하거나, 성급하게 화해를 종용하지 않도록 한다.
- 학교폭력 사안은 반드시 학교폭력대책심의위원회에 회부한다.
- 성범죄 관련 사안을 인지한 경우 모든 경우에 예외 없이 수사기관에 즉시 신고한다.

■ 유형별 초기 대응

신체폭력

- 피해학생의 신변안전을 최우선으로 한다.
- 가벼운 상처는 보건실에서 1차로 치료하고, 정도가 심할 경우 병원으로 신속히 이송한다. 이때 담임교사, 보건교사 등이 동행한다.
- 보호자에게 사실을 빠르게 알린다.
- 현장에 있던 증거자료를 잘 보존, 기록한다.

사이버 폭력

- 욕설, 협박성 문자 등에 어떠한 응답도 하지 않도록 지도한다.
- 인터넷 화면, 핸드폰 화면 등을 캡처하여 저장한다.
- 담임교사, 학교전담경찰관 등을 SNS 친구로 등록하여 사이버 폭력 발생 시 즉시 대화방으로 초대한다.
- 폭력 서클과 연계되어 있거나, 금품 갈취와 함께 일어날 수 있으므로 즉시 신고하도록 평소에 지도한다.
- 휴대전화로 욕설이나 협박성 문자가 오면 어떠한 응답도 하지 않도록 지도한다.
- 인터넷의 게시판이나 안티카페 등에서 공개적인 비방 및 욕설의 내용은 그 자체로 저장하도록 지도한다. 모든 자료는 증거 확보를 위해 저장하도록 안내한다.

따돌림

- 따돌림은 괴롭힘과 함께 이루어지는 경우가 많지만, 대부분의 교사가 학교폭력으로 인식하지 못하는 경우가 많으므로 특별히 주의를 요한다.
- 피해학생 의사에 반하여 피해사실이 공개되지 않도록 주의한다. 피해사실이 확인되고 난 후 이를 바로 공개하면, 피해학생이 당황하고 난처해질 수 있다. 교사는 피해학생과 상담을 깊이 있게 하여 피해학생이 필요로 하는 사항을 파악하여 대처한다.
- 반 전체 앞에서 피해 · 가해 학생의 이름을 지목하며 따돌림에 대해 훈계하면 피해 · 가해 학생 '모두에게' 혹은 '모두가' 낙인이 찍혀 문제 해결에 효과적이지 않다.
- 담임교사는 학교폭력 전담기구에 이를 알려 사안을 처리한다.

성폭력

- 학교장을 비롯해 교직원은 직무상(학생과의 상담 과정, 학교폭력 신고 접수 등) 아동 · 청소년 대상 성범죄의 발생 사실을 알게 된 때에는 즉시 수사기관에 신고하여야 한다.
- 성폭력에 관하여는 피해학생의 프라이버시가 특별히 보호되어야 한다. 따라서 학교장 및 관련 교원을 제외하고는 이와 관련된 사실을 알지 못하도록 철저하게 비밀을 보호하여 2차 피해를 방지한다.

■ 학교폭력 전담기구

사안 조사 과정의 전담기구는 책임교사, 보건교사, 전문 상담교사로 구성되며 교감이 총괄하게 된다. 책임교사는 학교폭력 사안을 담당한다. 보건교사는 피해·가해 학생의 신체적·정신적 피해 상황을 파악하고 피해학생의 상담 및 치료 비용을 지원하는 업무를 담당하게 된다. 전문 상담교사는 학교폭력 관련 학생들에 대한 심리상담과 조언을 하며, 집중 보호 및 관찰 대상 학생에 대한 지속적인 상담과 기록 관리를 수행한다.

학교폭력 전담기구가 수행하는 역할은 학교폭력 사안 접수 및 학부모 통보, 교육청에 보고, 학교폭력 사안 조사, 조사 결과 보고, 집중 보호 혹은 관찰 대상의 학생에 대한 생활 지도 등이 있다.

사안 조사 절차는 다음과 같다.

사안의 '발생 → 조사 → 보고' 진행 과정
① 학교폭력 사안 발생 인지 → 신고 접수 및 학교장 보고 → 교육(지원)청 보고, 보호자 통보, 즉시 조치(긴급조치 포함)
② 사안 조사 → 보호자 통보(필요 시 면담) → 사안 조사 보고
③ 학교장 자체 해결 또는 심의위원회 심의·의결

■ 학교폭력대책심의위원회의 조치

「학교폭력예방법」(제17조)에 따르면 가해학생에 대한 조치는 다음과 같다.

제1호. 피해학생에 대한 서면사과

- 가해학생이 피해학생에게 서면으로 자신의 폭력행위에 대하여 사과하는 조치

제2호. 피해학생 및 신고 · 고발 학생에 대한 접촉, 협박 및 보복행위의 금지

- 가해학생의 접근을 막아 더 이상의 폭력이나 보복을 막기 위한 조치

제3호. 학교에서의 봉사

- 교내 봉사활동을 통해 자신의 행동에 대한 반성의 기회를 주기 위한 조치
- 봉사의 진정한 의미를 알고 학생 스스로 잘못을 깨달을 수 있는 봉사방법을 선정하여 선도적 · 교육적 차원에서의 봉사활동을 실시한다. 학교 내의 화단 정리, 교실의 교구 정리, 화장실 청소, 장애학생의 등교 도우미 지도 등이 있다.

제4호. 사회봉사

- 학교 밖 행정 및 공공기관 등 관련 기관에서 사회 구성원으로서의 책임감을 느끼고, 봉사를 통해 반성의 시간을 마련하기 위한 조치
- 환경미화, 교통안내, 거리질서 유지 등 행정기관에서의 봉사, 우편물 분류, 도서관 업무 보조 등 공공기관에서의 봉사, 노인정,

장애시설, 사회복지관 등 사회복지기관에서의 봉사가 있다.

제5호. 학내외 전문가에 의한 특별교육 이수 또는 심리치료

제6호. 출석 정지

- 일시적으로 가해학생을 피해학생과 격리시켜 피해학생을 보호하고, 가해학생에게는 반성의 기회를 주기 위한 조치(2012년 「학교폭력예방법」 개정으로 '10일 이내의 출석 정지'가 '기간제한 없는 출석 정지'로 변경됨)

제7호. 학급 교체

- 가해학생을 피해학생으로부터 격리하기 위하여 같은 학교 내의 다른 학급으로 옮기는 조치

제8호. 전학

- 가해학생을 피해학생으로부터 격리시키고, 피해학생에 대해 더 이상의 폭력행위를 하지 못하도록 다른 학교로 소속을 옮기도록 하는 조치

제9호. 퇴학처분(가장 강력한 처분)

- 피해학생을 보호하고 가해학생을 선도 · 교육할 수 없다고 인정될 때 취해지는 조치
- 의무교육과정에 있는 가해학생에 대하여는 적용하지 않는다. 즉, 고등학생만 해당됨

가해학생에 대한 처분의 실태와 효과

학교폭력 가해자에 대한 처분은 실질적으로 어떻게 내려지고 있으며, 어느 정도 기대하는 효과를 내는 것일까? 학교폭력 가해학생 관련 정책의 효과성 연구(실태는 [그림 9-1] 참고; 이승현 외, 2014)는 처분의 실태와 효과를 판단하는 데 도움이 된다.

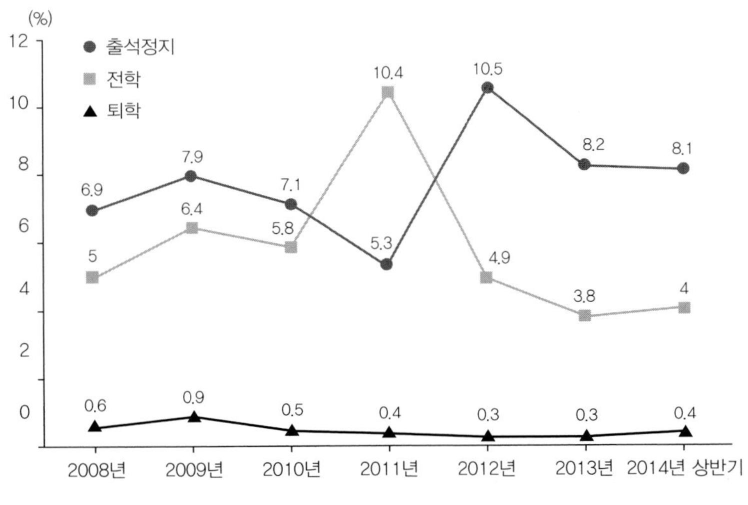

[그림 1] 가해학생에 대한 처분의 실태

출처: 이승연 외, 2014.

1호 서면사과

서면사과가 가해학생의 선도에 효과적이어서가 아니라 조치 결정의 편의성 때문에 많이 활용되고 있다. 서면사과는 가해학생이 피해학생의 고통을 충분히 이해하고 진심 어린 반성을 할 때에만 의미가 있다. 그러나 현재 서면사과 조치는 가해학생의 반성보다는 사안이 매우 경미할 때 형식적으로 거치는 절차가 되고 있다.

2호 접촉 · 협박 · 보복행위 금지

접촉 · 협박 · 보복행위 금지는 피해학생이나 신고학생에 대한 가해학생의 접근을 금지함으로써 가해학생이 더 이상 폭력이나 보복을 하지 않도록 하기 위한 것이다. 이것은 가해학생이 어떠한 행위를 하는 것이 아니라 부작위할 것을 요구하는 조치이다. 접촉 · 협박 · 보복행위 금지가 해당 학교에서 제대로 시행될 수 있을지는 의문이다. 교실 내에서 학생들은 함께 밀착해서 생활하기 때문에 가해학생과 피해학생 간의 공간적 분리가 쉽지 않다. 또한 가해학생이 이를 위반한 경우에 마땅히 제재할 방법이 없다. 집단따돌림의 경우에는 가해학생이 한 명이 아니라 여러 명이기 때문에 피해학생에 대한 접촉 금지가 용이하지 않다.

3호 교내봉사

교내봉사는 학교에서 가장 많이 활용할 수 있는 조치이지만, 가해학생의 학습권을 침해하지 않는 범위에서 활용하기가 용이하지 않아 실제 학교에서 활용하는 비율은 매우 낮다. 초등학교에서는 거의 활용되지 않고 있다.

4호 사회봉사

사회봉사기관을 단위학교에서 일일이 찾는 것도 어려운 데다가 해당 기관에서 가해학생들이 문제를 일으킬 경우 민원이 생길 수 있어 협조를 얻을 수 있는 기관을 섭외하기가 어렵다. 또한 봉사활동이 가해학생에게 자신의 잘못을 진심으로 뉘우치고 반성할 수 있는 기회가 되면 좋지만, 그렇지 않으면 봉사활동이 가해학생에게 심리적인 면죄부만 주는 역효과를 낼 수 있다.

5호 특별교육 또는 심리치료

특별교육은 Wee센터, 청소년꿈키움센터, 기타 지역별 대안교육센터에서 실시하고 있다. 그러나 Wee센터에서 실시하는 특별교육은 학교폭력 유형에 따라 체계적으로 이루어지지 못하고 있다. 상담 위주의 교육이 많고, 일반학생과 피해학생 상담을 같이 하고 있어 학생들이 특별교육을 받는다고 느끼지 못하고 있다.

6호 출석정지

출석정지는 가해학생을 일정 기간 동안 피해학생과 격리시켜 피해학생을 보호하고 가해학생에게 반성의 기회를 주자는 취지에서 마련된 조치이다. 하지만 학교폭력이 대면을 통해서만 일어나는 것이 아니라, 카톡이나 문자 등 SNS를 통해서도 일어나기 때문에 출석정지의 기대효과(피해자 보호)만 나타나는 것은 아니다.

7호 학급교체

학급교체는 가해학생을 피해학생으로부터 격리하기 위한 것이지만, 수업 시간 이외의 시간에 서로 부딪힐 수 있기 때문에 학급

교체가 실효성이 떨어진다. 그럼에도 피해학생은 가해학생과 같은 교실 공간에서 생활을 하지 않는 것만으로도 안도감을 느낄 수 있다.

8호 강제전학

피해학생을 보호하기 위해 불가피한 경우에 내려지는 조치이다. 특히 서울시 중학교에서 강제전학 조치가 가장 많이 이루어지고 있는데, 전체 382개 중학교 중 235개 중학교에서 강제전학(2013년 기준)이 이루어지고 있다. 문제는 강제전학을 보낸 학교와 강제전학 학생을 받는 학교들이 서로 중복(89%의 학교)되고 있다는 점이다(이승연 외, 2014). 가해학생의 전학을 수용하는 학교에서 가해학생을 제대로 지도할 수 있는 대책이 마련되어야 한다.

9호 퇴학

퇴학처분은 피해학생을 가해학생으로부터 보호하기 어렵고 가해학생을 선도할 수 없는 경우에 내리는 조치이다. 의무교육연령에 있는 초·중등 가해학생에게는 적용하지 않는다. 퇴학처분 시 학교장은 가해학생에게 퇴학 전 가정학습을 할 수 있도록 하고(초중등교육법시행령 제31조 제6항), 퇴학 시 학생 및 보호자와 진로상담을 하며, 지역사회와 협력하여 다른 학교나 직업교육전문기관 등으로 알선하기 위해 노력하도록 하고 있다(초중등교육법 시행령 제31조 제7항).

2012년부터 학업중단을 방지하기 위해 퇴학 전 학업복귀나 진로상담 프로그램에 2주 동안 참여하도록 '학업중단 숙려제'를 실시하고 있으나, 이를 통해 구제되는 학생은 적은 수에 불과하다. 2013년 전국 시도교육청별 학업중단 숙려제 운영 현황을 보면, 2013년 1학기(3~7월) 자퇴서를 제출한 8,534명 중 숙려 프로그램에 참여한 학생은 56%(4,815명)에 불과했다(이승현 외, 2014).

가해학생 학부모 특별교육

「학교폭력예방법」은 가해학생이 학교폭력으로 조치를 받는 경우 그 보호자도 특별교육을 받도록 하고 있다. 학교장이 가해학생에 대한 특별교육 이수조치를 결정하는 경우 교육감이 정한 기관에서 그 학생의 보호자도 특별교육을 이수해야 한다(제17조 제9항). 보호자 특별교육은 주로 학교폭력의 전반적 이해를 통한 예방 및 대처방안이나 가해 행위를 하는 학생의 심리상태 파악, 바람직한 부모상 등 자녀 이해 교육법 등이 주를 이룬다(이승현 외, 2014).

보호자가 특별교육에 불응할 경우 학교장은 「학교폭력예방법」 벌칙조항에 따라 300만원 이하의 과태료를 부과하여야 한다(제22조 제2항). 2012~2013년 2년 동안 가해학생의 학부모가 특별교육을 받은 경우는 2012년 17,413명, 2013년 10,776명으로 총 28,189명이며, 학부모 특별교육의 평균 이수시간은 5시간이었다. 지역별 학부모 특별 교육 대상자 수는 서울이 5,239명(18.6%)으로 가장 많으며, 경기 2,915명(10.3%), 전남 1,279명(4.5%) 순이다. 가해학생 보호자의 특별교육 의무 제도를 위반할 경우에 과태료를 부과해야 하지만, 생계의 어려움 또는 친권자가 불분명한 경우 등을 이유로 학부모가 불참하는 경우 학부모에게 교육을 강제할 수 있는 방법이 없기 때문에 학부모에게 과태료를 부과하지 않고 있다(이승현 외, 2014).

가해자에 대한 처분이 가해자를 선도하는 데 얼마나 효과가 있는지는 불확실하나, 가해자 측이 걱정을 하는 것은 처분 내용이 학생부에 기록되어 남는다는 점이다. 그만큼 처분의 효과와 학생부 기재는 밀접한 연관성이 있다. 다음에서는 학생부 기재 정책에 대해 상세히 알아보자.

학교폭력 학교생활기록부 기재 정책의 문제

■ 학교생활기록부 기재 정책의 변화

2012년 2월 학교폭력근절 종합대책에 따라 2012년 3월부터 자치위원회의 조치사항을 출결사항, 학적사항의 특기사항, 행동특성 및 종합의견란에 기재하는 방안이 도입되었고, 이어서 학교생활기록부 기재에 대한 지침이 만들어졌다. 학생생활기록부 특기사항 중 학교폭력과 관련된 사항은 「학교폭력법」에 규정된 가해학생에 대한 조치사항을 입력하도록 하고 있다. 그 당시 학생부 기록 보존기간은 초등학교 및 중학교는 졸업 후 5년까지 고등학교는 졸업 후 10년까지였다.

그러나 2012년 국가인권위원회에서 학생부 기재가 인권침해의 소지가 있다는 판단하에 대책의 변경을 권고한 바 있다. 그리고 광주 · 경기 · 전북 교육청 등이 생활기록부 기재 거부 입장을 밝히고 나서자 교육부와 마찰을 빚게 되었으며, 생활기록부 기재에 대한 사회적 논란이 확산되었다. 이에 2012년 6월 '학교생활기록 작성 및 관리지침'이 개정되어 학교폭력자치위원회의 조치사항 기록이 10년에서 5년으로 줄어들었다(이승현 외, 2014). 그리고 2019년 「학교폭력예방법」 개정에 따라 '경미한 학교폭력 학생부 기재 유보' 조항이 만들어졌다. 2020년 1학기부터 가해학생이 1~3호(서면사과, 접촉 · 보복 금지, 교내 봉사) 조치를 받고 충실히 이행한 경우 1회에 한해 학생부에 처분 사실이 기재되지 않는다. 정확히 말해 기재가 유보되는 것이다. 다만, 처분 기록이 안 된 학생이 재학기간 중 추가적인 가해 행위로 조치를 받는 경우, 이전에 기재되지 않았던 내용까지 함께 학생부에 기재된다.

■ 학교생활기록부 기재의 문제점

학교폭력 학교생활기록부(이하 '생활기록부') 기재조치의 정책의도는 분명해 보인다. 학생부 기재를 통해 가해학생에게 학교폭력에 대한 책임을 엄중히 묻고 이후 가해 행위의 재발을 방지하며 학교폭력에 대한 경각심을 갖게 하겠다는 것이다(이승현 외, 2014). 직설적으로 표현하면, 가해학생에게 학교폭력징계자라는 '공적인 낙인(official labeling)'을 부여함으로써 향후 입시와 취업에서 불이익을 주겠다는 것이고, 이를 통해 학교폭력을 억제하겠다는 것이다. 낙인이 가져다 줄 '불이익'을 계산할 줄 아는 합리적인 학생들이라면 학교폭력에 더는 가담하지 못할 것이라는 기대감에 따른 정책이다.

하지만 비판적 입장에서는 학교폭력 생활기록부 기재 정책이 적절한 학교폭력 대처방안이 아니라고 주장한다(이승현 외, 2014). 이승현 등(2014)에 따르면, 첫째, 가해학생에 대한 제재조치의 접근방식이 잘못되었다는 것이다. 「학교폭력예방법」 제1조 '학생의 인권을 보호하고 학생을 건전한 사회 구성원으로 육성하도록 한다.'라는 목표에 비추어 볼 때, 자신의 비행을 반성할 수 있도록 엄중히 처벌하되 사회의 구성원으로 조기에 복귀할 수 있도록 할 필요가 있다. 그런데 생활기록부 기재는 가해학생에게 학교폭력에 대한 경각심을 갖게 하는 데 효과가 있다는 주장도 있지만, 이것은 일시적 효과일 뿐, 학생의 선도를 위해서는 바람직한 정책은 아니라는 것이다.

둘째, 학교폭력 생활기록부 기재는 가해자 '낙인'이 될 수 있다. 「소년법」은 보호처분을 할 때 소년의 건전한 육성과 재사회화를 위해 보호처분의 결과가 소년의 신상(진학이나 취업 등)에 어떠한 영향도 미칠 수 없도록 하고 있고(「소년법」 제32조 제6항), 이러한 취지에서 보호처분에 대한 전과를 남기지 않도록 하고 있다. 반면에 학교폭력 생활기록부 기재 정책은 입시 또는 취업에 영향을 미치는 것으로, 가해학생 측의 재심 및 행정 소송 남발 등을 초래하며,[19] 무엇보다 '가해학생 선도'라는 교육적 목적과는 거리가 멀다.

셋째, 학교생활기록부 기재는 인권침해의 소지가 있다. 가해학생의 일회적인 학교폭력 행위마저도 예외 없이 모두 생활기록부에 기재하도록 하는 것은 피해학생의 보호라는 이익을 위해 가해학생에게 너무 많은 희생을 강요하는 것이고, 목적의 정당성과 방법의 적절성이 인정되는 않는 과도한 조치라는 것이다.

일부 보수언론(예를 들어, 동아일보, 2012. 8. 27.; 문화일보, 2012. 12. 6.)은 학생부 기재 논쟁에 자신들의 '프레임(frame)'[20]을 설정하였는 바, 그 프레임에서는 학생부 기재가 이중처벌 · 과잉처벌이라는 점은 도외시되며, 학교폭력을 억제하기 위한 무관용적 수단으로 정당화된다. 그 프레임을 보면, 이분법적인 대립항, 즉 폭력에 대한 관용 대 무관용의 대립항과 가해자 인권 중시 대 피해자 인권 중시의 대립항이 설정되어 있다. 다시 말해, 학생부 기재 찬성 쪽은 학교폭력에 대해 무관용적이며 피해자의 인권을 보호하자는 쪽이고, 기재 반대쪽은 학교폭력에 대해 관용적이며, 가해자의 인권을 보호하자는 쪽이라는 프레임의 설정이다(김천기, 2013).

이 프레임에 따라 학생부 기재 찬반 입장을 인식하게 되면, 자동 발생적으로 실재와 동떨어진 판단의 오류가 발생하게 된다. 즉, 학생부 기재 반대는 학교폭력에 대해 온정주의적이고, 관용적이어서 처벌하지 말자는 뜻으로 오인되며, 나아가 피해자의 인권이 아니라 가해자의 인권을 더 중시한 것으로 오인이 발생한다. 이런 프레임의 측면에서 보면, 학교폭력 학생부 기재를 반대하는 주장은 그야말로 용납하기 힘든 주장이다. 어떻게 학교폭력에 대해 관용적일 수 있으며, 피해자의 인권을 등한시하면서 가해자의 인권을 우선하여 보호하려고 할 수 있는지, 도저히 이해할 수 없는 주장이라는 것이다.

언론의 프레임에서는, 학생부 기재 지지는 피해자의 인권을 적극적으로 보호하는 입장으로 인식된다. 학생부 기재는 가해자에게 강력한 처벌과 불이익을 주는 방법이며, 피해학생의 인권을 적극적으로 보호하는 조치가 되는 것이다. 학생부 기재에 반대하는 것이야말로 피해자의 인권을 보호하고 가해자에게는 강력한 처벌을 하자는 것에 대해 반대하는 것에 다름 아닌 것이다. 이것이 언론의 프레임 속에서 읽게 되는 학생부 기재 찬반의 의미이다.

언론 프레임과 무관하게 생각해 볼 점은 학생부 기재의 학교폭력 억제 효과 또는 역효과 여부이다. 학생부 기재에 의해 학교폭력이 어느 정도 억제될 수 있을까? 학생부 기재 정책이 실행된 이후에 학교폭력이 급증했다는 결과가 나오기도 하였다(머니투데이, 2013. 10. 14.). 물론 억제 효과 또는 역효과는 장기적인 관점에서 체계적으로 분석할 필요가 있지만, 기대하는 효과보다는 역효과가 클 것이라는 예측이 가능하다. 학생부 기재 정책의 전제가 학교폭력의 특성을 간과하고 있기 때문이다.

학생부 기재 정책은 요즈음 신세대 학생들이 옳고 그름의 도덕적인 가치에 반응하는 것이 아니라 이익에 민감하게 반응한다는 것을 전제하고, 이를 적극 활용하고자 하는 정책이라 할 수 있다. 이 관점에서 보면, 학생들의 행동에 영향을 줄 수 있는 효과적인 방법은 불이익을 극대화하는 것이라는 데에 공감이 생길 수 있다. 하지만 학생들이 실제 이익 · 불이익에만 민감한지는 따로 면밀히 살펴봐야 할 점이다. 설령 이익에 민감하다고 해도 학생들의 생활현장에서 일어나는 눈앞의 이익과 먼 미래에 나타날 이익 중 어떤 이익을 선택할지는 분명치 않다. 먼 장래의 이익을 위해 현재의 자신을 통제할 줄 아는 자기조절능력을 가진 학생은 이미 폭력 잠재군에 속한 아이는 아니다.

학생부 기재의 억제 효과 주장은, '질풍노도'의 청소년기 '잠재적 폭력학생'이 합리적인 손익(학생부 기재로 인한 입시 · 취업상의 불이익) 계산을 할 줄 알고, 합리적으로 선택하며, 자신의 이익을 위해 자신의 감정과 행동을 통제할 줄 안다는 것을 전제하지 않으면 성립되기 어려운 주장이다(Boudon, 2003; Dahlback, 2003; Herne & Setala, 2004; Mehlkop & Graeff, 2010; Niggli, 1994; Opp K-D, 1999 참조). 이러한 전제가 맞는 것인지 근본적인 검토가 필요하다.

심리학적 관점에서 볼 때, 학교폭력 상황에서 학생들이 자신의 이익을 위한 합리적 선택을 한다는 가정은 사춘기 청소년의 심리적 특성을 간과한 것이다. 특히 중학생의 학교폭력이 가장 심각한 양상을 띠고 있는데, 가해 행위자들이 이해득실을 분명히 따질 정도로 합리적인 시장 행위를 하고 있다고 보기 어렵다. 사회심리학적 관점에서 보자면, 정상적인 심리상태를 가진 학생들도 자신이 처한 '상황'의 지배를 받기 쉬운데, 분노가 있는 학생들은 더욱더 자신의 환경의 자극에 민감할 수밖에 없다. 어떤 자극적인 상황에서는 그 학생들에게 내재하여 있던 공격성, 분노, 적개심 등이 분출될 수 있고, 그 순간 합리적 손익 계산의 합리성이 망각 · 마비되며 폭력적으로 되기 쉽다. 말하자면, 실제 상황에서는 평소에 가졌을지도 모르는 자제력과 경각심이 사라져 버리고, 그 순간의 상황에 의해 지배될 수 있다는 것이다.

또한 학생 개인의 합리적 선택의 논리는 학교폭력이 집단의 영향을 받지 않는 학생 개개인의 의사결정에 따른 선택이라는 가정에 입각한 것으로 이러한 가정 또한 타당한 것인지 의문스럽다(Salmivalli et al., 2010 참조). 폭력학생들이 집단으로 움직이는 경우 집단역학적 '동조심리'가 작동하기 때문에 학생부 기재 정책이 기대했던 경각심이라는 것은 막상 학교폭력 현장에서는 힘을 발휘하기 어렵게 된다.

학급집단에서 학생 개개인의 행동 선택은, 집단의 규범과 상호작용에서 자유롭게 이루어지는 것이 아니라 상호작용의 영향하에 특정한 방식으로 일어난다. 선행연구(Salmivalli et al., 2010)에서 제시하는 것처럼, 학교와 학급 내에 집단적 폭력 문화가 형성되어 있고, 그 집단 내에서 권력관계가 작용한다면, 아이들은 몇 가지 유형의 역할을 부여받을 수밖에 없다. 즉, 적극적이고 주도적으로 괴롭힘 행동을 이끌어 가는 가해자, 가해자의 추종자로서 가해자를 도와주는 조력자, 가해자의 행동을 격려해 주는 강화자, 학교폭력을 모른 체 하고 피하는 방관자, 그리고 일방적으로 당하는 피해자의 역할이 있다. 집단적인 권력관계에서 아이들은 어떤 입장을 선택하는 것이 자신의 생존과 '이익'에 보탬이 되는가? 학생들이 집단 속에서 생존하고 자신의 집단 내 사회적 위치의 확보라는 이익을 극대화하는 길은 조력자나 강화자, 방관자가 되는 길밖에 없다. 희생자 편을 들게 되면, 자신이 다음 번 폭력의 희생자가 될 것이라는 것을 알기 때문이다(Salmivalli et al., 2010). 자신이 학교폭력의 희생자가 되지 않으려면, 선택의 여지는 많아 보이지 않는다. 조력자, 강화자, 방관자 중 하나이다. 이렇듯 학교라는 필드에서 학생들이 인식하는 특수한 이익과 손실은 학생집단의 문화와 권력관계에 의해 규정된다. 이는, 학생부 기재 정책 입안자와 결정자가 인식하고 있는 먼 미래의 사회적 '이익' '손실' 개념과 다르다.

손실을 계산할 줄 아는 합리적인 인간이라는 전제를, 정부가 분류하는 소위 '잠재적 폭력학생 집단'에 적용하는 것이 합당한 것인가? 잠재적 폭력학생 군으로 분류되는 아이들은 심리적인 상태가 보통 학생들과 다르다는 이유로 분류된 아이들이다. 그런 아이들이 가진 것으로 보이는 낮은 자존감과 공격적 성향, 이러한 심리적 상태에서 손실 계산이 합리적으로 이루어질 것이라고 기대한다면, 그 자체가 불합리한 것이 아닐까.

그리고 학생들이 눈앞의 이익에 민감하고 이익에 따라 행동을 선택한다고 해도 또래집단의 규범에 의해 규정되는 장 속에서 형성되는 '특수한 이익'[21]에 민감하게 되는 것이지, 정책 입안자가 생각하는 사회적 불이익(입시와 취업상의 불이익)에 따라 민감하게 행동하는 것은 아니다. 예를 들어, 힘의 위상을 확보하기 위한 투쟁이 일어나는 또래집단 속에서 자신의 생존문제가 걸려 있는 경우, 그에 따라 독특한 생존전략을 구사하는 적응방식이 나타난다 (Salmivalli et al., 2010). 그 적응방식이란 또래집단 내에서 자신의 불이익을 최소화하는 방식으로 나타나는 것이며, 미래의 사회적 불이익을 최소화하는 방식으로 나타나는 것은 아니다.

그뿐만 아니라 학생들이 입시나 취업이라는 먼 미래의 이익에 민감할 것이라는 생각은 최근 학교폭력의 실태와 특징에 잘 들어맞지 않는 측면이 있다. 개인의 이익에 따른 합리적 선택이론의 관점에서는 왜 언어적 폭력(욕설, 놀림, 협박)과 정서적 폭력(집단따돌림)이 고등학생부터 초등학교 저학년 학생에게까지 확대되는지, 문제학생에서 일반학생 · 모범학생에게까지 일반화되는지를 설명하기 어렵다. 한 방송의 학교폭력의 실태 보도를 보면(KBS, 2013. 1. 25.), '학교폭력에는 특별한 이유가 없다.'는 것이 큰 특징이다. 초등학생과 모범생까지 학교폭력의 가해자가 되는 이유는 무엇인가? '이유가 없다!' 단지 '남보다 약하다는 것' '만만하다는 것'이 집단적 폭력의 대상이 된다는 것이다. 그러나 부르디외(Bourdieu, 1995)의 분류투쟁 관점에서 보면 이유가 없는 것이 아니다. '남보다 약하다는 것' '만만하다는 것' 자체가 학교폭력의 이유인 것이다. 방송의 학교폭력 실태보도에서는 어떻게 그러한 것이 폭력의 이유가 되는가를 이해할 수 있는 분석적 틀이 없었을 뿐이다. 이 사회에서 가진 것이 없다는 것, 배운 것이 없다는 것, 힘이 없다는 것, 즉 아이들 말로는 '없어 보이는 것' 자체가 무시 · 차별 · 배제(따돌림)의 이유가 된다는 것은 일상적으로 경험되는 사실이다. 이 사회에서 '약한 자' '만만한 자' '가진 것이 없는 자'는 무시하고 차별하고 짓밟는 것이 당연시되고 있는 것이 부인할 수 없는 엄연한 현실이다. 이렇게 되는 데는 인간을 이항대립적 범주(정상/비정상, 강자/약자, 승자/패자)로 분류하고 평가하는 우리 사회의 지배적(능력주의) 분류도식이 작용하고 있기 때문이다. 사회의 지배적 분류 · 평가도식이 가정 · 학교 · 대중매체 등을 통해 어린 학생들에게 사회화되지 않았다면, 그들 사이에 무시 · 차별 · 배제가 일어나기 어렵다.

학교집단 속에서 약하고 만만한 것이 어떻게 해서 낙인 · 차별 · 배제당하는 이유가 되는 것인가? 부르디외(Bourdieu, 1995)의 분류투쟁 관점에 의하면, 가해대상의 학생이 가지는 다양한 특성 중 오로지 만만함, 약함으로 인식되는 '기호'적 특성만을 선택적으로 지각하고, 그 특성 범주로 가해대상을 분류하며, 차별적으로 반응하기 때문이다. 체중, 신장, 외모, 말투, 성격, 성적, 의복스타일 등이 정상과 비정상, 강자와 약자, 승자와 패자를 나타내는 하나의 기호이며, 학생들의 무의식 층에서 그 기호의 의미를 읽어낼 수 있는 육화된 지각-평가도식의 아비투스(habitus)가 작동하지 않으면 읽어 낼 수 없는 기호이다. 그리고 중요한 것은 가해대상에 대한 낙인 · 차별 · 배제 · 괴롭힘이 대상학생의 귀속적 특성에서 비롯되는 것으로 인식된다는 점이다. 그리하여 피해학생은 그렇게 당할 만한 특성을 있다는 가지고 있다는 '오인'이 발생하게 된다. 예를 들면, '머리(지능)가 달리고' '애들 마음에 안 드는 짓을 하는 행동적 특성' 등이 바로 가해를 당할 만한 귀속적 특징으로 인식된다.

그 결과 학교 공간 속에서 학생들 사이의 언어적 · 정서적 폭력은 자연스러운 반응으로 인식되며, 집단적으로 묵인 또는 인정된다. "가해자가 잘못된 것이 아니잖아." "걔들(따돌림 당하는 아이들)이 성격을 고치면 되잖아."라는 말들이 자연스럽게 나오는 것도 바로 이러한 이유에서이다. 이러한 말은 왕따 문제를 해결하기 위한 중학교 학생자치회 회의에서 나온 발언으로 전체적으로 학생집단의 인식의 저변을 보여 주는 것이다(SBS, 2013. 1. 27.).

이상에서 본 바와 같이 합리적 선택이론에서 가정하는 것처럼 학교폭력이 집단의 영향으로부터 독립된 개개인의 이익에 따른 선택이라고 보기는 어렵다. 집단따돌림처럼 학교폭력이 집단화되는 경향이 있음을 감안할 때, 학교폭력이 지배적인 사회의 문화나 또래집단의 영향과 무관한, 독립된 개인의 선택의 문제로 아이들에게 다가가기는 어렵다(Nishna, A. 2004; Salmivalli et al., 2010).

Chapter **10**

교사의 학교폭력 대처역량과 역할갈등

학생의 눈으로 본 교사역량

교사에게는 학교폭력을 예방할 수 있는 역량과 학교폭력 발생 시 적절히 대처할 수 있는 역량이 필요하다. 교사의 대처역량에 따라 학교폭력 문제의 해결이 달라질 수 있고, 사후 학교폭력이 재발하지 않을 수 있다. 학교폭력 예방과 대처에 필요한 역량은 무엇일까? 임재연과 박종효(2015)의 연구에 따르면, 다섯 가지의 교사역량이 필요하다. 그것은 학교폭력 인식역량, 학교폭력 발생 시 학부모와의 의사소통역량, 학교폭력 관련학생 면담역량, 또래 관계 이해역량, 비폭력 학급풍토 관리역량이다. 특히 비폭력 학급풍토 관리역량은 '폭력적인 행동에 바로 개입하며 행동을 개선시켜 주는 것' '민주적으로 규칙을 정하고 일관되게 적용하기' '폭력 발생 시에 교사에게 신고하고 피해학생을 돕도록 교육시키기' '친절 · 배려 · 협력 등의 친사회 행동을 교육시키기' 등인데, 실제 학교에서는 '바람직하지 않은 행동을 즉각 지적하고 개선시켜 주기' '사소한 폭력 행위도 넘기지 않고 바로 개입하고 해결하는 적극적 태도' '다양한 예방활동 및 프로그램 실시하기' 등이 강조되고 있다. 연구에 따르면, 학교급에 따라 교사역량 수준이 다르게 나타나는데, 초등학교 교사가 고등학교 교사보다 학교폭력 인식역량을 제외한 모든 교사역량의 점수가 높았고, 또래관계 이해역량과 비폭력 학급풍토 조성역량에서는 중학교 교사보다 높았다. 따라서 중학교 교사는 학생들 또래관계에 더 많은 관심을 가지고, 학급풍토를 비폭력적으로 만들어 가는 교사역량의 향상이 요청된다(임재연, 박종효, 2015). 이 연구는 학교폭력과 관련한 교사의 자기보고식 설문조사로 진행된 것으로 학생의 의견은 반영되어 있지 않다.

피해학생과 가해학생들이 자신들의 경험 속에서 중요하다고 생각되는 교사역량은 무엇일까? 임재연(2017)의 연구는 그 역량이 무엇인지를 보여 준다. 이 연구에 참여한 가해학생과 피해학생은 대부분 서울 및 경기도 소재의 학교 상담교사, 청소년 상담복지지원센터, 교육부 또는 교육청에서 지원 · 운영되는 피해학생 치료기관, Wee센터 등에서 추천을 받아 온 학생들이었다. 이들은 대부분 고등학생이었지만, 이들이 경험한 학교폭력 사안은 중학교 때 일어난 경우가 많았다. 학교폭력 사안은 따돌림, 신체폭력, 괴롭힘, 금품갈취, 성희롱, 언어폭력, 협박 등이었다.

이 학생들이 겪었던 사안 처리 과정을 살펴보면 다음과 같은 특징이 있었다(임재연, 2017). 첫째, 교사는 별다른 조치 없이 가해자들을 말로 타이르거나 훈계하여 초기 대응하였다. 둘째, 학폭위를 개최하지 않고 교사 선에서 사안을 처리하였다. 교사가 보기에 가벼운 사안이라 판단하여 학폭위에 넘기지 않는 경우도 있다. 학생들 사이에 일어난 일은 교사가 잘 알기에 교사가 판단을 잘 할 것이라는 생각도 할 수 있지만, 중요한 것은 관련 학생이나 학부모의 인식이 어떠한가 하는 것이다. 이들의 인식과 판단을 진지하게 고려하지 않고 교사가 임의적으로 판단하고 결정을 하는 방식은 적절하지 않다. 셋째, 가해 · 피해 학생들이 서로 대면하여 화해할 마음이 전혀 되어 있지도 않은 상태에서 교사가 이들 학생을 불러 대면시키고 성급하게 화해시키려 하였다. 그렇게 하는 데는 교사 나름대로 여러 가지 이유가 있겠지만, 학생들이 마음을 풀고 화해할 수 있는 '적절한 때'를 기다리지 못했다. '때'를 가리지 않고 성급한 마음만 앞세우는 것은 문제를 더 복잡하게 만든다. 교사가 발생한 사안을 정확하게 이해하지 못한 채로, 또한 학교폭력이 학생들 관계 속에서 어떻게 발생했는지를 파악하지 못한 상태에서 개입하는 경우도 있다. 그러한 교사의 개입은 결과적으로 사안을 해결하기보다는 더 악화시키거나, 설령 해결되는 것처럼 보여도 재발할 '불씨'를 남겨 놓는다. 먼저 사안의 구체적인 맥락과 상황을 파악하는 것이 필요하다. 주변 학생들과의 면담 등을 통해 학교폭력의 맥락과 정황을 구체적으로 파악하는 것이 필요하다. 또 교사가 해당 학생은 배제한 채 학부모와만 대화하며 행정적 사안 처리에 초점을 맞추게 되는 경우도 있었다(임재연, 2017). 이것 역시 근본적인 문제 해결에 도움이 되지 못한다. 교사는 학생들 간의 화해와 회복을 도모하여 성장에 도움이 될 수 있도록 사안을 제대로 해결하려는 접근방식을 취하는 것이 중요하다.

이들 학생의 경험에 따르면, 교사의 공정한 태도, 경청 등은 발견하기 어려웠다. 특히나 피해학생을 '드러내지 않고 도와주기', 가해학생에게 '지속적으로 관여하기' 등의 지도능력은 낮은 것으로 인식되었다.

학생들이 교사에게 바라는 교사의 역량은 무엇일까? 첫째, 교사의 '공정한 태도'이다. 학생들은 교사가 양측의 입장을 공정하게 듣고 공정하게 해결하려는 태도를 원하고 있다. 관련 학생 모두에 대한 조사가 필요함에도 가해학생만 불러 조사하거나, 피해학생 측의 요구만 듣는 등의 태도는 공정한 태도가 아니라고 인식하고 있다. 학생들이 보기에 교사가 공정한 태도를 가져야 신뢰를 가질 수 있고, 사안 해결에 집중할 수 있게 된다.

둘째, 교사가 사안을 제대로 해결하려는 태도이다. 일부 교사는 학교폭력 사건이 일어나면 이를 매우 성가시게 생각하고 행정적 절차에 따라 성급하게 마무리하려는 태도를 보인다. 이런 태도는 부적절하고 문제를 꼬이게 한다. 학교폭력을 조용히 묻으려 하지 않고, 교사가 직접 해결하려는 적극적인 태도를 학생들은 원하고 있다. 학생들 사이에서 학교폭력 사안이 발생했을 때, '폭력'으로 인식하여 교사가 적극 개입해 주기를 피해자는 간절히 바라고 있다. 그리고 교사는 '사안 처리 과정에서 교사가 학생이나 학부모를 비난하지 않는 태도'를 유지해야 한다(임재연, 2017). 당연한 말이다. 하지만 가해자 측이나 피해자 측의 태도를 못마땅하게 생각하게 되는 경우 그들을 비난하기 쉽다.

사안 처리 과정에서 교사에게 필요한 역량은 '상담능력' '사안 해결능력' '해당 학생에 대한 지도능력' 등이다. 교사의 상담 능력에는 대화기술, 공감, 경청 등이 포함된다(임재연, 2017). 학교폭력 관련 상담 시에 교사가 학생의 마음을 알아주기보다 교사 자신의 판단이나 평가를 앞세우게 되면, 학생은 마음을 열고 자신의 말을 더 이상하지 못하게 된다. 학생의 말을 끊지 않고 진지하게 경청하다 보면, 가해학생은 변명을 늘어 놓으며 자신을 방어하려는 방어기제를 풀고, 진솔하게 대화하기 시작한다. 사안 해결능력에는 학생 갈등 해결기술, 학부모와 소통 및 중재기술이 중요한 교사역량으로 나타났다(임재연, 2017).

교사들이 주목해야 할 점은 학교폭력 사안 대처의 절차와 방식에 대한 학생들의 인식이다. 학생들은 교사가 개인적인 선에서 사안을 판단하고 처리해 주는 것을 선호할까? 그렇지 않다. 오히려 학생들은 공식적 절차를 엄격하게 지키는 것이 피해학생과 가해학생에게 '사안의 심각성을 느끼게 하는 교육적 효과'를 줄 수 있다고 생각한다.

무엇보다 가해학생에게 징계와 책임이 효과적으로 이루어지도록 하는 것이 중요하다. 하지만 사안 처리 과정이 가해학생에게 단순히 처벌받는 과정으로만 느껴지게 해서는 안 되며, 가해학생의 이해와 반성을 도울 수 있어야 한다. 피해학생에 대해서도 공식적 절차 과정과 정황에 대한 설명과 가해학생에게 내려진 조치 결과 등 행정적인 내용만 전달하기보다는 교육적 차원의 개입이 필요하다. 가해자와 피해자 학생들 간의 심리적 · 관계적 문제를 풀 수 있도록 해야 하며, 이를 위해 가해학생의 진정한 사과를 통한 화해와 관계 회복이 이루어지는 대화의 장을 마련해 주는 것이 중요하다고 학생들은 생각한다.

그리고 학교폭력이 재발하지 않도록 지속적으로 관심을 갖는 등의 '사후 관리하기 역량'도 중요하다. 예를 들면, 가해학생이 학교폭력 발생 전에는 수업 시간에 졸려서 자면 깨웠던 선생님이 사건이 있고 난 후부터는 무관심하게 내버려 두거나, 장난치다가 걸려도 수업 방해하지 말고 그냥 자라는 식으로 말하는 등 가해학생의 생활에 가급적 관여를 하지 않으려는 태도를 보인다. 하지만 이러한 교사의 편견적 시선, 낙인이 가해행동을 더 강화해 학교생활에 불충실하게 만들 수 있다고 학생들은 보았다. 그리고 피해학생으로서는 교사가 피해학생을 집중해서 관찰하거나, 주변 학생들에게 피해학생과 함께 놀아 주기를 요청하는 것 등은 피해학생에게 오히려 불편함과 불안감을 주게 된다고 보았다. 따라서 교사가 피해학생을 부각시키지 않고 학급 활동에 참여하게 하며 자연스럽게 적응할 수 있도록 돕는 것이 중요하다. '가해 · 피해 학생에 대한 지도능력'의 범주에는 가해학생에 대해 낙인을 찍지 않고 평범한 학생처럼 차별 없이 대하기, 가해학생을 포기하지 않고 지속적으로 관여하기, 피해학생을 드러내지 않고 돕기, 감정적으로 접근하지 않기 등이 포함된다(임재연, 2017).

지금까지 학교폭력 사안 처리와 관련된 교사의 역량에 대해서 살펴보았다. 그러면 학교폭력 예방을 위해서는 어떤 교사역량이 필요할까? ‘예방을 위한 효과적인 교육 및 지도’ ‘학생과 긍정적 관계 형성 · 유지하기’ ‘학급 내 폭력 예측 학생 및 행동에 대해 감지 · 관리하기’ ‘따뜻하고 단호한 리더십’ 등이 중요한 교사역량으로 나타났다(임재연, 2017). 연구에 참여한 가해학생 모두가 학교에서 진행하는 대규모 강당 강의나 방송 강의식의 예방 교육은 형식과 내용에 있어서 예방 효과가 없다고 보았다. 학생들은 강의식 교육보다 소집단 활동이나 대화를 통한 예방 교육이 효과적이며, 교사가 학생들을 예방 교육에 집중하도록 도와야 한다고 보고한다. 학교폭력 예방을 위한 교사역량 영역에서 피해학생은 교사의 학생에 관한 관심과 애정을 중요하게 생각하고 있으며, 가해학생은 피해학생에 비해 예방 교육을 효과적으로 진행하는 교사역량과 학급 내 폭력 예측 학생 및 행동에 대해 감지 · 관리하는 교사역량을 중요하게 보았다.

또 학교폭력이 발생하면 학급 대부분의 학생이 자연스럽게 사안을 알게 되므로, 학급 전체 대상의 교육이나 학급 공동체 차원의 개입이 필요하다고 학생들은 보았다. 그리고 교사의 친근감과 편안함을 중요하게 생각하였다. 학생들과의 관계에서 교사가 친근하고 편안하면 학생들이 교사에게 쉽게 다가갈 수 있고 학교폭력 사안과 관련해서도 드러내어 얘기할 수 있게 한다고 보았다. 교사가 학생을 믿어 주고 이해해 주며 학생과 신뢰적 관계를 갖는 것도 중요하다는 것이다. 그리고 교사가 학급 내 피해 또는 가해 예측 학생이 있는지 수시로 관찰하며, 그러한 학생이 눈에 띄면 해당 학생을 불러 상담하고, 필요할 때 주변 학생을 활용해 학급 내 폭력과 관련된 분위기, 학생들 간 관계의 역동을 탐색하는 것이 필요하다고 보았다. 다른 한편으로는, 학생들은 교사가 평상시엔 따뜻하게 학급 학생들을 대해 주어야 하지만, 학교폭력과 같은 사안에 대해서는 엄격하고 단호하게 규칙을 적용하는 리더십이 필요하다고 보았다(임재연, 2017).

교사 자신이 중요하게 생각하는 교사역량과 가해 · 피해 경험이 있는 학생이 중요하게 생각하는 교사역량 간에 큰 차이는 없다. 다만, 학생들 의견에서는 교사의 공정한 태도, 규칙을 엄격하게 적용하는 리더십, 가해 · 피해 학생에 대한 지도능력 등이 더 강조되고 있다. 특히 학생의 학교폭력 '경력'과 상관없이 교사가 가해학생을 평범한 학생과 똑같이 차별 없이 대하는 태도가 강조되고 있음에 유의할 필요가 있다. 학생들을 차별 없이 대하는 것은 쉬운 일은 아니나 중요한 교사역량의 하나임에는 틀림없다.

교사의 역할갈등

학교폭력은 가해학생과 피해학생 간의 문제만이 아니다. 학교폭력이 발생하면, 교사 역시 해결해야 하고 감당해야 하는 일들이 많다. 교사는 학교폭력 사안을 처리하는 과정에서 교직에 회의 느낄 만큼 심각한 역할갈등을 겪기도 한다. 한 초등교사가 학교폭력 업무를 담당하면서 겪은 자신의 역할갈등 경험을 기술한 연구(정민수, 이동성, 2014)는 학교폭력 처리 과정에서 교사가 어떤 갈등을 겪게 되는가를 잘 보여 주고 있다.

학교폭력 업무를 맡고 있는 이 교사는 다음과 같은 네 가지의 역할갈등을 경험하였다(정민수, 이동성, 2014). 첫째, 학생과 수업을 위한 '교육자'로서의 역할과 학교폭력 사안을 해결하는 '노동자(단순 업무처리자)'로서의 역할갈등이다. 이 교사는 1년 동안 학교폭력 업무를 처리하면서 학교에 아이들을 가르치려고 온 교사인지, 아니면 학교폭력 업무를 처리하기 위한 단순한 '노동자'인지 헷갈렸다고 보고한다. 학교폭력 문제를 해결하기 위해 가해 · 피해 학생들과 면담하고, 이들의 학부모들을 중재해야 했으며, 인근 경찰서와 학교폭력 전담 경찰관을 직접 상대해야 했다. 학교폭력이라는 특수한 상황이 발생하면 정상적인 교실 수업이 어려워지고 반 아이들을 제대로 돌볼 수가 없었다. 한편, 일부 학생과 학부모는 자신을 교육자로 대하기보다는 문제를 처리하는 단순 업무처리자로 여겼다. 교사가 아닌 단순 업무처리자처럼 학교폭력 업무를 처리하는 것은 어려운 일은 아니었지만, "교사가 지녀야 할 자부심과 자긍심은 무참하게 무너져 내렸다."고 말한다. 여기서 교사로서의 역할갈등이 일어난다.

둘째, 사태 해결을 위한 '중립적 정보제공자'로서의 역할과 '교육적 중재자'로서의 역할갈등이다(정민수, 이동성, 2014). 교사는 학생들과 학부모를 위한 교육적 중재자가 아니라, 진상조사를 위한 중립적 정보제공자가 되어야 했다. "담임교사의 역할이 학생을 바르게 지도하는 데 있는 것인지, 언성 높이는 학부모를 달래고 사실적인 정황을 전달하는 것인지, 교단에 서 있는 자신의 모습이

한없이 처량하다."고 말한다. 어느 한쪽 편을 들지 않는 중립적 입장에서 필요한 정보만 제공해 주기를 요구하는 학부모의 태도는 교사를 무기력하게 만들었다. 학교폭력을 막기 위한 법적 · 제도적 장치는 교육적 중재를 가로막으며, 오히려 '모두를 가두는 올가미'가 되었다. 현행 「학교폭력예방법」상 교사는 학폭위에서 사안에 대한 결정을 하기까지는 교육적 중재를 하기 어렵다.

셋째, 제도적 및 행정적 상황에서 '기술적 합리주의자'로서의 역할과 '인간적 교육전문가'로서의 역할갈등이다(정민수, 이동성, 2014). 여기에서 기술적 합리주의자란 '이미 마련된 제도적 절차에 따라 합리적이고 공정하게 업무를 처리하는 교사'를 말하며, 인간적 교육전문가란 '전문적 지식과 경험을 바탕으로 이해 당사자들에게 교육적 지도력을 발휘하는 교사'를 의미한다. 제도적 절차에 따라 합리적이고 공정하게 업무를 처리하는 것이 뭐가 문제인지 그리고 교사로서 당연히 그렇게 해야 함에도 이것이 왜 역할갈등을 일으키는지에 대하여 의문이 제기될 수도 있다. 이 교사가 말하려고 하는 것은 제도적 절차가 교사에게 아무런 자율성과 융통성을 부여하지 않고 기계적이고 수동적으로 따르게 한다는 점이다. 이런 제도적 절차하에서 교사(전문가)로서 아무런 역할을 할 수 없기에 역할갈등을 겪는다는 것이다. 사실 교사는 학교폭력 사안을 학교폭력자치위원회에 맡겨 버리고 행정적인 절차 및 처분을 기다리면 된다. 그것이 어쩌면 더 교사의 짐을 덜어 주는 것이 될 수 있다. 하지만 제도적 절차에 따라 처분을 받는 아이들을 볼 때마다 깊은 자괴감에 빠져들며, '학교의 아이들을 사랑과 배려로 안아 줄 수는 없는 것일까?'라고 교사는 묻는다. 이에 대해 "가해자를 감싸 주기보다는 엄격하게 처벌해야 재발이 안 된다."는 외부의 반론도 나올 수 있다. 하지만 가해자가 초등학교 어린 아이들임을 감안하면 그 아이들을 '나 몰라라' 하며 그저 형식적인 행정처분에만 내맡겨 버리고 교사의 교육적 관여가 없다면, 그것이 더 큰 문제이다. 교사의 이러한 역할갈등은 교육자로서의 정체성을 버리지 않기 때문에 생기는 것이다. 교사의 역할갈등은 학교폭력을 어떻게 교사로서 대처해야 하는가를 고민하고 더 나은 해결책을 찾고자 하는 열심을 불러일으키는 한, 절차에 안주하거나 체념하는 것보다 훨씬 좋은 것이다.

넷째, 학교폭력 관련 학부모들과의 면담 시, '양육 코치'로서의 역할과 '감정 코치'로서의 역할갈등이다(정민수, 이동성, 2014). 양육 코치란 가정에서 부모들이 올바른 자녀양육을 할 수 있도록 코치하는 역할이며, 감정 코치는 학부모의 입장과 목소리를 공감적으로 경청하고 이해하는 역할이다. 학부모들은 교사의 조언을 수용하기보다는 본인의 요구와 감정에 맞추어 주기를 바란다. 학교와 교사를 불신하고 자녀의 이야기만을 듣는 학부모들을 상대로 학교폭력을 해결해가기가 어렵다는 것이다. 그런 학부모들을 상대로 어떻게 감정 코치를 할 수 있는가 하는 회의감이 든 것이다. 이 교사는 학생과 학부모의 특성에 따라 '양육 코치' 혹은 '감정 코치'의 역할을 병행하였고, 학부모들에 대한 '계몽과 공감' 사이에서 1년 동안 허우적거렸다고 말한다. 교사의 조언은 필요하다. 그러나 조언을 '학부모의 무지함을 깨우쳐 주고 제대로 양육하도록 한다는 양육 코칭'이라는 개념으로 인식하는 것은 시대의 변화에 맞지 않다. 이 교사는 학부모들이 교사를 불신하고, 막무가내로 자신들의 요구만을 관철하려고 하기 때문에, 그들을 상대로 감정 코칭을 하기가 어렵다고 말한다. 이 교사는 감정 코칭을 해야 한다는 과중한 부담을 지고 있다. 단지 학부모들의 당혹감이나 화난 마음을 공감하는 정도면 충분하다.

이 교사는 학교가 어느 때보다도 학교폭력 문제에 적극적으로 대응하고 있다고 말한다. 학교폭력 예방캠페인, 또래 상담자 활동, 생명지킴이 활동, 친구 사랑주간 운영, 칭찬 릴레이 운동, 인성교육 실천주간 운영 등 많은 학교폭력 관련 업무를 추진하고 있다. 하지만 그러한 노력에도 불구하고, 학교폭력 업무 담당자는 학교폭력이 예방되거나 개선되는 느낌이 들지 않았다고 보고한다. 이러한 현상의 가장 큰 원인은 바로 다양한 제도적 · 정책적 장치에 함몰되어 교사 자신이 학교폭력의 당사자인 학생들과 학부모들에게 그다지 큰 영향력을 미치지 못하는 데 있다고 말한다(정민수, 이동성, 2014). 학교폭력 발생 시 교사가 나서서 섣불리 중재하면, 가해자 혹은 피해자 학부모들로부터 오해받기 쉽다. 따라서 담임교사나 업무 담당 교사가 직접적으로 할 수 있는 일은 거의 없고, 「학교폭력예방법」에 따른 절차를 따를 수밖에 없다. 교사가 교육적 역량을 발휘할 수 있도록 하기 위해서는 제도적 장치와 절차를 개선하는 것이 필요하다는 것이다. 정부의 학교폭력 대체에서 고려해야 할 점이다.

앞서 교사역량 연구에서는 담임교사가 개인적인 판단에 따라 학교폭력 사안을 처리해서는 안 되며, 공식적 절차에 따라 엄격하게 처리하는 것이 피해·가해 학생에게 사안의 심각성을 느끼게 하는 교육적 효과가 있다고 보았다. 이 연구 결과(임재연, 2017)는 학교폭력 사안 처리의 공식적 절차에 따른 교사의 역할갈등에 대한 자문화기술지 연구 결과(정민수, 이동성, 2014)와 모순된다고 생각될 수 있다.

학교폭력이 발생하면 담임교사가 가해자를 불러 훈계하고 끝내거나 비공식적으로 대충 해결해 버리는 경우가 있다. 이런 경우에는 학교폭력 사건의 본질적인 해결도 어려워지게 된다. 교사의 소극적인 대처에 학생들은 상당한 아쉬움을 느끼고 교사에 대한 신뢰가 반감된다고 말한다. 그러나 교사가 적극적으로 개입하는 경우라 할지라도 학생의 감정 상태나 교실 내의 관계의 역동성, 가해자와 피해자 사이의 관계성에 대한 이해가 선행되지 않은 채 무조건 문제를 해결하고자 성급하게 사안을 해결하려 드는 것도 문제이다. 이러한 논의 과정에서 우리는 교사의 진정한 관심과 적극성이 학교폭력 해결에 있어 매우 중요하다는 것을 알 수 있다.

학교폭력 처리 절차에 대한 관점에서 두 연구 간에 차이가 있는 것으로 보인다. 우선 공식적 절차를 엄격하게 거치는 것이 학교폭력 당사자들에게 사안의 심각성을 느끼게 하는 교육적 효과가 있다는 연구(임재연, 2017)를 보면 실제 학생들이나 학부모의 입장에서는 엄격한 공식적 절차의 집행이 더 합리적이고 확실하다고 생각한다. 하지만 교사의 역할갈등에 대한 자문화기술지를 보면 이 같은 공식적 절차가 교사에게 역할갈등을 불러일으켰다. 두 연구, 즉 교사역량 연구와 교사의 역할갈등 연구의 내용을 보면 공식적인 절차에 대해 의견이 대립하는 것처럼 보인다. 그러나 실제 그 내용을 깊이 보면 대립적이지 않다. 자문화기술지의 전체 내용을 보면 공식적인 학교폭력 처리 절차 과정 자체를 부정하고 있지는 않다. 다만, 그 과정에서 교사의 역할이나 교실상황에 대한 학부모의 이해가 부재하다는 점, 그리고 교사의 본분에 대한 존중이 없고, 교사를 업무처리자처럼 대한다는 점이 강조되고 있다. 또한 학부모나 학생들의 교사에 대한 신뢰 부족과 역할기대의 차이 때문에 겪게 되는 역할갈등이 부각되고 있다. 결론적으로 학교폭력 관련 당사자들이 교사의 역할과 위치를 인정하고 존중하는 태도로 임할 때에 비로소 이 같은 공식적인 절차가 더욱 효과적으로 진행될 수 있다는 것이다.[22)]

그리고 교사역량과 관련하여 생각해 볼 점은, 학교폭력에 대응하는 데 있어 학교폭력에 특화된 역량이 필요하지만, 그것만이 교사에게 필요한 역량의 전부는 아니라는 것이다. 교과를 가르치는 교사로서 어떻게 가르치는가도 학교폭력을 예방하는 데 있어 매우 중요하다. 이 점을 잘 보여 주는 사례가 영화 〈프리덤 라이터스(Freedom Writers)〉이다. 이 영화 속의 교사 이야기는 학교폭력 예방을 위한 교사의 특화된 역량 강화에만 초점을 두지 않고 있으며, 교과 수업활동을 통해 학교폭력에 빠진 학생들이 자신들의 좁은 세계와 경험을 넓히면서 어떻게 폭력의 세계에서 빠져 나오게 되는지를 보여 준다. 서로 적대적인 학생들이 교육활동을 통해 어떻게 서로 다른 개별성을 존중하고 자신들의 경험과 생각을 소통하며 세계를 보는 넓은 관점을 공유할 수 있을지, 그리고 서로에 대해 지적 이해와 공감, 선의를 갖게 할 수 있는지를 보여 준다.

학교폭력 상황인식의 차이와 교사의 대처 어려움

학생들 간에 갈등과 다툼이 일어났을 때 그것이 학교폭력인지 아닌지를 정확히 판단하는 것이 매우 중요하다. 그러나 실제로는 그것이 쉽지 않다. 사람들은 보통 학교폭력이라고 정의내리는 상황이 누구나 보기에 같을 것이라고 생각하지만 그렇지 않다. 학교폭력이라고 규정된 '상황'을 어떻게 학교 구성원들이 인식하느냐에 따라 그 사건을 '폭력'으로 정의하기도 하고, 폭력이 아니라고 정의하기도 한다. 그 상황 속에 있던 당사자들은 경험한 바가 다르기 때문에 서로 일치하는 상황정의를 내리지는 않는다. 당사자들의 상황정의에 대한 연구(이동성, 오경희, 한대동, 2016)에 따르면, 당사자들은 학교폭력이라 주장되는 상황을 다르게 인식한다. 이 연구는 2년 동안의 종단적인 질적 사례연구를 통하여 피해학생, 가해학생, 학부모, 담임교사는 위치에 따라서 학교폭력을 어떻게 인식하고 있는지 밝히고 있다. 여기서 피해학생은 정확히 말하면 '피해 호소 학생'으로, 피해 호소 학생이 주장한 학교폭력의 구체적인 내용은 신체적 · 언어적 폭력이 아니라 따돌림이었다. 이 연구에 참여한 피해 · 가해(관련) 학생들의 특징은 대체로 온순하고 모범적이며, 지속적으로 상위권 성적을 유지하고 있다. 또한 부모들의 사회경제적 지위도 중류층에 해당한다. 이 연구의 참여자인 피해·가해 학생은 심리적, 가정적인 문제가 있다는 통상적인 인식에서 벗어나 있음을 알 수 있다.

관련 학생들은 서로 다르게 학교폭력 상황을 인식하였다. 피해학생(피해 호소 학생)의 상황정의(定義)는 '학교폭력'이었다. 당시 초등학교 6학년이 된 나일수는 다소 내성적인 성격을 극복하고, 리더십을 기르기 위해 학급회장에 도전했지만, 뜻대로 되지 않았다. 이전 학년부터 경쟁관계로 느끼던 김우석에게 밀린 것이었다. 이 일이 있고 난 이후에 나일수는 김우석이 경쟁자인 자신을 배려할 줄 아는 착한 아이는 아니라고 생각하게 되었다. 그러나 김우석을 중심으로 한 무리(세 명의 친구)는 학급 내에서 모범적인 리더 집단이었기 때문에 나일수는 다소 불편한 마음을 감수하며 그들과 친하게 지내려고 1년 가까이 노력하였다. 하지만 그는 교우관계에서 점차적으로 위축감을 느꼈으며, 이러한 심리적 위축감과 소외감은 교우관계의 단절로 이어졌다. 담임교사와 대부분의 학급친구들은 학급집단 내부에서 생기는 이러한 미세한 균열을 전혀 눈치채지 못하였다. 그 상황에서 나일수와 그의 어머니는 반복적으로 따돌림을 당해 왔음을 주장하였다(이동성 외, 2016).

가해 관련 학생들 및 학부모의 상황정의는 피해 호소 학생 및 학부모의 상황정의와 전혀 달랐다. 의도치 않게 학교폭력의 가해자로 몰린 학생과 그들의 부모는 무죄를 주장하며 오명을 씻고자 하였다. "친구의 별명을 부른 것은 잘못된 행동인 것 같습니다. 그렇지만, 그때 일수도 나에게 '돼지'라고 해서 제가 생각해도 조금 살이 찐 것 같아서 부끄러웠습니다. 그래도 장난이라고 생각했습니다. 그리고 바로바로 사과도 했고, 웃으면서 끝이 났습니다. … 일수는 같이 놀자고 했을 때 도서관을 가야 해서 같이 놀 수 없다고 하였습니다. 일수와는 많이 친하지 않은 친구이지 따돌리는 친구는 아닌 것 같습니다."라고 가해 관련 학생 중 한 명인 박정환 학생이 진술하였다(이동성 외, 2016: 33). 하루아침에 학교폭력의 가해자로 내몰린 아이들의 부모들은 아이들의 억울한 누명을 벗겨주기 위해 동분서주하였다. 부모들은 학교폭력 사항이 생활기록부에 기재될 것을 염려하여, 학폭위로부터 낮은 처분(최소 서면사과 이하)를 이끌어 내기 위해 다양한 소명 및 반박 자료를 준비하였다. 그리고 그들은 학폭위 회의에 참석하여 해당 사건이 피해자의 주장과 달리 집단따돌림 사건이 아니라는 점을 주장하였고, 학폭위는 이를 받아들였다. 그런데 나일수 부모 측에서 억울하다며 재심을 청구하였으나, 나중에 재심을 철회하여 학교폭력 사건은 종료되었다. 하지만 가해자로 몰린 학생과 부모는 상처뿐인 학교폭력 사건에 대하여 고통스러운 감정을 표출하였으며, 특히 '학교와 담임교사의 무능력' '피해자 중심의 학교폭력 접근방법과 절차'에 대하여 실망감과 불신을 드러냈다(이동성 외, 2016).

그 사건 전개 과정에서 우리는 두 가지에 주목하게 된다(이동성 외, 2016). 첫째는 당사자들 간의 상황인식이 모두 다르다는 것이다. 상황인식에 있어 상대방에게 적대감을 가지면 더욱 왜곡된 상황정의를 내리게 된다. 사실 교사나 학부모는 무엇이 정확하게 객관적 진실인지 모른다. 당사자인 학생 자신도 심리적으로 자기 중심적인 자기본위 귀인(self-serving attribution)을 하기 때문에 그 학생이 인식한 상황이 객관적 상황정의라고 말하기도 없다. 영화를 보는 관객이라면, 모든 사건의 전개 과정을 전지적 시점에서 보고 있기 때문에, 명확하게 진실을 알 수 있다. 하지만 현실은 그렇지 않다. 전지적 시점에서 볼 수가 없다. 오로지 목격자의 증언, 당사자의 주장, 수집 가능한 증거에 의해 사실을 구성할 따름이다.

피해를 호소하는 학생 측 입장에서는 '학교폭력이다.'라고 주장하고, 가해(관련) 학생 측에서는 '학교폭력이 아니다.'라고 주장한다. 이런 현상은 이 사례에만 해당되는 것이 아니라, 대체적으로 학교폭력이 일어난 대부분의 경우에 해당된다. 일어난 일은 같지만, 서로 다른 인식의 대립을 보이고 있다. 이처럼 구성원에 따라 사건의 성격에 대한 인식이 다른데 과연 어느 쪽의 상황정의가 진실에 가까운 정의일까? 이 사례에서 학폭위는 이 사건을 학교폭력이 아니라는 결론을 내렸다. 하지만 피해학생 측은 억울함을 호소했고 그 결정을 받아들이지 않았다. 과연 학폭위가 진실을 제대로 규명했는지는 확신할 수 없다. "사람마다 혹은 기관마다 각자 다른 관점과 입장을 가지기 때문이다."라고 연구자(이동성 외, 2016)는 말한다. 그러나 객관적 증거와 목격자의 증언에 의해 진실을 규명하면 되지, 인식의 차이가 있다고 해서 그것에 따라 객관적 진실이 바뀌는 것은 아니라고 생각할 수 있다. 하지만 사건이 일어난 후에 당사자나 목격자들이 말하는 진실은 모두 자신들의 기억에 의존해 재구성하는 것이다.

둘째는 이 사건의 과정에서 처하게 되는 교사의 처지이다. 학부모와의 관계는 어떠한가? 담임교사가 판단하기에 그 사건은 학교폭력이 아니었다. 물론 그것은 담임교사의 교육적 판단이라고는 하나, 그럼에도 그것은 교사의 상황인식이며, 상호주관적 판단이 아닌, 주관적 판단일 수 있다. 아무튼 이런 판단을 가진 교사의 관점에서 볼 때, 피해자라고 주장하는 어머니의 말은 '억지스러운 문제제기'였다. 담임교사는 피해자 어머니를 대상으로 교육적 방식의 문제 해결을 권유하였다. 그러나 그럴수록 담임교사는 학교폭력을 축소하고 은폐하는 비교육자로 비춰졌다. 따라서 학폭위에 회부해야 한다는 학부모의 주장을 수용할 수밖에 없었다. 한편, 학교폭력의 가해자로 몰린 아이의 부모 또한 담임교사를 불신하고, 불편한 심기를 드러냈다. 담임교사는 피해자와 가해자 양측 사이에서 교육적인 방식으로 해결하려고 고민했지만, 결국에는 자신은 학부모들의 '공공의 적'으로 인식되었다. 학교폭력의 발생으로 인하여 담임교사는 이미 교육적 권위를 상실하였고, 부모들 사이에서 환영받지 못하는 '실패한 교육자'가 되었다.

담임교사는 자신의 학급에서 학교폭력이 일어나게 되면서 모든 것이 뒤바뀌게 되었다. 피해학생과 학부모, 가해학생과 학부모는 물론 학교관리자, 교육청의 교육관료에게도 담임교사는 무능과 불신의 존재로 전락하여 사면초가의 상황에 처했다. 일반적으로 생각해 보면, 다른 사람은 몰라도 동료교사들과 학교관리자는 당연히 담임교사의 편에 서 주며 힘이 되어줄 것 같은데, 현실은 그렇지 않았다.

학교교육의 문제 해결을 위해 많은 사람이 교육공동체를 이야기하지만, 실제 가장 어렵고 민감한 교육적 문제는 철저히 개인적 차원의 문제로 환원된다. 학교에서는 학생과 관련된 문제가 발생했을 때 잘 해결될 수 있도록 담임교사가 노력해야 한다고 말하고, 대부분의 교사는 본인 학급 학생의 문제를 외부의 도움 없이 혼자 해결하는 것이 진정한 교사의 역량이라고 생각한다. 학부모가 협력하지 않고, 학교가 도움을 주기 힘들다고 말한 상황에서 교사는 아이가 행한 문제 행동보다 결국 혼자라는 더 큰 두려움에 빠진다. 이런 상황에서 학생, 학부모, 지역사회와 함께 교육의 장을 새롭게 구성하자는 '교육공동체' 담론은 공허한 수사에 머물 수밖에 없고, 결국 교사들은 내가, 나만은 고통스럽지 않길 바라며 각자도생(各自圖生)의 길을 선택한다(김기홍, 2019: 62-63).

이 학교에서도 학교폭력이 생기지 않게 학생들을 잘 지도하지 못한 무능한 교사로 낙인을 찍어 불신의 눈초리로 담임교사를 바라보았다. 불미스러운 학교폭력이 발생함으로써 학교의 명예가 실추되고, 교육청의 관리감독이 강화되며, 학교관리자와 업무담당 교사들이 몇 달 동안 고초를 겪는 모습을 바라보면서 이 교사 역시 담임교사로서의 무기력과 자괴감을 느끼게 되었다. 이 모든 일이 '자신의 불찰'로 인해 생겼다는 자책감이 담임교사에게는 견디기 힘든 일이었다(이동성 외, 2016).

교사의 입장에서는 학폭위의 판단이 학교폭력 현상의 끝이 아닌 새로운 시작을 의미한다. 학교폭력 사건은 무혐의로 끝났지만,

가해 관련 학생과 피해 호소 학생을 반 안에서 다시 화합시켜야 하는 것이 담임교사의 과제로 남았다(이동성 외, 2016). 가해자와 피해자 두 진영으로 나눠진 학생들을 함께 가르치는 것도 교사에게는 크나큰 고통이었다. 학폭위의 판정과는 상관없이, 교사는 가해학생과 피해학생 양측 모두에게서 신뢰를 잃었고, 이러한 상황에서 교사는 아이들의 관계를 회복시켜야 하는 난제를 풀지 않으면 안 되었다. 교사는 그들의 불신을 넘어 그들과 어떻게 신뢰를 쌓고, 어떻게 소통할 것인지 끊임없이 고민할 수밖에 없는 상황에 놓인다. 학교폭력이 발생하면 흔히 가해학생과 피해학생 간의 일이라고만 생각되지만, 그렇지 않다. 학교폭력은 교사와 학급학생 모두의 일이며, 모두에게 상처를 남기기도 한다.

학교폭력 사안 처리를 둘러싼 교사와 교장의 갈등

학교폭력 사안의 해결을 위해서는 담임교사는 동료교사와 학교관리자의 협력을 필요로 한다. 그러나 학교폭력 처리 과정에서 발생하는 관련 집단의 갈등 상황에서 교사와 교장의 접근방식이 다를 때 교사는 어려움에 직면하게 된다. 이에 대한 연구(서경화, 2020)는 교장과 교사의 접근방식이 어떻게 다른지, 그것이 어떻게 교사의 문제 해결을 어렵게 만드는지를 보여 준다.

이 연구에서 학교장은 공립 인문계 고등학교 경영에 있어서 학교폭력 사안이 그다지 중요하지 않다고 인식하고 있었고, 학부모와 학교와의 갈등과 학부모와 교사와의 갈등에서 적당히 학부모의 감정을 받아 주면서 일회적으로 대응하였다. 물론 교사의 입장에서 인식한 교장의 모습이기 때문에 그 내용이 주관적이지만, 교사가 느끼는 어려움을 헤아리는 데는 도움이 된다.

사건은 부산에 소재한 공립 인문계 고등학교에서 발생하였다. 다운증후군 장애를 앓고 있는 고3 여학생인 A학생이 쉬는 시간에 화장실을 갔는데, 평소 그 학생을 놀려 오던 고2 여학생 2명이 이를 보고 함께 화장실 칸에 들어갔다. 소변이 급한 A학생은 바로 소변을 보려고 옷을 내렸고, 따라 들어간 학생은 놀리며 문을 열고 나왔다. 그리곤 문을 닫지 않고 소변을 보는 A학생을 놀리고, 비웃으며 동영상 촬영을 했고, 이를 지켜보던 학생들이 우르르 몰려 왔고 그중 8명 학생이 그 상황을 주도하였으며, 수십 명의 학생들이 놀렸다. 이러한 상황은 쉬는 시간 내내 지속되었다. 해당 사건은 학폭위에 회부되었고 분쟁사항에 대한 심의를 통해 최종적으로 주도 학생 1명은 강제로 전학을 가고 그 외 관련 학생 3명은 3일 무단결석과 함께 특별 교육 프로그램에 참여하게 되었다.

담임교사의 말에 따르면, 학교장은 학부모와 교사가 의견을 대립할 경우에 이를 중재해야 하는데, 학부모와의 면담에서는 해당 학부모의 학생에게 유리한 결과가 나올 것이라는 무책임한 기대를 하게 만들었다. 구체적으로 어떤 일이 일어났는지, 피해자가 정확히 어떤 피해를 당했는지 등을 명확히 설명해 주어야 하는데, 잘 해결되고 무마될 것이니 안심하라며 '다독거리는' 말만 전달한 것이다. 이러한 학교장의 갈등 대응 방식은 갈등을 해결하는 것이 아니라 오히려 학부모와 학생 그리고 교사와의 갈등을 부추기는 결과를 낳았다(서경화, 2020).

담임교사의 말에 따르면, 학부모의 교권 침해 사례가 분명한 경우에도 학교장은 학부모의 잘못을 지적하기보다는 '교육청에 민원을 넣겠다는 으름장에 더욱 신경 쓰고 대응하는 모습'을 보였다. 학부모의 감정을 달래며 학부모 편인 듯한 모습을 보이면서 민원을 제기하지 않도록 하는 데에만 신경을 썼다. 해당 교사를 불러 학부모의 교권 침해 사례를 파악하고 교권 침해가 일어나지 않도록 조치를 취하기보다는 해당 사건이 잡음 없이 잘 해결되기를 바란다는 의미의 충고를 주로 하였다. 교사를 지켜 줘야 하는 학교장이 학부모에 의한 교권 침해는 외면하였다는 아쉬움을 담임교사는 가지고 있었다(서경화, 2020).

거의 한 달간 계속되는 학교폭력 사안 처리와 그로 인한 스트레스는 담임교사에게 '직격탄'이 되었다(서경화, 2020). 사건 처리 과정에서 스트레스가 밀려오고 학생에 대한 실망과 분노도 깊어져서 담임교사는 학급을 운영하지 못하고, 수업을 할 수 없을 정도가 되었다. 소화장애와 우울증을 겪게 된 교사에게 학교장은 교사의 마음을 이해해 주고 배려해 주는 행동과 대화를 보이지 않았다. 학교폭력 사건이 교장의 갈등관리 업무에서는 그다지 중요하지 않다는 것처럼 교사에게는 느껴졌다. 학교폭력과 관련하여 학부모로부터 스트레스를 받는 상황에서 학교장은 교사에게 위로와 지지의 원천이 되지 못하고, 오히려 교사의 어려움을 배가시키는 장애물처럼 인식되었다. 물론 모든 학교가 다 그런 것은 아니다. 이 사례에 나오는 학교의 이야기이다. 다만, 학교폭력 발생 시 그 문제를 효과적으로 해결하기 위해 학교장은 어떤 리더십을 발휘해야 하는지를 성찰할 수 있게 해 준다.

Chapter 11

학교폭력 방관과 방어

학교폭력 발생 시, 주변에 있는 학생들이 어떤 역할을 하는가가 학교폭력 전개에 큰 영향을 미친다. 그러므로 학교폭력 문제를 풀어 가는 데 주변 학생들의 역할, 반응, 행동에 주목해야 한다. 주변 학생 중에는 학생폭력을 적극 돕거나 지지하는 동조자, 가해자의 행동에 긍정적인 피드백을 주며 가해학생의 행동을 더 부추기는 강화자, 상황에 개입하지 않고 '강 건너 불구경하듯' 쳐다보기만 하는 방관자, 피해학생을 보호하고 도움 행동을 하는 방어자가 있다. 이 네 가지 유형 중 방어자 역할 학생이 많을수록 학교폭력 문제가 커지지 않고 조기에 해결될 수 있다.

동조자와 강화자가 학교폭력을 심화시킨다는 점에서 문제이지만, 방관자 역시 문제이다. 가해자 입장에서는 누군가 자신의 행동을 막지 않고 방관하는 것은, 폭력상황을 인정해 주는 것으로 인식된다. 피해자의 입장에서도 자신이 당하고 있는 것에 대해 말 한마디 않고 있는 것은 결국 학교폭력에 암묵적으로 동조하고 있다고 해석된다. 학생들은 왜 방관하게 될까? 사회심리학에서 말하는 '방관자 효과'를 들 수 있다. 방관자 효과란 주변에 사람이 많으면 많을수록 책임이 분산되어 오히려 위험에 처한 사람을 덜 돕게 되는 현상이다. 즉, 학생들 중 어느 학생도 나서지 않고, 서로 눈치를 보며 가만히 있다 보니, 방관자 효과가 발생하여 대다수의 학생이 방어자가 아닌 방관자가 된다. 또 다른 방관적 태도의 상황적 요인으로 동조 효과를 들 수 있다. 가해자를 지지하는 집단의 경우, 왕따를 앞장서서 주도하기보다 누군가가 왕따를 시작했을 때 이에 동조하거나 지지하는 경향이 강하다. 동조 효과로 인해 또래 압력(동조하도록 하는 힘)이 크게 작용하는데, 심지어는 자기 속마음과는 달리 동조하는 행동을 하게 된다. 게다가 방관자들은 '피해자 비난하기'를 통해 자기가 그 상황에서 피해자를 돕지 못한 죄책감을 완화시키기도 한다. 그 상황 속에서 피해자가 당할 만했고, 자초한 측면이 있다며 자신의 죄책감을 해소하려고 하는 자기방어 심리가 작용한다.

왜 방관자가 되는가

학교폭력 상황이 발생하면 당연히 주변 학생들은 가해자를 제제하고, 피해자를 보호해야 하는데 왜 학생들은 방관하게 될까? 학교폭력 상황을 회고하는 학생들의 이야기를 들어 보자(이혜정, 2017). 이 중에는 피해 경험만 있는 학생도 있고, 가해와 피해 경험을 모두 가진 학생도 있다. '연주'라는 학생은 방관하는 이유를 이렇게 말한다. "저는 신고하는 게 피해자를 돕는다고 생각하진 않아요. 신고를 하든 말든 그 결정 자체도… 피해자가 결정해야 할 일인데 그냥 자기는 부모님에게도 아니면 다른 사람들에게도 숨기고 그냥 이 상태로 있고 싶어 할 수도 있는데 괜히 신고하는 게 꼭 돕는 일일까 싶어요." '신고는 피해자가 결정할 일'이라고 말한다(이혜정, 2017). 연주는 피해자가 폭력 피해 사실에 대해 숨기고 싶어 할 수도 있다며, 괜히 옆에서 신고하는 것이 피해자를 돕는 것이 맞는지 의문을 가진다. 하지만 연주는 과연 정말 이렇게 생각해서 대답한 것인지, 아니면 방관했던 자신을 변명하는 말인지 그 진심은 알 수 없다.

또한 학생들의 의식 속에서는 마땅히 해야 할 '신고'를 그저 비겁한 '고자질'로 인식한다(이혜정, 2017). 이러한 인식은 '신고'를 하면 '내부 고발자'가 되어서 학급 안에서 곤란한 일이 생길 불안감을 불러온다. 그리고 학급 안에서는 동조 압력이 작용한다. '그럼 너는 걔랑 놀아라, 다수의 아이들과 사이가 멀어진다.'는 주변 학생들의 말에 동조할 수밖에 없도록 동조 압력이 작용하는 경우를 확인할 수 있다 그래서 학생들은 '모르는 척' 하게 되는 경우들이 있는데, 이것이 가장 주된 방관 행동이다. 피해자를 옹호해 줄 수 없는 상황에서 마음 편할 수 있는 방법은 그 자리를 '피하는 것'이다.

'가해자로 추궁받을까 봐 두려워서 상황을 피하는' 경우도 있다(이혜정, 2017). 선생님으로부터 "봤어, 안 봤어?" 등 자꾸 질문을 받게 되면, 아이들은 두려움에 빠진다. 괜히 봤다고 솔직히 말하면 "그때 뭐 했니? 가해자와 한편이었니? 왜 가해자를 적극적으로 막지 않았니? 그러지 않았으므로 너는 방조했고 너도 가해자와 한편인거야?"라는 상황이 전개될까 봐 우려한다.

학생들은 가해 행동이 잘못 되었다는 것을 금방 잊기도 한다. 또한 피해자에 대한 동정은 순간적이다. 피해자가 '불쌍하다'라고 말하는 것은 순간의 감정이지, 그 말을 하고 나서 금방 잊는다. 학생들은 '나'의 일이 아니므로 폭력 상황이 짜증난다고 하기도 했다. "내 문제가 중요하다 보니 피해자나 가해자에 대한 생각이 없다." "주도하는 아이들 분위기에 휩쓸릴 뿐 피해자에 대해 별 생각이 없다." "관심을 가지지 않으면 껄끄러운 감정도 사라진다."(이혜정, 2017)

학생들은 잘나가는 애의 비위를 맞추고 끼고 싶어서 같이 험담을 하기도 한다. 뒷담화에 동참해야 무리에 남아 있을 수 있으며, 왕따를 당하지 않으려고 심부름도 해 주기도 한다. 가해자와 피해자 누구의 편도 들 수 없다. 학교폭력을 당하지 않으려면 눈치를 잘 맞춰야 한다. 사실 피해자도 가해자도 욕먹을 이유가 있다고 생각한다. 손뼉도 두 손이 마주쳐야 소리가 나듯, 피해자와 가해자 모두 잘못한 것이라며 양쪽을 비난하는 방관자의 태도를 취한다. 피해자를 아는 애들도 모르는 애들도 피해자를 욕하며, 폭력을 당한 것은 '자기 행동에 대해 벌을 받은 것이다.'라는 생각을 하기도 한다. "그런데 제가 보기에는 인생은 누가 잘못을 하면 그건 어떤 식으로든 벌을 받아요."(이혜정, 2017)

학생들의 이야기를 듣고 나면, 그 학생들이 방관자가 된 이유를 이해할 수 있게 된다. 그런데 이렇게 이해하는 수준에서 끝나는 것이 아니라, 학생들이 어떻게 하면 방관 상태에서 벗어나 적극적으로 학교폭력 상황에 '멈춰'라고 말할 수 있고 피해자를 보호할 수 있는지에 대해 생각해 볼 필요가 있다.

학교폭력 상황에서 '가만히 있기' '그 자리를 벗어나기' '내 친구, 나 자신에게만 관심 갖기' '분위기 맞추기' 등은 생존전략에 따라 취해진 행동이다. 방관은 피해자가 되지 않기 위한 어쩔 수 없는 선택이며 자기 방어의 목적에서 기인한 것이다. 하지만 이는 자유와 자발성에 근거한 자기표현이 아니며, 서열화된 또래집단의 질서와 양육강식의 집단규칙에 순응하는 행동이다(이혜정, 2017). 사실, '가만히 있기' 등은 자기 방어의 목적에서 나온 행동이므로, 교사로서 뭐라고 탓하기 어려운 행동이기도 하다. 그런데 한나 아렌트(Hannah Arendt)의 철학에 따르면, 학교폭력 상황에서 가해자, 방관자 등의 잘못은 '사유할 수 없는 무능'이다. 즉, 피해자를 보호해 주지 않은 것이 잘못이라고 하기보다는 그 상황에 대해 사유할 줄 모르는 무능함이 잘못이다(이혜정, 2017). '사람은 행위를 통해 인간 세계에 자신을 드러낸다.'는 한나 아렌트의 말은, 우리는 사람들과의 관계 속에서 살고 있고, 그 속에서 자기 자신의 모습, 즉 고유한 인격적인 정체성을 드러내고 있음을 표현한 것이다(이혜정, 2017). 학생들은 학교에서 자기 자신의 재능, 능력 등을 보여준다. 그것만이 아니다. 말하고 행위하는 가운데 자기 자신을 표현한다. 학교폭력 상황 속에서 학생은 자신이 말을 하고 선택을 하고, 행동하는 그 자체가 자신이 누구인지를 구성한다. 이 말은, 피해자를 보호하지 않은 것이 잘못이라는 얘기는 아니다. 결국 그 상황 속에서 드러내는 것은 자신의 인격성이고, 자신이 어떤 사람인지를 보여 주는 것이라는 뜻이다.

학교는 교육의 공간으로서 평등한 공동체 참여와 토론, 인격의 존중과 인권의 가치에 대한 헌신이 일어나는 공적 공간이다. 학생들은 학교에서 서로의 인권을 옹호하고 공동체 참여를 위해 말하고 행위하는 페르소나(법적 · 정치적 인격)가 되어야 한다. 그러나 현실은 그렇지 못하다. 학교폭력의 맥락에서 학교와 교실은 공론 영역이라기보다는 '수용소'에 비유된다(이혜정, 2017).

또래들 사이의 위계질서가 만들어 낸 묵계들과 학교의 각종 규칙들은 학생들이 자발적이 아닌 조건반사적으로 행동하게 한다(이혜정, 2017). 특히 공적 행위로서의 자발적 말하기가 친밀한 사이에서 이루어지는 소소하고 사적 대화로 대체됨으로써 학생들은 폭력에 저항하기보다 침묵하게 된다. "이러한 가운데 가장 사적인 대화인 뒷담화는 개인에게 정치적 · 법적 인격을 부여하는 페르소나를 탈취하는 가장 강력한 폭력의 수단이다. 페르소나가 허락되지 않는, 공적 영역이 상실된 공간에서는 폭력에 침묵하는 대중조차 '찐따' 혹은 잉여적 인간으로 전락하여 페르소나를 박탈당할 위협 속에 있으므로 포괄적 의미의 피해자가 된다."(이혜정, 2017)

학교가 인격과 인권의 가치를 중시하는 공적인 영역이 되지 못하고, 학생 각자의 사적인 관심사와 이해관계만을 드러내는 사적 영역으로 전락하게 될 때, 이 사적 공간 속에서 따돌림이 일어나고 방관이 일어난다. 학생 개개인에게 방관하지 말고 옹호자가 되어야 한다고 학교에서는 말하지만, 교실 전체가 인권을 존중하고 동등하게 참여하는 공적 공간으로 바뀌어야 한다는 것을 전제하지는 않는다. 인권을 옹호하고, 인격을 존중하는 공적인 원칙이 작동하는 공간이 되지 않은 상태에서 방관자를 옹호자로 만들기 위한 집단프로그램은 효과를 내는 데 한계가 있다.

누가 방어자가 되는가

학교폭력 상황에서 방관하지 않고 적극적으로 피해자를 보호하고 도움 행동을 주는 학생들도 있다. 이들은 어떻게 방관자가 되지 않고 적극적인 방어자가 되는 것일까? 어떤 학생들이 방어자가 되는 것일까? 핀란드의 연구에 따르면, 정서적 공감능력과 방어 행동은 특히 우월한 지위를 가진 남학생 사이에서 상관관계가 높았다(Caravita, Di Blasio, & Salmivalli, 2010). 또한 정서적 공감능력과 자기효능감은 방어 행동을 예측하는 요인이었다(van der Ploeg et al., 2017). 이들 연구에 따르면, 방어자는 또래 사이에서 인기가 높고 지위가 높아졌으며, 따라서 피해자의 지위가 어떠한가와 상관없이, 피해자를 방어하게 되면 또래 사이에서 인기가 높아지는 결과(보상)가 따르는 것으로 예측된다(van der Ploeg et al., 2017).

우리나라에서 학교폭력 방어자는 주로 어떤 학생들이 되는지,

방어 행동을 한 후 또래 사이에서 인기가 높아지는지를 두 연구 결과를 통해 부분적으로 확인해 볼 수 있다.

중학교 남학생의 방어자 역할 경험에 대한 질적 연구(손강숙, 이규미, 2015)는 도움 행동의 과정에서 방어자가 느낀 인지적 · 정서적 경험을 밝히고 있다. 이 연구에서 방어자 역할을 한 10명의 중학생들의 배경적 특징을 살펴보면 흥미롭다. 학생들 스스로 지각한 사회적인 지위는 '상'이 6명, '중'이 4명이다. 성적 상위권이 7명이고, '중'이 3명이다. 그리고 학급의 리더 역할을 한 경험들이 있었다. 반장이나 부반장이 8명이었고 학습부장과 체육부장이 각 1명이었다. 이 특징으로만 보면, 주로 방어자 역할을 하는 학생들은 또래집단 내에서 사회적 지위가 높고, 학급에서 리더 역할을 하는 아이들이다. 피해자는 신체적 폭력과 언어폭력 등을 당하였고, 가해자는 '노는 애' '일진' '힘센 애' '일짱' 등이었다.

학교폭력 상황에 따라 중학생들이 어떻게 방어 행동을 했는지를 먼저 살펴보면 다음과 같다(손강숙, 이규미, 2015).

사례 1 "평소 체중이 많이 나간다고 은근히 따돌림당하는 애가 있었는데 하루는 그 애를 '돼지'라고 부르며 놀리면서 도축장에 끌려가야 된다는 등의 심한 언어폭력에 시달리는 것을 보고 그만하라고 말하며 가해자를 제지하였다."

사례 2 "평소에도 놀림을 당하고 놀림을 당하면 아무런 대꾸도 하지 못하는 애가 있었는데, 그날은 가해자가 그 애를 언어폭력만이 아니라 심하게 때리기까지 하는 걸 보고 그만하라고 하면서 말렸다."

사례 3 "평소에 공부를 잘하는 애였지만 특이한 성격으로 계속 놀림을 당하는 애가 있었는데 어떤 애가 '○○○ 킬러'라는 별명까지 얻을 정도로 그 애를 심하게 때렸다. 쉬는 시간에 심하게 그 애를 때리는 장면을 목격하고 바로 다가가서 때리는 애와 맞는 애를 떼 놓으면서 그만하라고 제지하였다."

사례 4 "초등학교와 중학교 때 계속 따돌림을 당하는 애가 있었는데 애들한테 잘 보이려고 비싼 옷을 준다고 했으나 주지 않자 가해자가 시비를 걸었다. 그리고 수업 시간에 그 애가 선생님께 말대꾸한 것을 빌미로 가해자가 쉬는 시간에 때리고 피해자는 일방적으로 맞고 있는 것을 보고 달려가서 때리는 애를 말렸다."

사례 5 "평소 놀림을 당하던 뚱뚱한 애가 어느 날 '돼지, 빠박이, 스님'이라는 말로 가해자로부터 놀림을 당했다. 그 애가 참고 참다가 주먹을 세게 날리고 목을 졸랐고, 가해자도 다쳤다. 놀림당한 애의 팔을 잡고 하지 말라고 했다."

사례 6 "잘 씻지 않아 냄새가 나서 애들이 피하고 대놓고 놀리는 애가 있었는데 학급 내 힘센 애가 자주 놀리고 지나가기만 해도 '꺼져.'라고 하고, 쓰레기 냄새난다고 하면서 '냄새'라고 불렀다. 어느 날 체육 시간이 끝나고 돌아오자 가해자가 냄새난다고 하고 가해자 친구들은 그 애 머리채를 잡고 가해자는 왁스를 마구 문질러 댔고 그 애는 그냥 당하고만 있었다. 가해자의 손을 잡고 하지 말라고 제지했다."

사례 7 "학급의 일짱이 전학 온 애를 툭툭치는 등 평소에 괴롭혔는데 어느 날 전학생과 몇 명이 종례 시간에 늦게 들어와서 화나신 선생님이 늦게까지 남으라고 하셨다. '너 때문에 집에 못 가게 생겼다.'고 화내면서 청소 시간에 욕하고 밟고 대걸레로 후려치려 하였는데도 전학생은 일방적으로 맞기만 하고 있었다. 치려고 하는 순간 가해자의 팔을 잡고 막았다."

사례 1~7까지는 놀림, 언어폭력, 따돌림, 괴롭힘, 신체적 폭력 등이 혼재되어 나타나고 있다. 다음에서 살펴 볼 사례 8~10에는 금품 갈취, 뺏기, 신체적 폭력 등이 나타나고 있다.

사례 8 "모두가 만만하게 보는 애를 학급에서 센 애가 대놓고 무시했다. 센 애의 주변에 있는 동조자들까지도 그 애 물건을 함부로 다루고 돈도 뜯곤 했다. 센 애가 맞춘 커플링을 찾아오라고 심부름을 시켰는데 값의 차이가 있었다고 마구잡이로 때려서 코피가 나고 안경도 부러져서 바로 몸을 날려서 제지했다."

사례 9 "어떤 애가 새 핸드폰을 처음 가지고 온 날 힘센 애가 마치 자기 물건처럼 빼앗아 계속 게임을 했고, 매일 빌려 달라고 했다. 핸드폰을 빼앗아 간다는 소문이 나자 주인에게 화내고 툭툭 치고 밀치고 얼굴을 때리고 심한 욕을 하는 것을 듣고 맞는 피해자를 막아서서 때리는 것을 말렸다."

사례 10 "일진 선배들이 돈을 달라고 했으나 그 애가 돈이 없다고 했더니 때리고 전화번호, 학년, 반 번호를 묻고 돈을 가지고 오라고 하였다. 그 후로 계속 돈을 가지고 오라고 했고 안 가지고 오면 가만 안 둔다고 위협하기도 했다. 어느 날 돈이 없다고 문자로 답했더니 선배 몇 명이 쉬는 시간에 교실로 찾아와서 때리고 위협해서 곧장 교무실에 가서 선생님께 알렸다."

이들 중학생이 피해자를 방어하는 행동을 한 이유를 보면, 각기 다르다. '괴롭힘 행동(언어적, 신체적)이 심하다고 판단'(사례 10), '피해자에 대해 동정심을 느낌'(사례 7), '(친구에 대한) 폭력 행동을 부당하다고 생각'(사례 3), '가해친구들에게 닥칠 결과에 대해 걱정'(사례 3), '가해자에 대한 배신과 분노'(사례 2)가 있었다. 도움 행동으로는 '말과 행동으로 적극적으로 개입함'(사례 9), '도움 행동 요청'(사례 1)이 있었고, '도움 행동 직후 반응에 대한 지각으로는 '가해자가 폭력 행동을 중단함'(사례 9), '방어자가 뿌듯함과 안도감을 느낌'(사례 7), '주변인들이 폭력행동을 말리는 데 가담함'(사례 5)이 있었다.[23] 일반적으로 많은 연구에서 공감능력이 뛰어난 아이들은 가해자가 결코 되지 않을 것이고, 학급에서 피해자에 대한 공감능력이 뛰어나기 때문에 더 방어자 역할을 할 수 있으리라고 가정한다. 그러나 '피해자에 대해 동정심을 느낌'(사례 7), 즉 공감보다는 '괴롭힘 행동이 심하다고 판단'(사례 10), '폭력 행동을 부당하다고 생각'(사례 3)처럼 학교폭력 행동의 부당함 · 잘못됨, 폭력의 정도가 지나침 등에 관한 도덕적 판단이 더 중요하게 작용한 사례도 있다. 이 사례들의 경우 방어자 학생이 가지고 있는 일종의 인권감수성, 즉 피해자 아이에 대한 인권감수성이 발휘되고 있는 것처럼 보인다. 이외에도 '가해친구들에게 닥칠 결과에 대해 걱정'(사례 3), '가해자에 대한 배신감과 분노'(사례 2)처럼 가해자에 대한 배신, 분노, 걱정이 작용하기도 했다.

한편, 방어자 역할을 했던 초등학교 고학년 학생들에 대한 연구(이영기, 선혜연, 2016)에 따르면, 초등학생들은 다음과 같은 방식으로 '도움 행동'을 주었으며, 도움 행동의 이유는 중학생들의 방어 행동 이유와 크게 다르지 않았다. 먼저 도움 행동을 준 방식을 보면 '당사자에게 직접 관여하기'와 '타인을 통해 도와주기'이다. 첫 번째 직접 관여하기 방식은 '피해자 도와주기'이다. 그 방법으로는 '몸으로 감싸 주기, 옆에 있으면서 지켜 주기, 같이 대꾸하며 싸워 주기, 상황에서 빠져나오게 돕기, 말로 달래거나 쪽지 · 카톡으로 위로하기'가 있었다. 직접 관여하는 또 다른 방식은 가해자 제지하기로, '하지 말라고 소리치기' '무섭게 쳐다보기' '몸으로 말리며 떼어 놓기' '가해 행동에 사용된 물건 빼앗기' '나중에 말로 타이르기'가 있었다. 타인을 통해 도와주기는 '주위 친구에게 협조 구하기'와 '선생님께 도움 청하기'이다. '주위 친구에게 협조 구하기'의 방법은 '옆 친구에게 도와달라고 소리치기, 또래상담자에게 말하기'이다. '선생님께 도움 청하기' 방법은 '선생님께 지금까지 목격한 일 설명해 드리기, 선생님을 현장으로 모셔 오기' 등이다.

초등학교 학생들이 도움 행동을 준 이유는 피해자에 대한 정서와 자신의 도덕성, 그리고 도움 행동을 독려하는 분위기에서 확인할 수 있었다(이영기, 선혜연, 2016). 첫째, '피해자에 대한 정서'는 '친구에 대한 안쓰러움' '친구를 지켜 주고 싶은 마음' '대처에 대한 답답함' 등이다. 둘째, '도덕성 발휘'는 '폭력에 대한 부정적 생각' '가해 행동을 교화시키고 싶은 마음' 등이다. 셋째, '교육적 영향'은 학교폭력을 당하는 친구를 도와주라는 선생님 훈화, 방관도 범죄라는 '학교폭력 강의 내용, 친구가 어려움에 처하면 도와주라는 부모님 말씀, 학교폭력의 정의로운 해결을 강조한 책과 동영상, 학교폭력에 대한 학급토론에 참여' 등이다. 넷째, '도움 행동을 독려하는 분위기'는 선배, 리더, 또래상담자로서의 책임감과 '선생님의 해결능력에 대한 신뢰'를 포함한 '해결에 대한 긍정적 기대'이다.

방어 행동을 한 후 방어자에게 일어난 변화는 학교급별로 학생에 따라 달랐다.

중학생 방어자의 변화를 살펴보면, 학생에 따라 각기 달랐다. 자신의 변화로서 '도움 행동이 옳은 일이라는 신념을 갖게 됨'(사례 10), '자신감과 자아성장'(사례 7)이 있었고, 주변관계의 변화로서 '주변 친구들로부터 인정받음'(사례 7), '피해자와는 예전과 같은 관계를 유지함'(사례 5), '가해친구들과 관계가 나빠짐'(사례 4), '가해친구들과 예전과 같은 관계가 유지됨'(사례 2)'이 있었다. 피해자 · 가해자의 변화로는 '피해자가 학교에서 긍정적인 경험을 하게 됨'(사례 4), '가해자가 폭력 행동을 중단하게 됨'(사례 3)이었다.[24)]

도움 행동을 준 초등학생 방어자들은 주변 친구로부터 긍정적인 피드백을 받거나 부정적인 피드백을 받았다. 방어자에 따라 '주위 친구들의 격려로 마음을 다잡음' '가 · 피해자에게 무시당해 기분 나쁨' '가해자에게 공격당해 불편함' 등이 있기도 하였고, '내 도움이 친구를 편안하게 해 줌' '힘들지만 가치 있는 일을 실천했다고 봄' '피해자에게 도움 안 되는 괜한 간섭이라 여김' '선생님께 말한 것이 알려질까 두려워짐' 등도 있었다.

하지만 도움 행동으로 인해 '변화와 성장'을 경험하기도 한 것으로 나타났다. '옳은 일에 나서는 친구로 인정받음' '용기 내는 친구라고 칭찬받음' '친구 일에 관심 갖는 모습을 친구들이 따름' '친구를 위로하는 모습을 다른 친구들이 좋아함' 등 '좋은 친구로서의 자기상 형성'이 이루어졌다. 한편, 도움 행동에 대한 자신의 능력 평가에 따라 '도와주는 일에 자신감이 커짐' '친구의 입장을 잘 헤아리게 됨'도 있지만, '혼자는 역부족임을 느낌' '도움 행동의 범위를 축소함' 등도 나타났다.

이상의 내용은 방어자 역할을 한 학생들에 한정된 이야기이기 때문에 이 사례들에 등장하는 피해자와 가해자는 방어자에 대해 실제 어떻게 인식했는지는 알기 어렵다. 일반적으로 방어자의 도움 행동이 피해자의 심리적 문제를 직접적으로 감소시키지는 않지만 피해자는 방어자로부터 지지받고 있다는 사실로 인해 학교에 적응하는 어려움이 줄어드는 것으로 알려져 있다. 또한 도움을 받은 피해자들은 도움을 받지 않은 피해자들보다 피해 정도가 적으며 자존감이 더 높게 나타나고 또래들 사이에서 지위도 더 높다 (Salmivalli, 2010).

그러나 중학생 방어자 연구 사례의 경우 학생들의 방어적 행동이 피해자에게 준 긍정적 효과는 한계가 분명하다. 이들의 방어 행동을 살펴보면, 모두 신체적 폭력을 막는 방어 행동이었다. 이 사례들에서 나타난 학교폭력의 형태는 놀림, 언어폭력, 따돌림, 괴롭힘, 신체적 폭력, 금품 갈취 등이었지만, 신체적 폭력 이외의 폭력 형태에 대해서는 피해자를 보호하기 위한 아무런 방어 행동도 이루어지지 못했다. 이렇게 복합적 형태의 폭력을 방어자 학생 몇몇이 막기는 어려웠을 것으로 생각된다. 이 경우 학급 전체가 방어자 역할을 한다고 해도, 따돌림, 강제 심부름, 금품 갈취 등의 학교폭력은 사라지기 어렵다. 이 문제에 대한 관심이 방어자 교육에서 필요하다.

집단괴롭힘 경험과 심리사회적 적응

집단괴롭힘을 경험한 학생들은 불안, 특히 대인불안을 겪는 경우가 많다. 연구에 따르면 집단괴롭힘을 당한 경우 대인불안감이 높아지고(서진희, 최연실, 2016), 우울과 외로움, 사회불안이 높아진다(김혜원, 2011). 한편, 가해학생은 우울불안과 공격성이 높게 나타난다(김예성, 김광혁, 2008). 가해 · 피해 청소년과 마찬가지로 집단괴롭힘을 목격한 학생들도 대인관계에 대한 두려움을 느끼고 또래관계가 위축된다(Lee, 2011). 집단괴롭힘 가해 · 피해 · 목격 경험과 심리사회적 적응에 대한 연구(김혜원, 임광규, 임동훈, 2013)에서도 초 · 중학교 학생들이 학교에서 집단괴롭힘 가해 · 피해 · 목격 경험을 많이 할수록 심리사회적 적응수준이 낮아지는 것으로 나타났다. 여기서 '심리사회적 적응'은 대인불안, 우울, 자아존중감, 자살 사고, 학교생활만족도의 수준을 나타낸다.

그러나 집단괴롭힘을 당하는 장면을 반복해서 목격하는 위치에 있는 경우, 오히려 자신이 피해 상황에서 벗어나 있다는 안도감(비록 일시적이라 하더라도)을 느낄 수도 있다. 또한 목격자들은 피해자가 갖지 못한 긍정적인 특성이나 대인관계 기술이 있기 때문에 피해를 당하지 않는다는 일종의 우월감을 갖기도 한다. 집단괴롭힘 목격 경험이 많은 경우 초등학생과 달리 중학생들은 자아존중감이 향상되는 결과가 나타나는데(김혜원 외, 2013), 이것이 진정한 자아존중감인지는 확실하지 않다.

그보다 심각한 현상은, 피해자에 대한 지각에서 '점진적인 인지적 변화'가 일어나며, 피해자에 대한 부정적 편향성이 커진다는 것이다(Salmivalli, 2010: 115). 즉, 피해자는 피해를 당할 만한 부정적인 특성이 있다고 믿게 되는데, 목격자의 의식의 저변에는 '자신에게는 피해를 당할 만한 부정적인 특성이 없으며, 긍정적인 특성만이 있다.'는 우월감이 들어 있다. 실제 목격자들이 전부 그런 것은 아니며, 목격자 중 비록 일부이긴 하지만 이들은 피해자에게도 문제가 있고 피해를 당할 만한 이유가 있다고 인식하는 것으로 나타났다.

'피해자는 학교폭력을 당할 만한 특성이 있다'고 믿게 된 이유는 무엇일까? 그들은 이 세상이 정의로운 세상이므로, 부정적인 특성이 있는 사람들만 사필귀정으로 피해를 당한다는 신념을 가지고 있다. 이것을 사회심리학에서는 '정의로운 사회라는 신념(belief in a just world)'이라고 부른다(Aronson, Wilson, & Akert, 2013). 동시에 자신은 긍정적인 특성만을 가졌으므로 절대 폭력을 당할 수 없다고 생각을 한다. 이것은 '방어 귀인(defensive attribution)'이다. 학생들은 방어 귀인을 통해 자신도 학교폭력 피해자가 될 수 있다는 불안감으로부터 벗어날 수 있다. 예를 들어, '왕따를 당하는 아이들은 그럴 만한 성격적 특성이 있어서 그렇게 되지만, 나는 왕따 당할 만한 특성이 없으므로 결코 왕따당하지 않아.' 이렇게 믿는 학생은 왕따 원인을 가해자의 문제로 귀인하지 않고, 피해자의 성격적 특성으로 귀인하고 있는데, 그러한 귀인 자체가 방어기제라는 것이다. 고등학생의 지각적 편향성을 검증한 결과 학생들은 자신이 미래에 학교폭력의 피해자가 될 가능성이 다른 학생들보다 낮다고 지각하는 것으로 나타났다(김봉철, 최명일, 이동근, 2006).

이 세상은 정의로운 세상이므로, 피해자가 피해를 당하는 것은 피해자에게 뭔가 잘못이 있기 때문이라는 신념, 잘못이 없는 우리는 결코 피해를 당하지 않는다는 신념은 '피해자 비난'으로 이어지기 쉽다. 설령, 피해학생에게 어떤 결점이 있다고 할지라도, 그것이 피해를 줄 수 있는 이유가 되지 못한다. 잘못에 대해 지적하고 고치도록 하는 방법은 괴롭히는 것 이외에도 많다. 때리고 괴롭히는 행위 자체가 도덕적으로, 법적으로 잘못된 것이라는 것을 인식하지 못하는 아이들이 있다. 피해자의 결점에 대해 어떤 반응을 할 것인가에 대해서는 가해자의 습관에서 나온 선택이며, 피해자의 부정적 특성을 핑계로 가해자가 자신의 감정을 '배설'하는 것뿐이다.

학생들은 일반적으로 학교폭력을 싫어하고 반대한다. 그러나 '그 아이(피해자)는 따돌림을 당할 만하다.'는 부정적 편향성을 동시에 가지고 있기도 한다(Salmivalli, 2010). 사실 학생들만 그런 것은 아니다. 일반 대중도 대체적으로 그러하다. 이 점이 학교폭력을 없애기 어려운 요인이기도 하다. 학교폭력 예방 교육에서 부정적 편향성이 다루어져야 한다. 핀란드의 학교폭력예방프로그램인 KiVa 프로그램은 일반 학생들의 공감능력과 자기효능감을 키우는 데 중점으로 둔 것으로, 학생들에게 반 폭력적 태도를 키우는 데 목표를 두고 있다. 반 폭력적 태도를 가진 학생들은 공감능력이 높고, 피해자를 방어할 수 있다는 자기효능감도 높다. 방어자들은 정서적으로 안정되어 있으며, 인지적으로 대처하는 스킬(skill)을 갖추고 있다. 그리고 또래집단 내에서 사회적 지위(social status)가 높다. 여기서 '사회적 지위'란 또래집단의 위계 속에서 차지하는 상대적 위치를 말한다. 이렇게 반 폭력적 태도를 가진 학생들에게는 부정적 편향성이 없는지, 있다면 어떻게 극복되는지를 확인해 볼 필요가 있다.

학교폭력에 대한 학부모들의 낙관적 편향

기존의 학교폭력에 관한 대부분의 연구는 학생들에게 초점이 맞추어져 있다. 즉, 학교폭력의 직접 당사자인 학생들을 대상으로 학교폭력에 대한 인식이나 태도, 예방 프로그램의 효과 등을 조사하였다. 그러나 학교폭력은 학생들의 인식이나 태도뿐만 아니라 학부모들의 인식이나 태도도 매우 중요하다. 학교폭력에 대한 부모들의 인식이나 태도 또한 실제 학교폭력 방지에 큰 변수가 될 수 있다. 만약 학부모들이 자신의 아이가 학교폭력에 피해자가 될 가능성이 높다고 지각할 경우 학교폭력 예방에 큰 관심을 가지겠지만, '내 아이는 괜찮겠지.' 하는 안일한 태도를 갖고 있다면 학교폭력에 대해 '강 건너 불처럼' 무관심하고 방임적 태도를 갖기 쉽다. 학교폭력에 대해 학부모들은 대체로 '내 아이에게는 학교폭력이 일어나지 않을 것'이라는 낙관적 의식을 갖고 있다. 학교폭력에 대한 학부모들의 낙관적 편향을 고찰한 연구(김봉철, 주지혁, 최명일, 2009)에서도 자신의 자녀들이 다른 학생들에 비해 학교폭력을 당할 가능성이 적을 것이라고 지각하는 것으로 나타났다.

학교폭력이 자기 자식과는 상관없는 일이라고 지각할 경우, 즉 낙관적 편향이 존재할 경우 학부모들은 학교폭력에 대해 무관심하거나 예방 활동에 소극적이 된다. 그렇게 되면 학교폭력 예방을 위한 각종 제도나 공공 캠페인, 언론 보도 등을 통한 설득 효과는 기대하기 어렵다.

사람들이 부정적 사건이나 위기 등에 대해 낙관적 편향을 보이는 이유는 다양하다. 첫째, 남에게 일어나는 나쁜 일이 자신에게는 생기지 않았으면 하는 희망이 내재되어 있기 때문이다. 학부모에게 적용해 보면, 자기 아이에게는 학교폭력이 일어나지 않았으면 하는 희망을 갖고 있는 것이다. 자꾸만 학교폭력과 관련해서 아이를 생각하게 되면, 오히려 그것이 아이에게 더 좋지 않을 수 있다는 불안감, 상상이 실제가 되지 않을까 하는 불안함이 작용할 수도 있다. 이와는 반대로 비관적 편향성을 가지고 심하게 근심·걱정하면서, 아이에게 극도로 조심하도록 주의를 주면 아이가 심각한 스트레스를 받을 수 있다. 둘째, 자신이 다른 사람보다 더 우월한 존재라고 여기기 때문이다. 대부분의 사람은 자신이 다른 사람들보다 더 영리하고 똑똑하기 때문에 부정적 사건이나 위기에 노출될 가능성이 적다고 판단상의 오류를 범하게 되는 경향이 있다. 학부모들은 자신의 아이가 다른 아이들보다 더 영리하고 똑똑할 뿐 아니라, 그런 '학폭을 당할 만한' 행동을 하지 않는다거나 '폭력적 행동을 할 만한' 아이가 아니라고 믿는다. 셋째, 자신과 다른 사람을 비교할 때 자신보다 약간 열등하거나 운이 나쁜 사람들과 하향 비교하여 자신의 이미지를 긍정적으로 유지시키고자 하기 때문이다.

낙관적 편향성은 긍정적인 면이 있다. 낙관적 편향성을 갖는 것이 마음의 안정(자기 자녀에게도 일어날 수 있는 일이라고 생각하면 마음이 불안해질 것)을 이룰 수 있다. 하지만 자기 자녀에게도 학교폭력이 일어날 수 있게 된다고 생각하면, 더 적극적으로 학교폭력 문제에 대해 관심을 가지고 예방활동을 할 수 있고, 그와 관련된 지식과 정보를 얻으려고 노력하게 된다. 그리고 실제 자녀가 학교폭력을 당한 후 집에 돌아왔을 경우 무관심하게 대하지 않고 아이를 살피고 물으며, 조금 더 학교폭력 상황에 예민하고 민첩하게 대처할 수도 있게 된다.

Chapter 12

화해와 회복, 공감, 인권감수성

화해와 회복

학교폭력이 발생할 경우, 「학교폭력예방법」에 의거하여 학교폭력자치위원회('학교폭력대책심의위원회'로 변경)는 사안의 심각성에 따라 가해학생에게 1~9호 처분을 내리고 사안을 종결하게 되어 있다. 절차적으로는 사안이 종료되나, 학생들의 심리적 상처와 갈등은 해결되지 못하고 화해와 회복도 이루어지지 못한다. 처벌 위주의 처분은 형식적인 사과와 함께 자신의 책임은 모두 끝났다는 면책심리를 심어 준다. 학교폭력 피해자가 진정으로 원하는 것은 가해자가 자신의 잘못을 인정하고 피해자인 자신에게 사과하는 것임에도, 이러한 과정의 부재는 피해자의 입장에서 학교폭력 사안이 제대로 해결되지 않았다는 생각을 갖게 한다.

가해자의 사과와 관계 회복이 최선임에도 무관용 정책하에서는 무관용 처벌이 학교폭력의 재발을 방지하는 최선의 선택이라

간주된다. 하지만 그것의 한계가 인식되고, 화해와 회복의 중요성이 커지면서 학교현장에서 화해와 회복을 위한 실천이 이루어지고 있다. 예를 들어, 교사연수, 회복적 접근의 생활지도, 갈등조정 전문지원단 운영 등이 있다(임재연, 2019). 이러한 실천은 '회복적 정의'에 입각해 있다.

학교에서 화해와 회복을 위한 실천이 효과적으로 이루어지도록하기 위해서는 먼저 화해의 수준을 어디까지로 설정할 것인가가 고려되어야 한다. 화해모임 진행 경험이 풍부한 교사 및 학교 외부 전문가 13명과의 면접 자료를 분석한 임재연(2019)의 「화해 진행자가 경험한 학교폭력 피해 · 가해 학생의 화해와 회복의 요인에 관한 합의적 질적 연구」에 따르면, 학생들은 화해한다는 의미를 다음과 같이 생각하고 있었다.

- 앙금이 없이 이전처럼 잘 지내는 관계회복 단계까지 가기는 어렵다.
- 서로 건드리지 않는 선에서 화해한다.
- 진정한 사과와 화해는 드물다.

화해 진행자의 입장에서 인식한 화해모임의 의미는 다음과 같다.

- 진정한 사과와 용서가 일어나는 것이 목표가 아니며, 학생이 갈등 해결의 주체로 성장하는 것이 목표이다.
- 자신이 하고 싶은 말을 상대방에게 솔직하게 전달하고, 대화

한다.

- 갈등을 중단하고 대안을 모색함으로써 갈등 재발을 방지한다.

화해를 주선하는 데 있어 고려해야 할 점은 가해학생과 피해학생 간에는 힘의 불균형이 존재한다는 것이다. 이러한 힘의 불균형은 그들 간의 진솔한 대화, 갈등 해소, 사과의 과정을 방해한다. 화해모임은 학생들 사이에 존재하는 힘의 불균형을 바로잡아 주고 상호 소통이 일어날 수 있도록 하며, 궁극적으로 상호 이해와 화해에 이를 수 있도록 도움을 주어야 한다(임재연, 2019).

학생들 간의 화해를 촉진하기 위해서는 먼저 화해를 가로막는 요인을 극복해야 한다(임재연, 2019). 먼저 학교요인을 보면, 첫째, 화해모임을 행정적인 절차로 인식하며 화해를 강요 · 종용한다. 그것은 오히려 화해를 가로막는다. 둘째, 화해모임에 대한 교사의 이해가 부족하며 무관심하다. '그냥 학교폭력자치위원회를 열어 해결하면 되지, 왜 저렇게 복잡하게 일을 하나.' 하는 안일한 태도가 있다. 셋째, 학교 내 화해모임의 체계가 구축되어 있지 않다.

학부모의 화해 방해요인도 있다. 첫째, 화해모임을 잘못 이해하거나 학교를 불신한다. '적당히 덮고 넘어 가려는 것이 아냐?'라는 식의 의심이 있다. 둘째, 자녀의 교우관계에 대해 지나치게 간섭하고 개입하거나 그 반대로 소극적이고 무관심하다. 셋째, 학교폭력 당사자들은 화해를 원하나, 그들 부모가 나서 화해를 가로막는다.

화해모임의 효과는 일반적인 예상보다 높다. 화해 진행자들이 제시한 여러 사례에 따르면(임재연, 2019), 첫째, 화해모임을 통해 약 80%의 학생들이 화해를 하고, 상호 관계가 개선되었다. 둘째, 구체적인 근거는 더 확인되어야 하지만, '힘에 의한 관계성'에서 '인간에 대한 존중의 관계성'으로의 변화가 있었다. 셋째, 화해모임 다음 날 열린 자치위원회에서, 오해가 풀린 피해학생이 가해자의 처벌을 원치 않는다는 의사를 밝혀서, '조치 없음'의 결과가 나오기도 하였다.

이 연구는 화해 진행자들의 경험만을 심층면접을 통해 분석했기 때문에, 화해의 주체인 가해 · 피해 학생들이 생각하는 화해의 의미, 화해모임의 효과와 지속성 등을 알기는 어렵다.

회복적 생활교육

학교현장에서 생활교육의 방향이 응보적 관점에서 회복적 관점으로 바뀌고 있다. 회복적 관점이 학교폭력을 해결하는 만병통치약은 아니지만, 응보적 관점에 비해 교육적인 지도방식에 적합하다는 점에서 주목을 받고 있다. 회복적 정의를 학생 생활교육에 적용한 실천적 접근이 회복적 생활교육이다. 회복적 생활교육은 평화 · 용서 · 화해에 초점을 두고 학교폭력으로 인해 발생한 갈등을 해결하는 차원을 넘어 학교의 문화를 평화적으로 정착시키기 위한 생활교육이라 할 수 있다(경기도교육청, 2014).

회복적 생활교육은 세 가지 핵심요소로 이루어진다.

첫째는 신뢰, 상호 존중, 관용을 중시하는 학교문화를 형성한다. 이를 통해 존중하고 공감하며 적극적으로 경청하는 관계가 이루어진다. 둘째는 관계 회복을 위한 다양한 기술을 구체적인 삶의 맥락 속에 사용한다. 예를 들어, 공감, 적극적 경청, 대화, 조정(mediation) 등의 기술을 사용한다. 셋째는 갈등이 발생하여 깨진 관계를 회복하고, 피해에 대한 책임을 지도록 독려하는 화해적 모임이 이루어진다. 여기에는 회복적 대화모델이 포함된다(경기도교육청, 2014).

회복적 생활교육의 실천 방법으로 '서클'이 운영된다. "여기서 서클은 우리가 흔히 인식하는 동아리의 개념이 아니다. 서클의 핵심은 '안전한 공간'을 만드는 것이다. 자신의 내면을 안전하게 이야기할 수 있게 하려면, 먼저 원으로 둘러앉아야 한다. 원형은 참여자들의 힘을 평등하게 만들고 소외가 일어나게 하지 않는 구조이다. 또한 모두가 이야기할 수 있는 기회를 만들어야 한다. 누군가 이야기할 때 개입하기, 질문하기, 수정하기, 코멘트하기, 조언하기는 허락되지 않는다. 그 사람의 감정과 내용을 온전히 들어주는 역할만 한다."(이혜경, 최중진, 2018: 83)

서클은 학교에서 일어나는 대부분의 부적절한 행동이나 사건을 다룰 수 있다. 예를 들어, 서로 간의 논쟁이나 언어폭력 혹은 약자 괴롭히기, 기물파괴, 수업방해, 도난, 복장문제, 시험 시간의 부정행위, 지각 등의 다양한 상황에 적용된다. '문제해결 서클'은 갈등이 발생했을 때 공동체가 함께 갈등에 직면하여 공동체의 힘으로 갈등을 해결하기 위해 노력하기 위한 방법이다.

서클은 신뢰 서클, 의사결정 서클, 회복적 서클을 통한 또래조정 등의 유형이 있다. 신뢰 서클은 학급에서 구성원 간에 서로를 알아가는 시간을 제공하는 것을 목표로 자신을 표현하고 서로에 대한 고마움, 칭찬, 사과, 관심사 등에 대하여 이야기 나누며 친밀감을 향상시켜 관계성의 증진을 꾀한다. 문제해결 서클은 공동체 안에서 갈등이 발생하였을 때 함께 해결해 나가는 과정으로 당사자들이 대화를 통하여 서로의 입장과 필요를 이해하고 화해와 문제해결에 이르도록 하는 것이다. 회복적 서클 또래조정 진행모델은 인디언식 서클 모델이 변형된 모델이다. 또래조정이란 학생들 사이에 갈등이 있을 때 또래친구가 중립적 삼자가 되어 대화를 통해 문제해결을 할 수 있도록 돕는 과정으로서 학생들의 자율적인 갈등해결 방법이다. 이때 진행자는 반드시 비폭력 대화기술을 습득한 학생이 맡는다.

회복적 생활교육이 과연 어떤 효과가 있는 것일까? 한 연구(이혜경, 최중진, 2018)에 따르면, 회복적 생활교육이 초등학생의 학급응집력과 교우관계에 영향을 미친다. 실험연구 결과, 회복적 생활교육을 실시한 집단에서 더 높은 학급응집력과 더 좋은 교우관계를 형성하는 것으로 타나났다. 결론적으로 회복적 생활교육이 학급 학생들의 관계를 긍정적으로 변화시키며, 학급응집력을 높일 수 있는 대안적 개입이 될 수 있다는 것이다. 이 연구는 초등학교 6학년 학생들만을 대상으로 진행된 연구라는 점에서 한계가 있지만, 회복적 생활교육의 필요성에 대한 인식을 제고하도록 하고 있다.

공감능력과 인권감수성

학교폭력을 해결하기 위한 프로그램은 주로 공감능력을 키워주는 데 초점이 있다. 학교폭력 가해자와 가해자에게 협력하는 방관자는 공감능력이 부족하기 때문에 공격적 행동을 한다는 가정하에 공감능력을 향상시키는 프로그램을 개발하고 시행해 왔다. 공감능력 향상 프로그램은 방관 태도를 감소하는 데 효과가 있는 것으로 밝혀졌으나(Samilvalli, 2010), 공감능력과 방관 태도의 인과관계가 밝혀진 것은 아니다.

그런데 주지하다시피 학교폭력은 인권의 존엄성의 훼손이라는 인권문제와 직결되어 있다. 하지만 공감능력을 중시하는 관점에서는 학생들의 인권의식이나 인권감수성을 상대적으로 소홀히 한다. 이 점에서 주목할 만한 것은 집단따돌림이나 학교폭력이 단순히 공감능력이 떨어져서 발생하는 것이 아니라, 인권감수성이 떨어져서 생긴 것이라는 주장이다. 당연히 인권감수성과 공감능력은 서로 상관관계가 있을 것으로 생각되지만, 인권감수성은 학교폭력에 있어 공감능력보다 더 직접적인 관계가 있다고 생각된다.

초등학교 고학년의 인권감수성과 방관 태도에 대한 연구(박은경, 장석진, 2017)는 학교폭력 방관은 인권감수성의 부족과 관련되어 있다고 밝히고 있다. 여기서 인권감수성이란 “인권문제가 개재되어 있는 상황에서 그 상황을 인권 관련 상황으로 지각하고 해석하며, 그 상황에서 가능한 행동이 다른 관련된 사람들에게 어떠한 영향을 미칠지를 알며, 그 상황을 해결하기 위한 책임이 자신에게 있다고 인식하는 심리 과정"(박은경, 장석진, 2017: 216)으로 상황지각능력, 결과지각능력, 책임지각능력으로 구분된다.

연구 결과를 보면, 첫째, 공감능력과 인권감수성에서 유의미한 성별 차이가 있다. 일반적으로 여성이 남성보다 공감능력이 뛰어나다고 알려져 있는데 초등학교 고학년의 경우에도 여학생이 남학생보다 공감능력이 뛰어난 것으로 나타났다. 공감능력뿐만 아니라 인권감수성의 경우도 여학생이 남학생보다 높은 것으로 나타났다. 인권감수성의 모든 하위 영역에서 여학생이 남학생보다 높은 평균을 보인다는 것을 밝힌 연구(홍봉선, 아영아, 2012)도 이 연구 결과와 비슷한 결과를 보이고 있다. 푸른나무 청예단(2016)의 학교폭력 실태조사 결과를 살펴보면, 학교폭력을 목격하거나 들었을 때 어떤 느낌이 드는지에 대한 질문에 대해서도 학교폭력 상황에서 피해학생이 느낄 고통에 대해 남학생이 여학생보다 민감도가 낮다. 왜 여학생이 남학생보다 더 공감능력, 인권감수성이 뛰어난지는 밝혀지지 않았다. 둘째, 초등학교 고학년의 공감능력, 인권감수성, 집단따돌림, 방관 태도는 유의미한 상관관계가 있는데, 공감능력보다 인권감수성이 집단따돌림 방관 태도에 더 높은 유의미한 부적 상관관계를 보이고 있다. 셋째, 공감능력보다 인권감수성이 초등학교 고학년의 방관 태도에 더 많은 영향을 미치는 것으로 나타났다.

집단따돌림 방관 태도와 인권감수성 간에 높은 부적 상관관계가 있다고 해서, 집단따돌림 방관 태도가 오로지 인권감수성의 부족에서 비롯된 것이라고 결론내리기는 어렵다. 방관 태도는 인권감수성의 부족에서만 비롯되는 것이 아니라 여러 가지 상황적 요인(방관자 효과와 동조 효과 등)의 영향을 받는다.

따라서 방관적 태도에서 벗어나 피해자에게 도움 행동을 주는 방어자가 되도록 하기 위해서는 인권감수성과 상황적 요인 등 여러 가지 요인들이 고려되어야 한다. 그럼에도 인권감수성의 상대적 중요성이 떨어지는 것은 아니다. 학생들의 인권감수성을 높이는 것은 방관 태도를 줄이기 위한 중요한 방법이며, 학교폭력예방을 위한 필수불가결한 요소이기도 하다.

기존의 집단 프로그램은 대부분 공감능력 향상을 위한 프로그램이고, 나머지는 주로 학급응집력 강화 혹은 또래지지를 중심으로 하는 프로그램이었다. 교육부에서 학교폭력 예방을 위해 진행하고 있는 '어울림 프로그램'도 공감, 의사소통, 갈등해결 등 6개 모듈로 구성되어 있으며 인권 감수성 향상을 주된 목표로 하고 있지 않다(박은경, 장석진, 2017).

학교폭력예방프로그램은 공감능력 등의 심리적 측면에서뿐만 아니라 인권 측면에서도 구성되어야 한다. 그리고 인권감수성 향상이 집단 프로그램으로만 이루어져서는 안 되며, 학교생활 전체에 인권감수성이 스며들어 있어야 한다.

공감 코스프레와 불편한 즐거움

학교폭력예방프로그램에서 매우 중요한 예방적 요소의 하나로 중시되는 것이 공감이다. 방관자 학생들의 공감능력을 키워 줌으로써 피해자를 도울 수 있게 하는 대표적인 학교폭력예방프로그램은 핀란드의 키바 코울루(KiVa Koulu) 프로그램이다. 현재 KiVa 프로그램은 핀란드 종합 학교 90%의 학교에서 실행되고 있다(Samivalli et al., 2013). KiVa 프로그램은 괴롭힘 행위를 줄이는 동시에 피해자에 대한 공감과 방어효능감을 증가시키는 것으로 밝혀졌으며 또한 가해 행동을 강화하는 요소를 감소하는 효과가 있는 것으로 밝혀졌다(Samivalli et al., 2013). 현재 세계의 많은 학교에서 실행되고 있으며, 우리나라에서도 일부 학교에서 시행되고 있다.

KiVa 프로그램이 가장 초점을 두는 집단은 괴롭힘을 당하는 학생들의 주변에 있는 방관자들이다. 우리가 앞서 방관자의 역할이 매우 중요함을 살펴보았는데, 이 맥락에서 KiVa 프로그램을 이해하면 된다. KiVa 프로그램은 방관자의 공감과 자기효능감을 향상시키고 괴롭힘에 대한 저항적 태도를 높이도록 짜여 있다(김병찬, 2012). 이는 피해자를 보호해 주고 도와주었던 학생들의 특성에 대한 선행연구 결과를 고려한 것이다(Salmivalli & Voeten, 2004). 방관자들이 피해자를 지키고 보호해 주면, 괴롭힘 행위가 또래집단 내에서 우월적 지위를 얻게 하는 성공적 전략이 아님을 가해자들이 깨닫게 될 수 있다.

그런데 일부 학급에서는 공감 정도가 높음에도 실제 피해학생을 도와주는 행동에는 적극적이지 않는 사례들도 발견되었다(김병찬, 2013). 그 이유는 다양한 관점의 요인들에 의해 설명될 수 있다. 예를 들어, 그 사례의 경우에는 학급집단의 규범이 괴롭힘에 대해 허용적이어서 그럴 수 있으며, 또한 피해자에 대한 부정적 편향성이 존재하고 세상은 정의롭다는 신념이 작용할 수도 있다. 여기서는 두 가지 점만 생각해 보고자 한다.

먼저, 공감능력 향상에 초점을 둔 프로그램들은 대체적으로 방관 태도와 공감능력의 상관관계를 전제하고 있다. 방관자들에게는 공감능력이 떨어져 있다는 가정이다. 따라서 공감능력을 키워주면 학교폭력은 예방될 것이라는 가설이 들어있다. 하지만 공감이라는 것을 생각해 보면 간단하지 않다. 학생들이 피해자에게 갖는 공감, 그것이 진정한 공감이 아니고 '공감 코스프레'일 수도 있다. 공감 코스프레는 드라마를 보면서 눈물 흘리거나 어려운 이웃을 돕는 프로그램을 보면서 전화로 기부금을 보내거나 빈곤한 나라의 기아 상태의 어린이를 돕는 일에 동참하면서 기부한 행동이 일시적인 감정이입이나 동정이며, 진정한 공감이 아닐 수 있다. 학생들도 마찬가지로 약한 처지에 있는 학생에게 공감을 보이기도 하지만, 그것이 진정한 공감이 아니고 '공감 코스프레'일 수도 있다. 공감하는 대상이 어떠한 마음인지, 어떠한 생각을 가지고 있는지, 어떤 어려움과 고통을 겪고 있는지 그것을 알아보려고 하는 진지한 과정이 없이 일어나는 공감은 진정한 공감이 아니라 공

감 코스프레이다.[25)]

> 피해자의 고통을 보는 순간에 생겨나는 마음의 상태는 공감이 아니고 단순한 감정의 이입이다. 역설적으로 나는 피해자가 아니기 때문에 상대방이 힘들었을 거라는 일시적인 감정의 이입, 빙의 상태가 끝나면 각자 자신의 상태로 돌아온다. 피해자가 느끼는 불행에 대해서 일시적인 감정이입이 될 수는 있지만, 사실 되돌아서면 잊게 되고 빙의 상태에서 벗어나게 되어 각자 제자리로 돌아오면서 안도감을 느끼게 되는 것이다(엄기호, 2014: 298).

사실, 공감한다고 해서 그 공감이 타인을 보호하거나 배려하는 행위로 반드시 이어지는 것은 아니다. 철학자 흄(D. Hume)이 지적했듯이, 보호나 배려 행위가 쾌락 혹은 즐거움을 준다면 인간은 그렇게 할 수 있지만, 그 공감 상태는 단지 보호나 배려의 행위로 나아갈 수 있는 가능성 혹은 출발점만을 지시할 뿐이다. 또한 공감은 연민과 같은 도덕적 감정을 불러일으킬 수도 있지만 증오나 공포, 적대감에 동조하게도 만든다. 학교 밖 사회에서는 때로 공감이 괴롭힘의 대상이 아니라 그 대상을 공격하는 가해자를 향하기도 한다. 이 경우 공감은 오히려 반윤리적인 행위를 유발할 수도 있다(소병일, 2014: 197-225).

그리고 인간의 내면에는 공감의 감정만 있는 것이 아니다. 쉘러(M. Scheler)가 말했듯이, 인간은 타인의 고통에서 자신의 안녕에 감사하거나 쾌락을 느끼기도 하는 존재이다(소병일, 2014: 197-

225). 그것을 독일어로 '샤덴프로이데(schadenfreude)'라고 부른다. 샤덴프로이데는 불행을 뜻하는 'schaden'과 기쁨, 환희를 뜻하는 'freude'가 더해진 합성어로 남의 불행에서 느끼는 은밀한 쾌감을 뜻한다. 사람들에게 타인의 불행은 아무런 노력 없이 우월감을 느낄 수 있는 손쉬운 방법이다. 우월감을 느끼고 싶은 욕망이 사람들 마음속에 있음에도 공감증진프로그램에서는 간과되고 있다. 학교폭력으로 인해서 피해자가 된 아이의 불행이 주변 학생에게는 우월감을 느낄 수 있는 손쉬운 방법으로 인식될 수도 있다. 어떤 아이는 자신이 '찌질한' 피해자와 같지 않다는 우월감을 느낄 수도 있다. 이런 복잡한 인간의 감정을 고려해서 공감프로그램을 개발해야 한다. 인간의 감정이나 욕망들이 서로 분리되어 있는 속성처럼 생각하거나 또는 인간의 마음이 아무런 감정이나 욕망이 없는 백지 상태라고 간주하여, 공감능력이 떨어지면 공감능력만 '주입'하면 된다는 식으로 생각하면 오산이다. 공감의 정서적 상태는 인간의 '샤덴프로이데' 등과 같은 감정과 분리되어 있는 것이 아니라, 서로 연결되어 있다는 점을 고려해야 공감능력향상프로그램이 개선될 수 있다.

Part 5

학교폭력 대응 패러다임의 전환

최근 청소년들의 가혹한 범죄 행위가 늘어나면서 소년범 제도에 대한 개선을 촉구하는 움직임이 커지고 있다. 「소년법」을 아예 폐지하거나 촉법소년(만 10세 이상 14세 미만의 형사미성년자) 연령을 낮춰 소년범을 강력히 처벌해야 한다는 주장이 힘을 얻고 있다(조선에듀, 2021. 2. 3.). 이러한 여론에 부응하여 국회에서 촉법소년 제도 개선을 위한 '소년법 일부개정법률안' 등이 발의된 상태에 있다. 「소년법」 개정을 발의한 의원에 따르면, "청소년의 성장도 빨라져 중학생 정도면 범죄인지 아닌지, 자신의 행동에 어떤 책임이 따르는지 명확히 알고 있다."며 "범죄를 알고 저지른 사람을 법의 틀로 지켜 주는 것은 피해자의 입장에서 온당하지 못하다."는 것이다(조선에듀, 2021. 2. 3.).

촉법소년 법을 개선하여 처벌을 강화하자는 입장과 처벌 강화가 근본적인 해결책이 못 된다며 반대하는 입장도 있다. 어떤 입장이 맞는 것일까? 학교폭력을 해결하기 위한 대응방식은 어떻게 되어야 하는가? 강력한 무관용적 처벌을 시행하고 있는 미국의 경우를 보자. 미국 45개 주가 청소년을 성인처럼 기소할 수 있도록 하는 법안을 통과시키거나 그와 같은 방향으로 법안을 수정했고, 일부 주에서는 검사가 임의대로 청소년 사건을 성인 법정에서 다룰 수 있도록 하고 있다. 캔사스(Kansas)와 버먼트(Vermont) 주에서는 10세 아동도 성인 법정에 설 수 있다. 캘리포니아(California) 주에서는 검사가 중죄를 범한 14세 이상의 청소년을 성인 법정에 기소할 수 있다. 어떤 주에서는 10세 아동도 어른처럼 교도소에

갈 수 있고 사형도 당할 수 있다(Giroux, 2009: 159).

학교폭력에 대한 대응방식은 두 가지 패러다임으로 나뉘고 있다. 기존의 주류적 대응은 응보주의적 정의의 패러다임이며, 새로운 대응은 회복적 정의의 패러다임이다. 고대사회의 응보주의는 "자기 이웃에게 상처를 입혔으면, 자기가 입은 상처만큼 가해자에게 상처를 입혀라. 부러뜨린 것은 부러뜨린 것으로, 눈은 눈으로, 이는 이로 갚아라. 상처를 입힌 사람은 자기도 그만큼 상처를 받아야 한다."는 구약성경의 말씀에 잘 나타나 있다. 현대사회에서 응보주의는 범죄를 사회규범의 파괴이자 국가에 대한 공격으로 간주하며, 따라서 범죄에 상응하는 처벌을 해야 정의는 실현되고 범죄가 예방된다고 보는 관점이다(Zehr, 2010). 이에 비해 회복적 정의는 가해자에 대한 응보적 처벌보다는 가해자의 진정한 사과와 피해자의 상처 회복, 가해자와 피해자의 관계 회복, 가해자의 공동체 재통합에 중점을 둔다.

응보주의적 정의에 바탕을 준 학교폭력 대응방식이 미국의 강력한 처벌방식에서 보여 지는 무관용주의이다. 무관용주의는 현대판 '응보주의'라고 볼 수 있다. 범죄도발에는 그에 상응하는 철저한 보복(엄중한 처벌)이 따라야 한다는 의미에서 그렇다. 미국은 철저하게 무관용주의 정책을 학교에 적용하고 있다. 그 결과 학교에서 어떤 일이 벌어지고 있는가를 지루(Giroux, 2009: 89)는 이렇게 말하고 있다. "많은 학교의 학생들, 특히 가난한 도심지의 학생들은 정기적인 조사와 몸수색, 비자발적 약물 검사를 받고 있으며, 최루가스를 뒤집어 쓰거나 감옥으로 보내지기도 한다." 그리고 일부 도시에서는 수업을 방해하거나 선생님에게 대드는 것과 같은 학생의 일탈행위를 고소할 수 있도록 하는 조례가 만들어졌다. "어린이들은 그들의 사소한 잘못에 대해 두 번의 기회가 주어지지 않는다. 또한 상담교사나 교장에게 불려가지도 않고 방과 후에 학교에 남는 벌을 받지도 않는다. 그들은 지금 법정과 청소년 사법제도의 관할 하에 놓여 있다."(Giroux, 2009: 91) 한국 사회에서는 상상할 수 없는 일들이 미국의 학교현장에서는 벌어지고 있다. "도움이 필요한 청소년들을 위해 일하려고 하는 조직이나 기관은 거의 없다. 청소년을 위한 의료 및 정신건강 서비스가 거의 마련되어 있지 않다. 학교는 문제아나 성적이 나쁜 학생들을 없애버리려고만 한다. 사소한 잘못을 더 이상 학교 교사, 부모 또는 청소년을 위해 일하는 사회봉사자들이 다루지 않는다. 그보다 오히려 경찰을 부르고, 학생을 체포하며, 법으로 해결하고 있다." (Giroux, 2009: 157) 미국에서는 왜 이렇게 청소년 문제를 법적 제재과 처벌 위주로 해결하려는 것일까? 무관용주의가 학교폭력을 근원적으로 해결할 수 있는 방법이 될 수 있을까? 어떤 방식으로 학교폭력에 대응해야 학교폭력의 문제가 사라질 수 있는가? Part 5에서는 학교폭력에 대한 무관용주의 대응 패러다임과 그 대안인 회복적 정의의 패러다임을 검토해 보고, 어떤 패러다임으로 나아가야 할지를 살펴본다.

Chapter **13**

무관용주의의 한계와 회복적 정의

여기서는 학교폭력 해결의 주류적 관점인 무관용주의가 무엇인지를 알아보고 회복적 정의가 학교폭력 해결의 대안이 될 수 있는지, 그 가능성을 검토한다.

무관용주의

무관용주의는 미국의 범죄적 환경의 맥락에서 나온 것이다. 미국은 총기사건이 비일비재하고 마약중독이 심각한 나라이다. 총기사건과 마약사범은 엄격하게 무관용적으로 다루지 않으면 안 된다는 주장이 설득력을 얻는 까닭이다. 학교의 안전을 위협하는 위험한 행위에 대해서도 엄격하게 규제하고, 이러한 규칙을 위반한 학생은 반드시 처벌하도록 하는 엄벌주의인 무관용정책이 시행되고 있다.

무관용정책은 「1994 총기 없는 학교법(Gun Free Schools Act)」이 제정되면서 공식화되었다. 무관용정책은 학교의 규칙을 위반하는 행위에 대하여서는 강력하고 단호하게 대처하는 자세를 말하는 것으로, 규칙위반자의 개별적인 사정이나 의도를 일체 고려하지 않고 동일하게 엄격한 처분을 부과하는 것을 말한다(강경래, 2012).

무관용정책에 이론적 날개를 달아 준 것은 '깨진 유리창 이론(broken window theory)'이다. 도시의 깨진 유리창이 많은 건물이 황폐하고 공포감을 주는 것은 왜 그럴까? 깨진 유리창은 어떤 상징적 메시지를 전달하고 있는 것일까? 이에 대한 주민들과 외부인의 해석은 무엇인가? 미국 대도심의 경험에 토대를 둔 이론이라고 할 수 있다. 이 이론이 주장하는 바는 경미한 범죄에 대해서도 엄격하게 법집행을 해야 하고, 물리적인 환경 역시 개선할 때 범죄를 사전에 방지할 수 있다는 것이다(O'brien, 2019).

깨진 유리창은 도시 미관상 좋지 않을 뿐만 아니라, 사람의 관심이 미치지 않는 곳이라는 의미로 해석될 수 있다. 그래서 범죄 행동의 장소가 될 수 있다. 이는 물리적 환경이 심리에 미치는 영향이 크다는 것을 의미한다는 점에서 중요하다. 따라서 도시의 슬럼가의 물리적 환경을 쾌적하게 바꾸는 일, 거리를 깨끗하게 만드는 일이 중요하다. 물리적 환경 개선에 국가가 적극적 역할을 할 수 있도록 관심을 환기한다는 점은 긍정적으로 평가될 수 있다(강경래, 2012).

깨진 유리창 이론은 단순히 물리적 환경의 중요성만을 주장한 것은 아니다. 깨진 유리창이 지역사회에서 어떤 의미로 해석되고, 소통되는가 하는 것이 중요하다는 것이다. 깨진 창문은 어떤 시그널(signal)을 보내는가? 지역사회의 통제력과 방어력이 약하고, 범죄적 침범에 취약한 지역이라는 메시지를 보낸다는 것이다. 반대로 깨진 창문을 고친다는 것은 지역사회의 결속력과 책임감, 지역 공간에 대한 통제력을 나타낸다는 것이다(O'brien, 2019).

깨진 유리창 이론의 핵심 포인트는, 사소한 범죄를 방치하면 중대한 범죄라도 별다른 어려움 없이 실행 가능하다는 인식을 갖게 만든다는 주장이다. 사소한 규칙위반이 나중에 큰 범죄로 이어진다는 전제에 입각하여, 사소한 규칙위반이라 하더라도 규칙위반자에게 애초 관용을 베풀지 않고 동일하게 엄격한 처분을 부과해야 해야 한다는 것이다. 이것이 무관용주의이다. 낙서를 하거나 쓰레기를 아무 곳에나 버리거나 노상방뇨를 하거나, 무임승차를 하는 등의 경미한 규칙위반자 모두를 잠재적 범죄자로 간주하고 있는데, 이들은 장차 범죄자가 필연적으로 된다는 인식을 갖고 있다. 그래서 규칙위반자의 개별적인 사정이나 상황 또는 의도를 일체 고려하지 않고 엄격하게 법 집행이 이루어져야 한다는 주장이 나온다. 이를 위해서 평소 모든 규칙위반자가 있는지 감시, 통제할 수 있어야 한다는 것이다.

깨진 유리창 이론은, 사소한 규칙위반자에 대해서도 엄격한 법 집행을 하게 되면, 범죄가 줄어들거나 없어질 것이라고 가정하고 있는데, 실제 뉴욕에서는 그러한 긍정적인 결과가 나타났다는 주장들이 있었다(강경래, 2012). 하지만 최근, 깨진 유리창 이론은 잘못된 이론이라는 비판이 제기되고 있다(O'brien, Farrell, & Welsh, 2019). 이 연구자들은 이웃의 무질서(그래피티, 버려진 건물, 구걸 등)가 사람들로 하여금 법을 어기거나, 더 많은 범죄를 저지르거나, 이웃에 대해 낮은 평가를 하거나, 위험한 행동에 참여하게 하지 않는다는 것을 발견하였다.

무관용주의를 학교폭력에 적용하게 되면 학교폭력 역시 줄어들거나 없어질 것이라는 예견이 나온다. 그래서 학교폭력에 대한 방식으로 나온 무관용 정책은 "소년비행은 경미한 행위에서 보다 중대한 행위로 발전하며" "경미한 비행의 조기 발견이 보다 중대한 비행을 억제한다."는 주장을 펼친다. 이러한 논리가 설득력이 있음을 부정하기 어렵지만, 학교상황에 그대로 적용하게 되면, 예기치 않은 문제들이 생길 수 있다. 즉, 폭력이나 마약과 관련이 없는 사안들, 예를 들어 교칙 위반, 반항적 행위, 수업방해 행위 등도 비행이나 범죄로 진화할 수 있다는 우려가 크기 때문에 그것을 사전에 막기 위해 엄격한 처벌을 내리는 학교가 많아지고 있다는 것이다(강경래, 2012).

비행청소년에 대한 미국의 무관용주의 정책은 다양한 문제점을 야기하였다(허경미, 2018). 첫째, 비행청소년에게 성인범과 동일한 기준으로 엄격한 삼진아웃제를 적용함으로써 소년사범 구금률이 지나치게 높고 그 수용 여건도 열악하여 국제사회로부터 인권침해라는 지적을 받았다. 둘째, 구금 비행청소년 중 흑인청소년의 비율이 다른 인종보다 압도적으로 높아 무관용주의적 정책이 인종차별적인 경향을 보인다는 비난에 직면하였다. 셋째, 학교폭력 문제를 학교당국과 지역사회가 회복적 사법정의 차원에서 해결하려는 의지가 없는 상태에서 무관용주의는 비행청소년을 수용자로 만드는 '파이프라인 역할'을 하였다는 지적을 받고 있다. 넷째, 무관용주의는 청소년 구금률을 증가시킴으로써 민간 교정의 산업화 또는 상업화를 이끄는 도구로 악용되었다는 비난을 받고 있다.

무관용주의는 과장되고 비약하는 논법에 의거하고 있다. 사소한 규정위반자가 범죄자가 되는 과정에는 수많은 매개변인의 영향이 있음에도 불구하고, 그 모든 매개변인은 전부 무시된다. 매개변인에는 범죄로 이끄는 위험요인이 있지만, 동시에 개별 행위자를 보호해 주는 수많은 안전요인도 존재한다. 또한 사소한 규정위반이 없는 자는 범죄자로 진화하지 않을 것이라고 가정하고 있는데, 그런 사람 중에도 자신의 본심을 숨기고 조심스럽게 행동하며 큰 범죄를 도모하는 사람이 있을지도 모른다. 그러니 감시를 하려면 사회구성원 모두를 잠재적 범죄자로 보고, 평소 감시 통제를 해야 할지 모른다.

그것을 가장 극단적으로 보여는 것이 영화 〈마이너리티 리포트(Minority Report)〉이다. 범죄를 예측하여 아직 죄를 저지르지 않은 범죄자를 체포하는 내용을 담고 있는 영화이며, 깨진 유리창 이론을 잘 반영한 영화라고 할 수 있다. 수사팀장 주인공 톰 크루즈(Tom Cruise)는 범죄 예측 컴퓨터 프로그램을 통해 잠재적 범죄자를 찾아내어 미리 제거해 버리는 방법을 사용한다. 그러나 자신이 잠재적 범죄자로 몰릴 수 있음을 알게 되었을 때 그 프로그램의 문제점을 날카롭게 인식하게 된다. 아마도 깨진 유리창 이론을 신봉하는 사람들은 자신들은 경미한 규칙위반자가 될 가능성이 없다고 생각할지 모른다. 하지만 모든 사소한 규칙위반자를 잠재적 범죄자로 감시·통제하는 식의 사법 시스템 속에서 감시 통제하는 자가 규칙위반을 하게 될 때는 어떻게 되는가? 미국 백인 경찰의 흑인에 대한 폭력적인 행위는 왜 별다른 문제로 인식되지 않는가? 왜 대기업의 총수는 법을 위반해도 범죄자로 인식되지 않는가? 왜 금융위기를 가져온 CEO들은 처벌되지 않는가? 깨진 유리창 이론적 맥락에서 이런 문제는 제기되지 않는다.

무관용주의는 가해 행동이 일어나지 못하게 가해자를 위축시키는 효과는 있을지 모른다. 하지만 학교폭력을 방지하기 위해서 처벌 이외에 무엇을 어떻게 해야 할 것인지에 대해서는 알려 주는 바가 없다. 무관용주의는 '학교폭력은 말 그대로 폭력이요 범죄이며, 따라서 엄중한 처벌을 받는다.'는 경고장을 보낼 뿐이다. 사전 예방적인 교육적 대응방안을 제시하지는 못한다.

또한 위반 행위를 범한 모든 학생을 개별적인 상황과 의도와 관계 없이 동일하게 처벌함으로써 처분의 공정성을 증명할 수 있다고 하지만, 이는 당사자들 간의 문제 해결을 더욱 어렵게 만든다. 문제를 근본적으로 해결하려면, 왜 사건이 일어났는지에 대한 실태 파악과 명확한 이해가 선행되어야 하고 당사자들의 공감이 이루어져야 하지만, 이러한 과정은 무시된다. 가해자는, 자신의 규칙위반 사실 자체만 강조되는 상황에서는 스스로를 방어하기 위해 자신의 행동을 정당화하는 데 집중하는 일이 발생하게 된다. 무관용주의는 가해자가 스스로 책임을 적절하게 수용할 수 있는 가능성을 만들지 못하며, 처벌을 받은 뒤 정상적인 생활로 복귀하는 것도 어렵게 만든다.

무관용주의적 정책에서는 학교폭력을 방지하기 위한 방법으로 강력한 무관용적 처벌을 중시하고 있지만, 엄중한 처벌 자체가 가해자에게 미치는 영향에 대해서는 비교적 무관심하다. 가해자 또는 규칙위반자라는 낙인효과가 어떻게 그 학생의 처벌 이후의 삶의 과정에 영향을 미치는지는 관심 밖이다. 폭력학생 낙인은 차후에 공적으로 없애 준다고 해서 향후 사회적 관계성 속에서 자연스럽게 사라지는 것은 아니다. 이 점이 간과되고 있다(Foroni & Rothbart, 2013 참고). 통제이론(사회적 유대이론)에 의하면, 사회기관과의 사회적 유대가 강화되면 될수록 일탈과 범죄의 가능성은 줄어든다(Erickson, Crosnoe, & Dornbush, 2000). 사회적 유대가 통제력을 발휘하기 때문이다. 그런데 이와는 반대로 정학처분이나 퇴학처분으로 학교와의 유대를 근원적으로 차단하면 할수록, 일탈 가능성은 더욱 높아져만 간다. 이것은 현실적으로 나타나고 있는 사실이다. 하버드 대학교의 시민권 프로젝트에 의하면, "정학 비율이 높은 주가 중도 퇴학자와 청소년 범죄율 또한 높은 것으로 나타나고 있다"(USA Today, 2004).

잔인한 학교폭력 가해자에게 엄한 처벌을 내리는 것도 정의를 구현하는 방법일 수 있다. 하지만 모든 대응 체계를 응보주의적 무관용주의로 관철하는 것 역시 타당하지 못하다(허윤회, 2021). 우리는 학교폭력을 근본적으로 해결해 나갈 수 있는 접근방법을 찾지 않으면 안 된다. 그런 점에서 학계와 교육계에서 주목받고 있는 회복적 정의는 하나의 대안으로 검토해 볼 만하다.

회복적 정의

응보주의는 범죄를 사회규범의 파괴이자 국가에 대한 공격으로 간주하기 때문에 국가가 피해자가 되며, 실제적 피해 당사자는 사법 과정에서 배제되고 피해자의 요구와 회복은 부차적인 것이 된다. 피해자는 사법 절차에서 증언자로서 부수적인 존재로 인식될 뿐이며 사법과정에서 소외된다. 가해자 역시 피해자가 어떠한 고통을 겪는지 알지 못할 뿐만 아니라 자신의 행동의 결과에 대해서도 규범의 위반 정도로 추상적으로 이해할 뿐이다(Zehr, 2010). 응보주의적 정의는 가해자가 죄를 뉘우치게 할 수 없음은 물론 피해자가 받은 상처를 치유하지 못한다.

응보주의적 정의의 한계와 함께 회복적 정의가 주목받는 이유를 이용식은 다음과 같이 말한다.

> 근본적인 이유는 형벌이 범죄자나 일반인에 대한 예방의 효과를 거둘 수 있느냐의 여부에 있다기보다는 이러한 응보적 예방적 정의가 개별 피해자의 구체적인 이익에 무관심하고 피해자의 피해회복에 기여하지 못한다는 점에 있다. 종래의 형사사법이 범죄를 대사회적 침해행위로 간주하고 이에 대한 적절한 사회적 대처를 정의의 이념으로 삼은 까닭에 피해자가 형사사법에서 소외되었고,

그로 인하여 피해자의 피해가 제대로 회복되지 않았을 뿐더러 결과적으로 피해자와 가해자의 사회적 통합 나아가서 사회구성원의 진정한 통합에 기여하지 못한다는 문제의식에 기인하는 것이다. 따라서 이러한 문제를 해결하기 위해서는 범죄에 대한 관점을 사람과 사람관계에 대한 침해행위로 전환하고 그에 따라 정의의 패러다임을 피해자의 피해회복과 같이 잘못된 것을 바로잡는 것으로 설정해야 한다고 주장하는 것이다(이용식, 2012: 431).

회복적 정의는 흔히 응보주의 정의에 비해 가해자에게 관용적인 정의로 오해되기 쉽다. 그러나 회복적 정의는 말 그대로 피해자의 피해의 회복에 중심을 두는 정의이다. 응보주의적 정의는 사회질서의 유지와 법익의 보호를 중시하므로 사법 절차에 있어 피해자의 필요를 충족시키지 못하고 피해자를 회복시키지 못한다(이용식, 2012).

회복적 사법정의에 의하면 범죄의 핵심은 법 위반이 아니라 사람에 대한 침해, 그리고 '사람 사이에 존재해야 하는 올바른 관계'에 대한 침해이다(Zehr, 2010). 범죄는 사람에 대한 침해라는 전제하에 범죄는 사람들 상호 간의 갈등의 문제로 간주된다. 따라서 사람들 사이의 갈등에서 비롯된 잘못을 바로잡고, 손해를 배상하고 치유를 촉진할 때 정의는 달성될 수 있다는 것이다.

회복적 정의는 다음과 같은 특징을 지니고 있다(Zehr, 2010). 첫째, 가해자에 대한 처벌뿐 아니라 피해자가 겪는 심적 고통에도 관심을 기울인다. 둘째, 회복적 정의는 가해자가 자신이 저지른 행동을 반성하고 뉘우치는 감정적 측면의 책임을 강조한다. 셋째, 가해자에게 책임이 있을 뿐만 아니라 공동체와 사회에도 일정 부분 책임과 의무가 있음을 강조한다. 피해자, 가해자, 공동체 구성원들이 잘못된 문제를 바로잡기 위해 노력해야 한다.

회복적 정의는 범죄에 대한 처벌보다 피해의 회복에 주안점을 두며, 피해의 회복은 가해자와 피해자 등 이해관계자의 자발적 대화를 통해 달성될 수 있다고 점을 강조한다(이호중, 2009). 여기서 말하는 '회복'은 피해자가 입은 피해의 회복, 가해자가 다시 사회에 재통합되도록 하는 회복, 범죄로 인해 피해를 당한 공동체의 회복을 포괄한다(Marshall, 1996).

요컨대, 회복적 정의의 관점에서 볼 때 범죄는 사람에게 일어난 피해이며 범죄자를 처벌하는 것으로 정의가 실현되지 않는다. 따라서 사법 절차는 피해자의 회복을 증진하는 것이어야 하며, 이를 위해 범죄로 영향을 받은 당사자들인 피해자, 가해자, 지역공동체가 해결 과정에 공동으로 참여하고 적극적인 해결을 위해 노력해야 한다. 이런 과정을 통해 문제가 해결될 때, 피해자는 피해로부터 회복되고, 살아갈 힘을 얻게 되며, 가해자는 자신의 잘못을 깨닫고 책임 있는 모습으로 공동체 구성원으로 돌아오게 됨으로써 공동체는 회복된다.

이런 점에서 회복적 정의는 특정 범죄의 이해관계를 가진 당사자들이 함께 모여서 범죄의 결과 및 그것이 장래에 미치는 영향에 대한 문제를 해결해 가는 과정이라고 정의되며(Marshall, 1996), "범죄로 인하여 영향을 받은 사람들이 모여서 범죄로 인하여 야기된 손해를 어떻게 회복할 것인가에 대해 합의를 도출해 내는 과정"이라고 정의된다(Braithwaite, 1989). 제어(Zehr, 2002: 37)에 따르면, "회복적 사법정의는 범죄사건에 관련된 가능한 많은 사람이 관여하는 과정이며, 범죄로 인한 손상이 무엇인지 공동적으로 찾아내어 채워져야 할 욕구와 수행되어야 할 의무를 밝힘으로써 잘못된 것들을 최대한 바로잡고 치유하는 과정"을 의미한다.

회복적 사법은 1974년 캐나다 사법실험을 계기로 피해자-가해자 화해 프로그램(Victim-Offender Reconciliation Program: VORP)으로 구체화되었고, 이후 회복적 사법정의는 여러 나라로 확산되게 되었다. 북미, 호주 및 뉴질랜드를 비롯한 유럽에서는 1990년대부터 회복적 패러다임을 소년사법제도의 기본원칙으로 삼고 구체적인 실천방안을 모색해 왔다. 이러한 역사적 과정을 통해 특히 소년사법제도에 있어 응보적 사법정의의 관점이 회복적 사법정의의 관점으로 일대 전환이 이루어지게 되었다(김은경, 2009).

회복적 사법은 범죄자와 피해자의 자발적 참여와 대화를 통하여 화해를 도모하는 일종의 갈등해결 절차로서 가해자의 반성을 이끌어 내고 범죄가 다시 재발하는 것을 억제하는 긍정적인 효과가 있는 것으로 평가받고 있다(김은경, 2007). 또한 가해자는 형사절차와 전과자라는 낙인을 피할 수 있는 장점이 있고, 피해자는 가해자로부터 사과와 피해보상 등을 받음으로써 신변의 안전감 확보 등 피해 극복에 긍정적인 효과가 있다는 평가를 받고 있다. 그뿐만 아니라 회복적 정의를 구현하는 과정에서 지역사회가 참여함으로써 "지역사회가 범죄 발생과 관련된 문제에 대해 공동 이해를 갖게 함으로써 문제 자체를 공유하는 가치"를 만들어 내는 효과도 있다(배임호, 2007: 153).

회복적 정의는 영국, 미국, 스코틀랜드 등에서 학교폭력 해결에 적용되고 있으며, 점차 그 적용이 확대되고 있는 추세에 있다. 학교교육 영역에서 '회복적 실천'이란 이름으로 이루어지고 있으며, 스코트랜드에서는 2004년 스코틀랜드 행정부가 재정을 지원한 'Scottish Restorative Practice Project'가 실험적으로 시행되기도 하였다(McCluskey, 2008).

한국에서 회복적 정의에 입각한 형사정책은 크게 나타나고 있지는 않지만, 회복적 정의에 대한 법학계의 관심(김성돈, 2008; 이용식, 2012)이 커지고 있으며, 실제 회복적 정의에 따라 해결하려는 사례도 나타나고 있다. 예를 들어, 교정에 있어 회복적 사법의 적용 사례 연구(신용해, 2008), 소년법상에서 회복적 정의의 적용 사례(김은경, 2007), 학교폭력 해결에서 회복적 정의의 적용 사례(서정기, 2012; 김은경, 이호중, 2006) 등이 있다.

아직 정부 차원의 학교폭력 방지 정책으로 회복적 정의를 적용하려는 시도는 찾아보기 어렵다. 여전히 '무관용'이라는 원칙하에 엄벌주의, 응보주의적 대책이 힘을 발휘하고 있다. 하지만 응보주의와 엄벌주의가 학생들의 폭력문제를 예방하고 나아가 폭력적 성향을 바꿀 수 있는가에 대한 의문은 여전히 남는다. 학교에서 폭력의 대응은 폭력행위를 교정하고 잘못을 한 가해자가 적절한 책임을 수행하여 궁극적으로 정상적인 학교생활을 하도록 하는 것이 바람직하다(서정기, 2012). 따라서 가해자의 행동이 잘못되었지만, 교육을 통해 가해자를 책임 있는 학교공동체의 구성원으로 재통합시키고 건강한 사회구성원으로 성장할 수 있도록 한다면, 교육적으로 이보다 나은 방안은 없을 것이다.

회복적 정의에 따른 해결이 교육적으로는 이상적이지만, 현실성이 부족하다는 비판이 제기될 수 있다. 하지만 회복적 정의가 매우 현실적인 방안이 될 수 있다는 점도 무시되어서는 안 된다. 이런 점에서 학교폭력을 둘러싼 사법서비스 욕구조사(김은경, 이호중, 2006)는 시사하는 바가 크다. 이 조사 결과에 의하면, 피해자가 가장 원하는 문제해결방식은 '처벌'이나 '금전배상'이 아니라 '가해자의 진지한 반성과 사과'였다. 이는 피해자가 가해자에게 씻을 수 없는 오명적 수치심(stigmatizing shaming)을 느끼도록 하기 위한 것이 아니라 가해자가 자신의 행위에 대해 수치심을 느낄지라도 집단에 다시 받아들여지고 재통합될 수 있다는 것을 알리기 위한 것이기도 하다. 이러한 '재통합적 수치심(reintegrative shaming)'[26]은 관계 회복적 요소로서, 회복적 사법정의가 지향하는 가치 · 목표와 일치한다. 이 조사 결과에서 주목할 점은 학교폭력 이해당사자들은 기존의 법제도 절차보다는 역동적이고 관계중심적이며, 자신들의 욕구를 충족시킬 수 있는 새로운 대안을 원한다는 점이다. 즉, 피해자 및 가해자들의 사법서비스에 대한 욕구는 기존 사법제도 절차보다는 회복적 사법실천을 통해서 보다 잘 대응될 수 있는 것으로 나타나고 있다(김은경, 이호중, 2006).

회복적 정의를 학교폭력 해결 과정에 적용하려는 노력(화해와 조정)이 많이 이루어지고 있는데, 다른 한편으로는 회복적 정의를 학생들의 생활지도의 한 방법으로서 적용하여 실천하는 교사들이 늘어나고 있다. 회복적 정의에 바탕을 둔 생활지도 실천사례는 '회복적 생활교육'이라 불리고 있다. 회복적 생활교육을 실천하고 있는 한 교사는 회복적 생활교육의 필요성을 느꼈던 것이 무엇인지를 다음과 같이 말하고 있다.

> 그전에 저는 이미 감정코칭 2급 자격증 따면서 어느 정도 애들하고 소통은 되는가 싶었거든요. 독서치료로 애들 마음을 읽어 주려고 노력을 하고. 근데 그게 공동체의 문제를 해결해 주진 않아요. 애들하고 소통은 되는데, 직접적으로 갈등이 있을 때 갈등해결이 쉽지가 않아요. 공동체 안에 문제가 있는데 관계가 깨져있으면 그걸 나누기가 힘들고 해결하기가 힘들어요. 근데 거기에 대한 프로세스, 내가 고민하던 것들, 해결되지 않는 요소들이 회복적 정의에서 제시를 해 주는 거예요. 공동체는 한두 사람이 해결해서 될 일이 아니거든요(정민주, 김진원, 서정기, 2016: 48).

이 교사에게 회복적 생활교육은 공동체의 갈등을 평화롭게 해결하는 구체적인 실천이었다. "많은 연수를 쫓아다니며 들었지만 지금까지의 연수들이 학생들과 '소통'은 가능하지만 '갈등의 해결'은 다루지 못했고, '학생 개개인'의 마음은 이해할 수 있지만 그것으로 '공동체'의 문제를 해결할 수 없었다."(정민주 외, 2016: 48) 회복적 생활교육은 오랫동안 고민해 왔던 공동체의 문제를 해결할 수 있는 해답같이 보였다.

이 교사는 규율이 엄격한 특성화고에서 학생들을 지도하는 방식으로 주로 '벌점'을 이용해 왔다. 이 교사는 "스스로 마흔 명 중에서 한두 명이라도 수업에 집중하지 않고 자는 아이가 있으면 견디기 힘들다고 말할 정도로 학생 통제 욕구가 강한 교사"였다(정민주 외, 2016: 49). 그러나 그런 기질을 발휘하여 "학생들을 잡을수록" 오히려 학생 생활지도는 더 어려워졌다. 회복적 정의에서 제시하는 '문제해결 서클'은 이 교사에게 일종의 나침반과도 같은 것이었다.

> 수업 시간에 욕을 자주 한다거나 지각한 애들. 그 아이들한테 서클을 하자고 했어요. 음… 아이들이 처음에는 움츠러들어서 왔어요. 한 시간 동안 빽빽이 하는 벌. 그거를 받을 거라고 생각하고 주눅 들어서 왔는데, '선생님한테 너의 이야기를 정리해서 하면 돼.'라고 했더니, 아이들이 스스로 미안해하고, 잘못을 스스로 고백을 하고 갔어요. 그 어떤 것들보다도 서클로 아이들 생활교육을 하는 게 아이들 내면의 힘도 길러 줄 수 있고 관계가 깨지지 않을 것 같다는 실제적인 경험을 한 것 같았어요(정민주 외, 2016: 50).

이 교사는 수업 시간에 잘못을 저지른 학생에게 '껌 떼거나 대걸레로 물청소하기'를 시키는 대신, 학생들과 '문제해결 서클'을 진행하였다. 그 후 이 교사와 학생들 사이에는 '끈끈한 연결고리'가 생겼다. "예전에는 복도에서 마주쳐도 그냥 본체만체하고 지나갔을 아이들이 서클 후에는 다시 돌아와 인사해 주었고, 자신이 했던 행동에 대해 자발적으로 다가와 리뷰를 하며 미안해했다."(정민주 외, 2016: 50) 또한 몇몇 학생이 교사의 노력을 기억하고 교원평가에서 "'우리를 존중해 주셔서 감사합니다.'라고 써 주었던 날에 교사로서 오랜만에 뭉클한 감정을 느꼈다"(정민주 외, 2016: 50). 이 교사는 교사로서 산다는 것은 이렇게 학생들과 연결되어 삶을 나누는 것임을 경험들을 통해 배우고 있었다(정민주 외, 2016).

이렇듯 회복적 정의를 학생생활지도에 적용하는 사례도 있으며, 제도적 수준에서 구현해 보려는 시도도 있다. 광역시(부산광역시) 수준에서 조례(2008년)를 만들어 '학교폭력예방회복조정센터'를 설치하여 운영하고 있는 사례를 들 수 있다(이진숙, 2021). 이 센터는 회복적 정의의 관점에서 예방, 조정, 회복의 3단계 사업을 시행한다. 예방단계 사업은 학생·학부모·교사 대상 예방교육과 또래조정자 양성사업 등을 포함하고 있다. 학생 대상 예방교육으로는 인권감수성 훈련을 통한 회복적 의사소통 교육, 사이버공간에서의 예절교육을 실시하며, 학부모·교사 대상으로는 의사소통 교육을 실시하고, 학교폭력 발생 시 회복적 갈등해결 방법에 대한 정보를 제공한다. 조정단계에는 회복조정모임, 또래조정 운영 등의 사업이 실시된다. 마지막으로 회복단계에서는 회복조정단 운영(찾아가는 상담), 피해·가해 맞춤형 회복프로그램, 가해학생 특별교육, 사례관리 및 사후관리 프로그램 등이 운영되고 있다. 회복조정단은 관계의 회복을 위하여 학교폭력 관련 학생과 부모를 찾아가서 상담서비스를 제공하고 있다(이진숙, 2021).

하지만 학교폭력예방회복조정센터의 학교폭력 예방과 회복활동에 교사들이 얼마나 호응하는지는 그 필요성과는 별개의 문제이다. 조사 결과에 따르면 "학교폭력 전담교사의 44.4%는 학교폭력 사안 처리 과정에서 회복조정센터의 프로그램을 소개하거나 추천하지 않고 있다. 그 이유로는 학생이나 학부모나 원하지 않을 것 같다는 응답이 25.4%, 피해학생이 가해학생과 만나는 것을 두려워할 것 같다는 응답이 21.9%로 나타남으로써 약 50%의 응답자는 피해 · 가해 학생과 학부모가 회복조정에 대한 부정적인 생각을 가질 것"으로 예측하고 있다. 그럼에도 불구하고 "회복조정 프로그램을 소개하거나 추천하고 있는 56%의 학교폭력 전담교사들은 사안 처리 과정에서 피해자와 가해자 간의 관계회복이 매우 중요하다고 인식하고 있으며, 센터를 인지하고 있는 응답자들 중 약 63%는 회복조정사업이 필요하다."고 인식하고 있다. 이에 학교폭력 근절에서 회복적 정의 관점을 적용하기 위해서는 무엇보다 학교폭력 사안 처리 과정에서 피해자와 가해자 간의 관계회복이 중요하다는 점을 인식하도록 하는 것이 필요하다(이진숙, 2021).

회복적 정의의 관점은 무관용주의에 비해 학교폭력 대응에 있어 훨씬 피해자 중심적이며, 또한 관계 회복에 목표를 둔다는 점에서 높이 평가될 수 있다. 하지만 이론적 한계가 없는 것은 아니다. 폭력을 갈등관계의 표현으로 보는 것은 상당히 추상적인 폭력규정이라고 하지 않을 수 없다. 상호관계에서 일어나는 갈등의 성격이 무엇인지, 갈등을 일으키는 원천적 원인이 무엇인지를 이론적으로 규명하기에는 한계가 있다. 예를 들어, 갈등이 희소가치인 권력과 명예, 금전을 획득하기 위한 경쟁에서 비롯되는 것인지 아니면 다른 무엇에서 비롯되는지 알기 어렵다.

Chapter 14

상호주관적 인정관계

앞서 Part 2에서 인정이론적 관점은 학교폭력 정의를 어떻게 가해자 중심에서 피해자 중심으로 이동시키게 되는지를 살펴보았다. 인정이론적 관점에서 폭력은 개인의 "정체성 훼손" 현상이라고 정의되었다(문성훈, 2010). 이는 개인의 정체성이 상호주관적 인정이라는 경험 속에서 형성된다는 미드(Mead)의 사회심리학적 관점을 근거로 한 것이다(Honneth, 2012). 즉, 폭력은 타자로부터 인정경험이 훼손당하는 현상으로, 개인의 신체적 불가침성, 권리 또는 사회적 가치가 무시되고 침해당함으로써 자기 정체성이 훼손되는 현상이다.

신체적 훼손, 권리 침해, 가치 부여 박탈에 따라 자신의 정체성이 훼손될 때 사람들은 어떻게 반응하고 행동하는가? 대체적으로 사람들은 자기 자신을 지키기 위해 저항을 하게 된다. 이를 호네트(Honneth)는 '인정투쟁'이라고 부른다. 여기서 말하는 인정투쟁은 단순히 자기의 물질적 이익을 위한 투쟁이 아니다. 폭력은 긍정적인 자기 정체성에 대한 부정이기 때문에 인정투쟁은 부정당했던 자기 정체성을 되찾는 과정이다. 그렇기에 인정투쟁은 "단순히 심리학적 공격적 행동도, 자신의 밥그릇을 지키기 위한 이기적 행동도 아닌 약화된 자기 존중에 반응하는 일종의 자기 치유이며 동시에 무시라는 폭력을 휘두르는 사회를 치유하는 도덕적 행동이다"(노명우, 2011). 이 치유의 과정이 인정투쟁의 과정이며, 그런 한에서 인정투쟁은 도덕적 정당성을 갖는다. 이런 점에서 호네트의 인정투쟁모델은 단지 사회적 투쟁의 등장에 대한 설명 틀이 아니라 도덕적 자기 형성 과정, 또는 정체성 형성에 대한 해석 틀이라는 평가를 받는다(문성훈, 2010).

인정이론은 학교폭력 정의와 관련해서만 의미가 있는 것은 아니다. 무관용주의의 대안으로 부상한 회복적 정의의 패러다임에 대해서 앞서 이야기했지만, 회복적 정의가 학교폭력의 해결에서 중요한 점들을 놓치고 있다는 점은 언급하지 않았다. 여기서는 그것이 무엇인지 살펴보면서 회복적 정의를 상호주관적 인정관계의 차원으로 발전시키기 위해 어떻게 이론적으로 보완되어야 하는지를 논하고자 한다. 이를 위해 먼저 인정관계를 중시하는 인정이론이 무엇인지를 살펴보려고 한다.[27)]

타자와의 상호주관적 인정관계

인간의 투쟁은 이해관계 때문에 일어나는가, 또는 인간의 존엄성과 가치를 정당하게 인정받기 위한 것인가? 이 문제를 사상사적 맥락 속에서 새롭게 이해할 수 있도록 하는 이론이 인정투쟁이론이다. 인정투쟁이론은, 인간이 사회생활 속에서 타자로부터 인정을 추구하고, 그것을 통해 자존감을 획득하며 자기실현을 이룩한다는 것이며, 자존감이 훼손되었을 때는 투쟁을 통해 인정을 획득하고자 한다는 것이다. 이것이 독일철학자 호네트(Honneth, 2012)가 주장하는 인정투쟁의 요지이다.

호네트의 인정투쟁 개념 자체는 그의 독창적인 개념은 아니다. 인정투쟁이라는 개념은 헤겔(Hegel) 철학으로부터 나온 것이다. 하지만 그렇다고 헤겔의 사변적 인정 개념에 머문 것은 아니다. 호네트는 헤겔의 인정투쟁 모델을 미드(Mead)의 사회심리학, 하버마스(Habermas)의 의사소통윤리학, 위니캇(Winnicott)의 대상관계심리학과 결합시켜 헤겔의 인정투쟁이론을 현대화하였다(Honneth, 2012).

헤겔의 인정투쟁이론은 근대사회의 '만인에 대한 만인의 투쟁상태'를 이론적 출발점으로 삼은 것이며, 이러한 투쟁상태, 즉 적대적 경쟁상태를 종식시키기 위한 사회철학적인 해법이라고 할 수 있다. 헤겔은 적대적 상호투쟁상태를 극복하기 위해, 홉스(Hobbes)의 자연상태라는 사회존재론적 가정을 넘어서서 사회적 삶이라는 차원을 사회존재론적 가정에 추가한다(문성훈, 2012). 그리고 사회적 삶에서 가장 핵심적인 것으로 '상호주관적 인정관계'가 제시된다. 헤겔은 이렇게 표현한다. "인간 자체는 인정행위로서의 운동이며, 이러한 운동이 바로 인간의 자연상태를 극복한다.

즉, 인간은 인정행위이다."(Honneth, 2012: 97)

여기서 헤겔은 '자연상태'가 무엇인지를 새롭게 해석한다(문성훈, 2012). 그것은 소유물 획득을 둘러싼 투쟁은 다름이 아니라 인정을 위한 투쟁으로 해석한다. 인정투쟁이라 함은, 물질적인 욕구를 충족하기 위한 것이 아니라, 타자에게 "자신을 인식시키기 위함"이다(Honneth, 2012: 100). 우리의 일상적인 경험에 비추어 본다면, 대인관계에서 자신이 모욕당할 때나, 또는 자신의 존재감이 무시당할 때는 자신을 인식시키려는 노력을 하게 된다는 점에 비추어 보면 이해될 수 있는 말이다. 헤겔은 "물질적 소유에서 배제당한 자의 파괴적인 반작용" 역시 자신에 대한 타자의 존중을 다시 회복하기 위한 행위라고 해석한다. 호네트 역시 헤겔의 이러한 전제에 따라 다음과 같이 한 걸음 더 나아간다. "인간이 자신의 개성을 강제 없이 자유롭게 실현하는 방식으로 자신의 능력과 잠재력에 관계할 수 있기 위해서는 인정 경험을 필요로 한다" (Honneth, 2012: 376-377).

오늘날 무한경쟁의 신자유주의 시대에 적대적 경쟁관계, '만인 대 만인의 투쟁', 생존을 위한 투쟁이 자연질서라는 인식이 널리 받아들여지고 있다는 점에서 상호인정관계는 매우 중요한 함의를 지니고 있다. 능력주의도 적대적 경쟁관계가 인간사회의 자연질서라는 전제 위에 서 있다. 능력이 뛰어난 자는 경쟁에서 승자가 되며, 모든 것을 독식하게 되는 것이 자연질서에 부합된다는 의미로 이해되고 있다. 이 맥락 속에서 상호인정관계가 어떤 의미를 지니는지를 볼 필요가 있다. 근대사회의 적대적 상호경쟁

관계, 생존투쟁이라는 '자연상태'를 종식시킬 수 있는 사회적 해법은 다름 아닌 상호인정관계이다. 무엇을 서로 인정하는 관계란 뜻일까? 상대의 인권, 존엄성, 존재 가치를 상호 인정하는 관계이다. 학교폭력의 예를 들어 보자. 따돌림과 괴롭힘도 상호 주관적 인정이 결여된 상태이다. 따돌림과 괴롭힘의 피해자는 다른 학생 관계에서 인정을 받지 못한 상태, 즉 인정이 결여된 상태이다. 일반적으로 사람들은 다음과 같이 많이 생각한다. '타자에게서 또는 또래집단에게 인정을 받든 안 받든 네가 줏대를 세우고, 중심을 잡고 살면 된다. 인정을 안 받으면 어때. 누가 인정을 해 주는 것과 상관없이 네가 초연하게 살아가면 돼.' 물론 이는 학생들에게는 의미 있는 교훈이기는 하다. 누가 무슨 말을 하는가에 너무 민감하게 반응하고, 다른 사람의 말에 쉽게 흔들리는 것은 주체적인 삶을 사는 모습은 아니다. 그것이 중요하지 않다는 말이 아니다. 그런데 아이가 줏대 있게 살아가고, 초연하게 살아가는 데에는 부모나 교사 같은 의미 있는 타자가 그러한 삶의 모습을 지지해 주고 인정해 주는 것이 필요하다는 것이다. 의미 있는 타자의 사랑과 인정을 충분히 경험할 때 아이는 독립적으로 줏대 있게 살아갈 수 있다. 예를 들어, 사람들은 입시경쟁에 대해서는 비판적이면서도 일류대학 출신이 아니면 인정을 해 주지 않는 모순된 모습을 보인다. 일류대학이 아니더라도 자신이 공부하고 싶은 전공분야를 열심히 공부한 졸업생을 인정해 주지는 않으면서 누가 뭐라든 줏대 있게 살라고 말한다면, 학생들은 줏대 있게 살 수 있을까? 줏대 있게 살아가는 데 타자의 사랑과 지지, 인정이 필요

없다고 생각한다면, 이런 생각은 인간이 어떤 존재인가를 도외시하는 것이다.

인간은 고립된 단독자적 존재가 아니다. 하버마스(Habermas, 2006)에 따르면, 인간은 기본적으로 "타인 속에서 자신을 인식함으로써" 자기 인식이 생긴다. 인간은 자기 자신을 대상화하여 인식하는, 단독자적인 고립된 주체가 아니다. 타자의 매개를 통해서 자기 인식이 형성되는 상호주관적 주체이다. 이것을 기본적으로 전제하느냐 안 하느냐에 따라 학교폭력을 이해하거나 해결하는 방식이 달라진다. 내가 어떤 존재인가 하는 것은 타인 속에서 인식하게 되며, 타인을 매개로 하여 '나'라는 주체가 형성된다. 그것을 '상호주관적 주체'라고 한다. 어려운 말인 것 같지만, 잘 생각해 보면, 우리가 이미 알고 있는 말이다. 인간은 사람들과의 관계성 속에서 벗어나서 단독자로서 살아가지 못한다. 인간은 관계 속에서 살아가고, 관계 속에서 인정을 받으며 성장하고 자기실현을 이루게 된다. 아이들이 학교생활 속에서, 또래집단 속에서 인정을 받지 못하고 따돌림을 당하게 되면, 자기가 어떤 사람인가에 대한 정체성이 흔들리게 된다. 내가 아무리 능력이 뛰어나다고 스스로 독립적으로 인식하려 해도 타자, 특히 의미 있는 타자가 인정을 해 주지 않으면, 내가 능력이 뛰어나다는 인식이 생겨나기 어렵다. 타자의 인정을 받는 가운데서 사람은 자존감을 갖게 되고, 성장을 하게 된다. 이것을 기본적으로 전제하고, 학교폭력의 문제, 가해자와 피해자의 관계, 또래집단의 관계를 봐야 한다.

호네트(Honneth, 2012)는 이렇게 말한다. "타인의 인정은 자기와의 긍정적 관계를 맺도록 하는 사회적 조건이다." 인간이 자신에 대해 갖는 믿음, 자신에 대한 존중감은 타자의 영향과 별개로 생겨나는 것이 아니라 타자로부터 인정받는 경험으로부터 생겨난다고 본다. 다시 말해서, 인간은 타자와 긍정적인 상호관계를 맺을 때, 자신과도 긍정적인 관계를 맺게 된다.

예를 들어 생각해 보자. 자신과 긍정적인 관계를 맺고 자기를 존중하는 것을 나타내는 말이 '자기존중감'이다. 그런데 여기서 생각해 봐야 할 것은 자기와의 긍정적인 관계를 맺는 데 무엇이 필요한가 하는 것이다. 그것은 '타인의 인정'이다. 특히 의미 있는 타인의 인정이다. 부모로부터 충분히 인정을 받지 못하고 자란 아이들은 자기존중감이 낮다. 그것은 곧 자기와 긍정적인 관계를 형성하지 못했다는 뜻이다. 자기와 긍정적 관계를 맺지 못한 사람은 타자와도 긍정적인 관계를 맺기 어렵다. 자기와 긍정적인 관계를 맺지 못한 사람이 어떻게 타자와 긍정적인 관계를 가질 수 있겠는가. 타자와 긍정적인 관계를 맺으려면, 반드시 먼저 자기와 긍정적인 관계를 맺어야 한다. 타자를 배려할 수 있으려면 먼저 자기를 배려할 줄 알아야 한다. 이때 자기 배려는 이기적인 태도가 아니라 자신을 긍정적으로 인식하는 것이다. 이것이 타자와 관계를 형성하는 토대가 된다.

로저스(Rogers)의 인본주의 심리학에 따르면, 상담의 제1원칙은 '있는 그대로의 자신을 받아들이는 것'이다. 있는 그대로의 자신을 부정하고, 다른 어떤 자기가 되려고 애쓴다고 해서 다른 자기가 될 수는 없다. 있는 그대로의 자기일 따름이다. 있는 그대로의 자기 자신을 받아들일 때, 치유가 시작되고 변화가 일어난다. 있는 그대로의 자신을 받아들일 수 있는 사람은 어떤 사람인가? 있는 그대로의 자신이 받아들여졌던 경험을 가졌던 사람들이다. 예를 들어, 부모로부터 늘 평가를 받으며, 부정적인 말만 듣고 성장한 아이들은 자신을 있는 그대로 수용하기가 어렵다. 부모로부터 있는 그대로 자기 자신이 인정받고 존중받았던 경험을 풍부하게 가진 아이들은 있는 그대로의 자신을 수용하게 된다. 그것이 자신과의 긍정적인 관계 형성의 토대라고 할 수 있다.

학급집단에서 다른 아이들로부터 인정을 받지 못한 아이들은 자신과의 긍정적인 관계가 허물어지기 시작한다. 우리는 아이들이 학교폭력을 당한다거나 따돌림을 당하면, 아이가 마음에 상처를 받는다거나 고통을 겪는다고 막연하게 표현한다. 상처를 받는다는 것은 무엇인가? 믿었던 타자와의 관계가 허물어지고 또한 자신과의 긍정적 관계가 허물어졌기 때문에 그로부터 고통을 느끼는 것이라고 말할 수 있다.

이렇듯 자기존중감은 타자의 인정과 별개로 생겨나는 것이 아니라, 자신의 존엄성에 대한 타자의 적극적인 인정 속에서 형성된다. 호네트(Honneth, 2012)에 따르면, '자기 믿음'은 자신의 정서적 욕구와 독립성에 대한 의미 있는 타자의 인정과 지지로부터 생겨난다. '자기실현'은 자신의 능력과 개성을 타자로부터 인정받는 경험으로부터 생겨난다. 다시 말해, 인간은 사랑을 경험하고 자기 독립성을 인정받음으로써 자기 믿음을 갖게 되며, 권리를 인정받고 자율성을 누림으로써 자기 존중에 이르며, 자기 가치를 인정받는 경험을 통해 자기실현에 도달한다(Honneth, 2012).

호네트의 인정이론은 많은 설명을 필요로 한다. 특히 권리인정 경험이 개인의 자기존중감을 형성하기 위한 사회적 조건이라는 그의 주장은 다소 생경하게 느껴질 수 있다. 상식적인 개념으로는 자기존중감은 자신의 권리가 아니라 능력과 개성을 사회적으로 인정받을 때 생기는 것이다. 권리인정 경험이 어떻게 자기존중감을 갖도록 하는가? 그에 대한 이론적 해명이 필요한 대목이다. 호네트 주장의 앞뒤 맥락으로 보아 이렇게 해석할 수 있다. 권리란 "사회적 존중의 익명화된 표현"(Honneth, 2012: 230)으로 이해될 수 있다. 자신의 권리를 인정받음으로써 자신의 도덕적 판단과 자율적 행위가 다른 사람으로부터 존중받고 있음을 알게 된다. 즉, 권리를 인정받는다는 것은 자신의 도덕적 판단능력과 개인적 자율성이 존중받는다는 것을 의미하는 것이다. 예를 들어, 학생들이 학교에서 기본적 권리(인권)를 제대로 인정받지 못하는 것은 '어린 학생'은 도덕적 판단 능력이 부족하므로 자율성을 누릴 수 없다는 교원들의 인식이 작용하기 때문이다.

개인의 능력과 개성에 대한 사회적 가치 부여가 '자기실현'의 조건이라는 것에 대해서도 살펴보자. 자기실현이 무엇을 의미하는가는 명시적으로 규정되지는 않았지만, 호네트는 자신의 능력과 잠재력의 실현으로 이해하고 있는 듯하다. 호네트는 이렇게 말하고 있다. "인간이 자신의 개인성을 강제 없이 자유롭게 실현하는 방식으로 자신의 능력과 잠재력에 관계할 수 있기 위해서는 인정 경험이 필요하다"(Honneth, 2012: 376-277). 이 말을 쉽게 이해하기 위해서 매슬로우(A. Maslow)의 욕구위계이론에서 제시하는 '자기실현' 욕구를 떠올리면 된다. 인정이론에서 주장하는 것은, 자기실현에는 사회적 인정경험이 필요하다는 것이다. 매슬로우의 욕구위계이론에서 주목하지 못한 중요한 통찰이다. 그런데 사회적 인정경험이 중요하면 할수록 사회공동체의 가치 지평은 어떠한가가 중요해진다. 사람들의 사회적 가치부여 여부는 '생활세계에서 습득된 가치평가적 지식 획득 과정에서 다룰 줄 알게 된 반응유형'에 달려 있다(Honneth, 2012: 377). 생활세계의 사회화 과정을 통해 어떤 사회평가적 가치 척도를 사람들이 습득하느냐에 따라 각 개인이 가지는 능력과 개개인성에 대한 평가(가치부여)는 달라질 수밖에 없다. 호네트(Honneth, 2012)에 의하면, '가치부여'는 생활세계에서 지각된 가치 있는 속성(인성, 능력 등)에 대한 사회화된 반응모델에 따른 것이다.

여기서 가치부여라는 인정행위가 무엇인가를 생각해 보면 인정행위를 이해하는 데 도움이 된다. 이에 대한 호네트의 이론적 논의를 보면, 지각모델과 부여모델이 있다. 그런데 지각모델에 따르면, 인정행위란 "타인의 가치에 대한 평가 근거와 결합된 습관의 다발"이다. 여기서 보면, 인정행위는 두 가지 요소, 즉 (A) 타인의 가치에 대한 평가 근거, (B) 그것과 결합된 습관의 다발로 구성되어 있다. (A)에서 말하는 평가 근거는 자신의 생활 세계(문화) 속에서 습득한 '가치평가적 지식'에 의거한 것이다. 그래서 호네트는 "인정행위를 수행한다는 것은 사회화 과정을 통해 습득한 가치평가적 지식을 공개적으로 평가하는 것"이라고 한다. (B)에서 말하는 습관의 다발이란 무엇을 의미하는가는 지각모델에서 명확하게 밝히지는 않고 있지만, 그 의미를 듀이가 말한 습관, 혹은 반응체계라고 해석을 한다면, 인정이라는 반응은 (B)의 단계에서 일어나는 것이라고 이해할 수 있다.

(A)와 (B)를 종합해 보면, 가치 있는 속성으로 규정하는 것은 문화 속에서 습득한 가치평가적 지식에 따른 것이라 할 수 있다. 그리고 인정행위는 이것과 결합된 반응의 습관(혹은 습관의 다발)에 의해 나타나는 것이다. 여기서 자연스럽게 하나의 의문이 생긴다. 첫째, 개인의 속성(인성, 능력 등)이 가치가 있다, 없다 할 때, 그 가치는 어떻게 해서 생긴 것인가 하는 것이다. 본래 그 속성이 가치가 있는 것이 아니라, 사회적으로 가치 있다고 지각하는 것뿐이라는 해석이 가능하다. 본래 어떤 속성이 가치가 있다고 보는 관점은 가치실재론의 입장이고, 어떤 속성이 가치 있다, 없다 하는 것은 사회적으로 구성된 것이라고 보는 관점은 사회적 구성주의의 입장이다. 둘째, 습관의 반응체계는 어떻게 생겨난 것인가 하는 것이다. 어떻게 인정반응을 습관적으로 갖게 되었는가 하는 것이다. 이는, 가치를 부여한다는 의미를 규명할 때 우리가 생각해봐야 할 점들이다.

이제, 회복적 정의에 기반한 학교폭력의 해결의 관점에서 놓치고 있는 중요한 점들이 무엇인지를 인정이론에 의거하여 살펴보면서, 회복적 정의를 상호주관적 인정관계의 차원으로 발전시키기 위해 어떻게 실천적으로 보완되어야 하는지를 논하고자 한다.

회복적 정의에서 중시하는 관계 회복이 무엇을 의미하는지는 분명하지 않다. 인정이론의 관점에서 관계 회복은 피해자의 자율적 인격체로서의 권리 회복과 개성적 정체성의 회복 차원에서 접근하는 것이 필요하다. 여기서는 회복적 정의의 관계 회복의 의미를 상호주관적 인정관계의 두 차원에서 보완하고자 한다.

자율적 인격체로서의 권리 회복

모리슨(Morrison, 2006)은 회복적 정의를 학교폭력 해결에 적용할 수 있는 이유를 다음과 같이 설명하고 있다.

> 학교폭력과 회복적 정의는 우연히 잘 들어맞는다. 학교폭력은 힘(power)의 체계적인 남용으로 정의되어 왔다. 그리고 회복적 정의는 사회적 관계에 영향을 주는 힘의 불균형을 변형하고자 하는 시도이다. 지역사회의 지지와 책임성의 메커니즘을 강화함으로써, 그리고 건강한 수치심 관리의 메커니즘을 통해서 회복적 정의는 피해자에게 힘을 부여함으로써 학교폭력 문제를 다루도록 한다(Morrison, 2006: 373).

모리슨(Morrison, 2006)은 학교폭력이 힘의 불균형에서 발생하는 것이기 때문에, 지역사회의 지지와 책임성이 그만큼 학교폭력 해결에 중요한 관건이 된다고 본다. 즉, 지역사회가 가진 힘을 활용하여 학교폭력 피해자의 약함을 보완해 줌으로써 가해자와의 힘의 균형을 유지할 수 있도록 한다는 것이다. 이러한 해결방식은 바람직하지만, 한 가지 전제를 하지 않으면 현실적으로 요원한 해결방식이다. 즉, 지역공동체가 피해자의 권리를 보호해야 한다는 규범에 동의하고 그 규범에 의해 적극적으로 학교폭력 문제를 해결하려는 참여의지를 가지고 있다는 전제이다. 인정이론의 관점에서 볼 때 지역공동체가 어떠한 인정규범을 수용하는지가 중요하기 때문에, 지역공동체의 인정규범 자체에 관심을 기울이지 않으면 안 된다.

그리고 피해자에게 힘을 부여해 주는 것은 매우 중요하지만, 그것의 의미는 분명하지 않다. 가해자와 맞설 수 있는 물리적 · 심리적 힘을 공동체가 보태 준다는 뜻인가? 그것은 아니다. 피해자에게 힘을 부여한다는 것은 피해자의 스토리텔링을 가해자가 경청함으로써 피해자의 힘을 회복시켜 준다는 뜻이다(Morrison, 2006). 이 말의 전체 맥락은 이렇다. 회복적 정의에서 용서와 화해, 수치심 인정이 관계 회복에 필수적이며, 학교폭력을 줄이는 주요 요인이다(Ahmed & Braithwaite, 2006). 그리고 용서와 화해의 방법으로 피해자의 '스토리텔링'(인생사의 내러티브적 재구성)에 대한 가해자의 경청이 중요하다(Morrison, 2006). 여기서 보면, 피해자에게 관심을 가지고 피해자의 말에 귀를 기울이며 경청하는 것 자체가 피해자의 힘을 회복시켜 준다는 것이다.

하지만 회복적 정의에서 말하는 '힘의 회복'이 구체적으로 무엇을 의미하는지는 밝히지 못하고 있다. 그것을 밝히려면 상호인정관계라는 규범적 토대가 필요하다. 인정이론의 관점에서 보면, 피해자의 권리 또는 개성에 대한 가해자의 인정과 존중으로부터 피해자의 '힘의 회복'이 생겨나며, 이때 회복되는 '힘'은 피해자의 자기 믿음과 자기존중감이다. 따라서 인정이론의 관점에서 볼 때, 경청은 단순히 피해자의 스토리에 귀를 기울인다는 뜻을 넘어서서 자율적 인격체의 권리와 개성에 대한 적극적인 존중의 표시가 되어야 하며, 그것이 피해자의 힘의 회복을 가져오는 것이다.

또한 회복적 정의에서는 '수치심'이 문제해결의 열쇠로 간주되고 있는데, 수치심은 학교폭력 가해자가 느껴야 하는 감정을 의미한다. 가해자가 자신의 가해 행동에 대해 수치심을 자각하고 인정할 수 있을 때, 학교폭력이 재발되지 않는다. 가해자가 수치심의 감정을 어떻게 느낄 수 있도록 하는가에 대한 방법의 문제와는 별개로 회복적 정의는 피해자가 느끼는 감정, 즉 분노심과 모욕감에 대해서는 특별히 이론적 관심을 보이지 않고 있다. 하지만 학교폭력 해결에 있어 가해자의 수치심이 중요할 뿐만 아니라 피해자의 감정 또한 중요하게 다뤄져야 한다. 단순히 상처받은 감정이 치유되어야 한다는 측면에서가 아니라, 피해자의 감정은 부당한 인정관계를 용납하지 않는 인정투쟁의 중요한 도덕적 요소가 된다는 측면에서 그러하다.

회복적 정의를 학교폭력에 적용하는 일련의 연구를 보면, 회복적 정의에서 말하는 '관계' 회복이 무엇을 의미하는지에 특별한 관심을 보이지 않고 있다. 예를 들어, 모리슨(Morrison, 2006)은 존중받는 느낌, 상호 연결된 느낌이 자기가치감에서 가장 본질적인 것이라는 말을 하고 있다. 그런데 존중받아야 할 것이 무엇인지, 상호연계성이 무엇을 의미하는지, 명료하게 규정을 하지 못하고 있다. 상호인정관계를 규범적 토대로 두고 있지 않기 때문이다.

무엇보다 회복적 정의는 피해자의 피해 회복과 상호관계의 회복을 목표로 하고 있음에도 회복의 의미를 명료하게 밝히지 못하고 있다. 피해 '회복'이란 말을 쓸 때는 무엇이 손상되었음을 전제하는 것이고, 따라서 무엇이 회복되어야 하는가가 명료해야 한다. 예를 들어, 피해자의 이익이 침해를 당했다면, 이익이라는 측면에서 보상이 이루어지는 것이 회복이다. 만일 관계성의 회복을 염두에 둔다면, 학교폭력에 의해 손상된 어떤 관계성을 회복해야 하는지가 확실해야 한다. 그 관계성이 단순히 학교폭력 발생 이전의 상태인지, 아니면 보다 동등한 상호인정관계인지가 분명해야 한다. 이 모호함을 해결하기 위해서는 상호인정관계라는 규범적 토대 위에서 접근하는 것이 필요하다.

그리고 회복적 정의는 학교폭력을 일으키는 갈등의 원인에 대해서 밝혀 주는 바가 없다. 인정이론적 관점에서 보면, 가해자와 피해자 간에 갈등이 일어나는 이유는 피해자에 대한 인정의 무시에 있으며, 동시에 가해자 자신에 대한 부당한 인정의 요구에 있다. 즉, 정당한 인정규범에 의거한 인정이 아니라, 가해자 자신의 과도한 지배력을 인정하도록 강요하기 때문에 갈등이 일어난다. 여기서 정당한 인정규범이란 힘의 역학관계를 인정하고 순종하는 규범을 말하는 것이 아니라 기본적 권리와 개성의 사회적 가치를 인정하는 규범을 말한다. 힘이 없는 자의 권리와 개성의 가치가 부정된다면, 그것은 정당한 인정질서의 파괴라 할 수 있다.

우리 사회 속에서 강자와 약자, 부자와 가난한 자 간에 기본적 권리와 개성이 평등하게 인정받지 못하는 것이 엄연한 현실이다. 오히려 차별이 있는 것이 당연하다고 주장되기도 한다. 그런데 이러한 차별 논리를 따르면, 학교공동체에서도 힘 없는 아이는 권리와 개성의 가치를 평등하게 인정받지 못하고, 차별받고 무시당하는 것은 당연한 일이 될 수밖에 없다. 사회에서는 차별과 무시가 용납되고, 학교공동체에서는 차별과 무시가 폭력으로 규정된다면, 학생들은 인지적 부조화를 겪을 수밖에 없다.

요컨대, 회복적 정의는 피해자와 가해자 간의 인정관계 회복과 사회공동체 전체의 인정관계 회복의 차원에까지 나아가지 못하는 한계를 지니고 있다. 그러기 때문에 가해자와 피해자의 관계 회복, 공동체의 참여와 회복을 이상적으로 말하고 있기는 하지만, 회복의 궁극적 지점이 무엇인지, 학교공동체와 지역공동체 자체는 어떻게 달라져야 하는지 그 비전을 보여 주지 못하고 있다. 따라서 인정관계 회복을 위해 학교공동체뿐만 아니라 사회공동체가 어떻게 달라져야 하는가에 관심을 가지고 그것을 구체화하는 고민이 필요하다.

인정이론의 관점에서 볼 때 학교폭력 해결의 목표점은 분명하다. 그것은 인정관계의 회복이다. 사회공동체에서 인정관계 회복이라 함은 권력과 부의 위세를 가진 자와 못가진 자 간의 차별적 관계성을 극복하고 인간으로서 가지는 기본적 권리와 고유한 개성이 존중되는 상태로 돌아감을 의미한다. 학교공동체 관계성의 경우도 마찬가지이다. 학교공동체에 '계급'이 존재하고, 차별적 관계 속에서 차별과 무시, 따돌림이 일어난다면 그것을 극복하고, 인권과 고유한 개성이 존중되도록 할 때 학교폭력이 해결되었다고 할 수 있다. 단순히 무시와 따돌림이 외형상으로 더 일어나지 않는다는 것만으로는 부족하다.

학교공동체 안에서 최근 학생의 권리 측면에서 인정관계를 회복하고자 하는 시도를 찾아 볼 수 있다. 학생인권조례가 그 좋은 예이다. 학생인권조례에 대해서 비판과 반대가 없지 않지만, 권리에 대한 상호인정관계의 회복의 중요성을 과소평가할 수 없다. 권리에 대한 상호인정관계가 회복된다면, 학교폭력이 많이 감소될 수 있으리라는 기대도 논리상 맞는 이야기이다. 학교폭력의 상당부부분이 상대의 권리를 존중하지 않고 무시하는 데서 일어나기 때문이다.

하지만 학생인권조례와 인권교육은 현실적으로 공동체 안에서 권리와 고유한 개개인성의 가치에 대한 상호인정관계라는 폭넓은 비전을 제시하지는 못하고 있다. 인권조례 내용이 상당부분 생활지도 영역에 한정되어 있고, 권리가 두발용모 자유, 표현의 자유로 그 의미가 축소되고 있다. 이것도 중요하지만, 권리와 개성의 인정과 존중은 단지 교사의 생활지도 측면에서뿐만 아니라 학교교육 전반에서 이루어져야 한다. 학생인권은 자율적 인격체로서 학생의 권리를 인정할 뿐만 아니라 다양한 능력과 개성의 가치를 인정하는 차원까지 나아가야 한다.

피해자의 개성적 정체성 회복

회복적 정의의 관점에서는 학교폭력을 학생들 간의 갈등의 문제로 본다. 그런데 갈등문제가 자율적 인격체로서 가지는 인권의 침해에서 비롯된 것인지 또는 사회적 가치와 개성의 훼손에서 비롯되는 것인지는 불분명하다. 학생들 간의 갈등관계의 성격이 무엇인지 규명할 수 있는 이론적 틀이 부재하기 때문이다. 갈등관계의 성격이 무엇인지 확인되어야 관계 회복의 지향점이 확실해진다는 점에서 관계 회복을 위한 노력에 앞서 갈등관계에 대한 이해가 선행되어야 한다.

이것은 단순히 이론적 차원의 문제가 아니다. 실제 학생들의 관계 회복에 회복적 정의를 적용하는 경우에 생겨나는 실천적 문제이다. 즉, 갈등관계의 회복의 목표가 훼손된 권리 회복인지, 또는 훼손된 개성적 정체성의 회복인지가 분명하게 제시되기 어렵다.

이 문제는 비단 회복적 정의에만 해당되는 것은 아니다. 학교의 일반적인 학교폭력 대처방식에도 해당된다. 「학교폭력예방법」에 규정된 학교폭력 유형에 따르면, 학생들의 학교폭력 사례가 인권침해 유형인지 또는 정체성 훼손인지를 구분하기 어렵다. 법령상의 학교폭력 유형화는 어떤 것들이 학교폭력인지를 제시하는 데 주안점이 있을 뿐, 그것이 갈등관계의 본질을 밝히고 관계 회복을 염두에 둔 것은 아니다.

따라서 인정관계 회복 차원의 해결책을 마련하기 위해서는 먼저 학교폭력 유형을 인정관계 훼손이라는 관점에서 재유형화하는 작업이 필요하다. 정부의 공식적인 학교폭력 유형 분류를 보면, 신체적 폭력, 금품 갈취, 괴롭힘, 집단따돌림, 언어폭력, 위협이나 협박, 성적 추행, 사이버 폭력 등이 있다. 그런데 엄격하게 보면, 이런 유형 분류는 상당히 임의적이다. 폭력의 형태와 폭력의 목적이 뒤섞여 있기 때문이다. 즉, 신체적 폭력은 물리적 폭력이며, 괴롭힘, 집단따돌림, 언어폭력, 위협과 협박 등은 심리적 폭력의 형태이며, 금품 갈취는 폭력의 형태가 아니라 폭력의 목적이다. 금품 갈취를 위해 물리적 폭력을 사용할 수 있으며, 위협과 협박의 수단을 사용할 수 있다. 사이버 폭력은 폭력이 일어나는 공간을 나타내며, 사이버 공간 안에서 언어폭력, 위협과 협박의 폭력이 이루어질 수 있다. 그러기 때문에 언어폭력, 위협과 협박, 사이버 폭력 등으로 학교폭력을 병렬적으로 유형화하는 것은 적절하지 않다.

인정 유형과 관련하여 살펴보면, 신체적 폭력은 신체적 불가침성의 침해로 볼 수 있다. 그런데 심리적 폭력은 권리인격체로서의 자아정체성의 훼손인지, 아니면 개성적 자아정체성의 훼손인지 연관시키기가 쉽지 않다. 집단따돌림은 개성적 자아정체성의 침해에 해당되며, 언어폭력, 위협과 협박, 괴롭힘 등은 권리로 보장된 자율적 인격체로서의 자아정체성 침해에 해당되는가? 이에 대해 대답하기 위해서는 학교폭력 사례별로 하나하나 그 내용을 자세히 분석하는 것이 필요하다.

학교폭력의 내용을 구체적으로 분석한 연구물이 있어야 어떤 학교폭력 유형이 어떤 인정관계를 훼손하는지를 알 수 있다. 이와 관련된 질적 연구들이 별로 이루어지지 않아 어려움이 있지만, 학급 내 언어폭력을 분석한 연구(박미애, 2003)를 참고해 볼 수 있다. 언어폭력의 내용을 보면, 성격에 대한 공격, 능력에 대한 공격, 배경에 대한 공격, 외모와 스타일에 대한 공격(조롱, 욕설) 등이 있다. 이런 내용의 언어폭력은 개성적 존재로서의 정체성 훼손으로 분류될 수 있다.

예를 들어, "니가 인간인가?" "니는 옷이 아깝다." "니 보면 재수 없다."는 욕설은 존재가치에 대한 부정이라고 볼 수 있다. "너 성장이 멈췄냐?" "콩만한 것이" "너는 키가 안 크고 음모만 자라나?"는 키에 대한 조롱, "돼지 새끼야 그만 처 먹어라." "니 살 뜯어 먹어라."는 몸의 비만에 대한 조롱, "눈 좀 떠라." "니 코 들창코네?"는 눈과 코에 대한 조롱, "니 고향이 아프리카제?" "니는 얼굴 고치려면 돈 진짜 많이 들겠다."는 피부색과 얼굴에 대한 조롱, "게이 새끼" "변태 새끼"는 성정체성 훼손, (성적표 나왔을 때) "나가 죽어라." "니 머리 돌이가?" "대뇌 없는 놈아."는 능력에 대한 조롱 등이다.

한편, 집단따돌림은 어떤 유형의 인정관계를 훼손한 것인지 생각해 보자. 집단따돌림을 보면, 두 가지 형태로 분류될 수 있다. 한 가지 형태는, 학급의 힘 있는 '짱'에 의해 주도되는 집단따돌림이다. 집단따돌림에 대한 연구(윤주영, 2002)를 보면, 힘 센 아이가 주동자가 되어 특정 학생을 괴롭히면서 다른 학생들로 하여금 그 학생을 따돌리도록 만드는 경우가 있다. 두 번째 따돌림 형태는 학급 전체적으로 일어나는 집단따돌림이다. 이때 따돌림은 어떤 성격 특성을 바람직하지 않은 것으로 인식하는 스키마(도식분류)에 의거하여 상대에 대해 부정적인 인상을 형성하고, 상대방의 존재 자체를 무시하고 차별하는 행위이다.

다양한 집단따돌림 형태 중 두 번째 형태를 살펴보자. 학급집단 안에서 흔히 일어나는 따돌림이기 때문이다. 예를 들어, "거짓말을 밥 먹듯이 하고, 말만 한 다음에 지키지도 않으며, 허풍이 너무 심한 애"에 대한 따돌림 사례가 있다(윤주영, 2002 참고). 따돌림을 당하는 학생의 입장에서가 아니라 학급아이들의 입장에서 관찰한 경우이다. 이 사례는 '왕따학생'에게는 '왕따'를 당할 만한 잘못이 있다고 생각하는 경우이다. 이 경우 학급아이들은 왕따에 대해서 별다른 문제의식이나 갈등을 느끼지 못한다. 이런 사례는 어떻게 해석해야 할까? 학급학생들의 관찰에 따른 기술에 의하면, 왕따학생에 대한 집단적 배척과 낙인은 상호 인정될 수 있는 고유한 개성이나 속성에 대한 것이 아니라 "애들 마음에 안 드는 짓을 하는 행동적 특성"에 대한 배척이고 낙인인 것 같다. 이러한 문제는 인정이론적 틀 속에서는 어떻게 풀어야 할까?

피해자가 애들 마음에 안 드는 짓을 하는 것과 가해자의 왕따는 별개의 일이다. 마치 인과관계처럼 오인하는 경우들이 있는데 그렇지 않다. "왕따를 당하는 아이의 특성, 그것이 따돌림 반응의 원인이었고, 반응은 그것의 결과라고 해석하는 것은 잘못된 것이다."(김천기, 2020: 45) 따돌림은 '자극(원인)－반응(결과)' 식으로 나타나는 것이 아니라 가해학생의 습관화된 행동의 경향성에서 발생하는 것이다. 피해학생에게 설령 바람직하지 못한 특성이 있다고 해도 모든 학생이 따돌림의 반응을 보이는 것은 아니다. 그러한 반응의 방식은 친구나 선배, 이 사회 속에서 보고 학습한 것이다(김천기, 2020).

인정이론의 관점에서 보면, 학교공동체 속에서 학생들이 상호관계에서 어떻게 행동해야 하는가는 상대의 특성(능력과 개성 등)에 의해 규정되는 것이 아니라, 공동체의 상호인정 규범에 의해 규정되는 것이다. 예를 들어, 인정규범이 결여된 능력주의 사회에서는 '너는 능력이 없으니 무시당하고 차별을 당해도 싸다.' '억울하면 출세해라.'며 차별하는 사람의 행동을 문제 삼는 것이 아니라, 차별당하는 사람을 탓한다. 이러한 능력주의적 태도가 공정한 것으로 인식되기도 한다. 그러나 능력주의적 태도가 보편타당한 것은 아니다. 인정이론의 관점에서 보면, 공동체 구성원의 관계성은 상호인정 규범에 의해 규정되어야 하며, 무시와 차별을 당연시하는 것은 공동체에 상호인정 규범이 결여되어 있다는 것을 보여줄 따름이다.

마찬가지로 학교폭력에 대해서도 학교공동체의 규범이 어떠한가가 중요하다. 단순히 '폭력을 쓰는 것은 안 된다.' '폭력은 범죄다.'라는 금지규범으로는 부족하다. 학생들이 어떻게 해야 하는가를 보여 주는 규범이 필요하다. 그 규범이 상호인정 규범이다. 학교공동체에 상호인정 규범의식이 없으므로, 상대방의 특성에 따라 왕따를 해도 된다는 생각을 하게 되는 것이다. 상호인정 규범이 결여된 조건하에서 공감능력과 자기효능감 향상의 방법에 의지하여 방관자를 방어자로 키우는 프로그램 교육은 한계가 있을 수밖에 없다.

앞서 든 예를 다시 보자면, "변태 새끼" (성적표 나왔을 때) "나가 죽어라." "니 머리 돌이가?" "대뇌 없는 놈아" 등은 성 정체성과 능력에 대한 조롱으로 개성적 정체성을 훼손하는 폭력이다. 이런 폭력을 당하지 않으려면, 피해자가 '변태' 행동을 바꾸면 되고, 공부를 잘해서 능력을 보이면 된다는 그릇된 의식이 대부분의 방관자들에게 들어 있다. '변태'라든가 '머리가 돌'이라는 비하는 상대방의 특성 때문에 나오는 반응이 아니라, 인정규범을 따라 어떻게 말하고 행동해야 하는가를 모르기 때문에 나오는 것이다.

따라서 학교가 따돌림과 언어폭력 등을 없애려면, 학생들이 어떻게 반응하고 행동해야 하는가를 보여 주는 학교공동체의 인정규범의 실천이 중요하다. 그러나 현재 학교에는 오로지 성적만을 가치 있는 것으로 인정하는 가치 척도만이 존재하며, 이에 따라 학생을 성적에 따라 무시하고 차별하는 일이 아무렇지도 않은 것처럼 일어난다.[28] 학교공동체 구성원들이 지켜야 할 인정규범의 중요성을 충분히 인지하지 못하고 있고, 구성원들의 상호관계가 인정규범의 구속을 받지 못하기 때문에 일어나는 일이다.

개성적 정체성의 회복을 위해서는 사회공동체의 가치 인정 척도와 학교공동체의 교육방식의 변화가 수반되어야 한다. 교육방식의 예를 들자면, 성적만을 중시하는 입시교육의 틀을 벗어나 다양한 능력과 개성을 인정하고, 다양한 방식의 자기실현을 촉진하는 교육으로 바뀌어야 한다. 입시경쟁교육의 목적을 위해 학생의 권리를 유보하고, 입시와 무관한 능력과 개성은 무시하는 사회적 분위기 또한 바뀌어야 한다. 이러한 당위적 주장은 수없이 반복되어 왔기 때문에 무력하게 느껴지지만, 학교폭력의 근본적인 해결에 있어 다양한 능력과 개성, 사회적 존재 가치의 인정이 왜 중요한지를 인정이론의 맥락에서 새롭게 생각해 볼 필요가 있다.

현재와 같이 성적 중심의 획일화된 인정관계질서에 따라 입시경쟁교육에 매달리도록 한다면, 그것은 개성적 정체성을 훼손하는 학교폭력에 힘을 보태 주는 것이나 다름없다. 모든 학생이 자신의 기본적 권리와 정서적 욕구, 그리고 개성의 가치를 인정받을 수 있어야 하며, 그것을 토대로 다양한 방식의 자기실현이 가능한 교육시스템이 되어야 한다. 입시경쟁교육이 사회적 인정을 획득하기 위한 투쟁인 것과 마찬가지로 경쟁에서 뒤처진 아이들도 그 고유한 능력과 개성이 인정받을 수 있도록 현실을 바꾸어 나가는 것, 그것도 정당한 인정투쟁이다.

그리고 학교폭력예방프로그램은 현재와 같이 단순히 학교폭력 유형에 따라 개발되는 방식이 아니라 각각의 학교폭력 유형에 대응하는 상호인정형식을 담는 방식으로 개발되어야 한다. 이를 위해 반드시 새로운 프로그램들을 만들어 내야 하는 것은 아니며, 기존의 다양한 예방프로그램을 활용할 수 있다. 예를 들어, 공감기반프로그램(이은희, 이효자, 2014), 배려증진프로그램(양미진, 김은영, 이상희, 2008), 공감, 의사소통, 감정조절, 자기존중감, 갈등해결 등의 역량 향상을 위한 국가수준의 '어울림 학교폭력예방프로그램'(한국청소년정책연구원, 2018) 등을 상호주관적 인정관계 형성이라는 목적에 따라 재구성하는 것이다.

이를 위해서 먼저 기존의 많은 프로그램이 어떤 목적을 위한 것인지, 즉 학생들의 권리인정 경험 또는 능력과 개성인정 경험을 증대시키기 위한 것인지 분석하는 것이 필요하다. 특히 성공사례 프로그램으로 알려진 것들을 중심으로 분석함으로써 그 목표와 내용, 실효성을 인정이론적 관점에서 분석해 볼 수 있다. 성공사례의 프로그램이 권리인정과 개성인정, 정서적 욕구인정을 목표로 하고 있지 않으면서도 학교폭력을 줄인 성공사례라고 한다면, 그것에 대해서 의문을 가지고 탐구할 필요가 있다. 실제 어떠한 효과가 있었는지, 어떤 내용으로 어떻게 운영되었는지를 상세히 분석하는 것이 중요하다.

학교폭력,
그 새로운
이야기

후주

1 고은우 외(2009). 이선생의 학교폭력 평정기. 서울: 양철북. 이 책의 1장 '평화의 신은 없다' 참고.

2 한겨레신문(2012. 7. 30.). "폭력은 인정받고 싶은 욕망 때문에 생겨". 현장교사의 인터뷰 내용 참고.

3 한겨레신문(2012. 7. 30.). "폭력은 인정받고 싶은 욕망 때문에 생겨". 현장교사의 인터뷰 내용 참고.

4 시사IN(2021. 7. 8.). "학교폭력의 상처, 교실에서 낫게 할 수 있다". 여기서는 학교폭력 해결의 궁극적 목표로 '좋은 관계 속에서 성장'을 제시하고 있다.

5 Part 1의 Chapter 2 내용 참고.

6 이하 내용은 정민승(2013)의 논문을 이 책의 주제에 맞게 재구성한 것이다. 정빈승의 (드라마) 분석은 문제학생을 미화하는 것이 아니냐는 규범주의적 비판이 제기될 수 있으나 이 분석이 현상학적 통찰을 보여 주고 있다는 점에서 높이 평가받을 만하다.

7 https://unesco.or.kr/data/unesco_news/view/729/437/page/0

8 교실붕괴 담론은 왜 유령처럼 사라졌을까? 한국의 학교상황을 '교실붕괴'라는 이름으로 부르기 시작한 것은 1999년 조선일보 기사에서 비롯

되었다. 일련의 연속된 조선일보의 기사는 학교교육의 문제를 지적하는 데 그치지 않고, "그 원인을 스스로 분석하고 그 대안을 제시하는 데에까지 나아감으로써 20세기를 넘어 21세기 새로운 교육담론을 신자유주의적으로 헤게모니화하는 데에 큰 역할"을 하였다(서덕희, 2013: 82). 조선일보의 교실붕괴 담론은 교실붕괴의 원인을 평준화제도와 열린교육 등에서 찾으며, 그 대안으로 신자유주의적 교육을 공론화하는 데에 초점이 있었다는 것이다.

또 다른 연구(강진숙, 2006)에 따르면, 평준화제도와 열린교육을 못마땅하게 생각한 보수적 집단이 다분히 의도적으로 교육붕괴 담론을 공론화함으로써 자신들이 원하는 교육체제를 만들어가는 데 활용하였다(강진숙, 2006). 물론 교실에서 교사가 학생을 통제하기 어렵다거나, 교사와 학생의 상호작용의 어려움의 현상이 없다는 것이 아니다. 다만, 그러한 현상을 건물붕괴를 떠올리게 하는 '교실붕괴'라는 상징어를 사용하여, 교육이 붕괴되고 있고, 위기에 있음을 상상하게 함으로써 보수집단이 원하는 방향으로 교육을 개혁하려는 의도가 있지 않았나 하는 것이다(강진숙, 2006).

조선일보의 교실붕괴 관점과 달리 교실붕괴를 부정적으로만 보지 않는 관점도 있다. 예를 들어, 한겨레신문의 기사에서는 학급붕괴가 기존의 획일적인 교육체제의 붕괴를 의미하며, 또한 수업에 모범적으로 참여하는 학생의 모습이 바람직한 학생상이 아니며, '생각 있는 주체'가 새로운 시대의 학생상이라고 보기도 한다(강진숙, 2006). 한겨레신문 기사의 관점대로, 만일 교실붕괴 현상이 획일적인 교육체제의 붕괴의 징조였다면, 혁신학교는 교실붕괴 현상을 해결하기 위한 과정에서 생겨난 것으로 볼 수도 있다.

9 이하 관계형과 외톨이형 따돌림의 예를 보여 주는 인터뷰 내용은 모두 이지영 외(2016)에서 인용한 것이다.

10 피해자의 특성 중 바람직하지 못한 것이 있는데, 그것마저도 고칠 필요

가 없다고 말하는 것은 아니다. 그것과 따돌림 가해행위는 아무런 인과 관계가 없다는 것을 말하는 것이다.

11 학교폭력 가해자는 고립된 학생이 아니라 상당수의 학생으로부터 친구로서 지명을 받고 있다(김경년, 2021). “이는 마치 투표에서 다수의 동의를 통하여(즉, 인기가 있어) 공권력의 폭력을 행사하는 것과 같이 지배성은 인기를 매개로 하여 폭력으로 표출된다. 힘으로 제압하는 학생들이 인기가 있는 중학교 시기에 매우 인기 있는 학생들의 폭력적인 행동은 또래들의 인정에 의한 보상, 즉 인기에 의해 강화되고 이러한 측면에서 가해자는 폭력 행동을 정당화한다.”(김경년, 2021: 22)

12 게다가 심층면담임에도 불구하고, 가정요인이 더 깊이 있게 다 드러나지는 않았기 때문에, 이 연구에서 제시한 요인이 가정요인의 전부라고 보기는 어렵다.

13 애그뉴(Agnew)의 일반긴장이론(general strain theory)에 따르면, 청소년들은 긴장요인으로 인해 부정적 감정을 경험하기 때문에 비행을 저지른다고 본다. 즉, 그들은 여러 긴장요인으로 화, 우울감, 절망감 등 부정적 감정을 경험하게 되며, 그러한 부정적 감정을 해소하기 위해 비행을 저지른다는 것이다(Agnew, 1992). 비행의 원인이 되는 긴장의 원천은, 첫째, 목표달성의 실패, 둘째, 긍정적 자극의 소멸, 셋째, 부정적 자극의 발생이다. 목표달성의 실패는 열망과 기대 간의 격차, 기대와 실제 성취 사이의 격차, 그리고 공정하지 못한 결과, 이렇게 세 가지 범주로 다시 세분화된다(문병욱, 신동준, 2008).

14 사회통제이론(또는 사회유대이론)은 “왜 청소년들은 각종 비행을 저지르지 않는가?”라는 관점에서 출발하는 반면 사회학습이론은 “왜 일부 청소년들은 비행을 저지르는가?”로 시작한다. 사회유대이론에 따르면 대부분의 청소년은 비행을 저지를 수밖에 없지만 청소년이 비행을 저지르지 않는 이유는 사회적 유대와 통제가 강하기 때문이라고 주장한다. 즉, 청소년들은 비행의 유혹에서 벗어날 수 없지만 비행을 저지르

지 않는 이유는 그를 둘러싼 주위 환경이 비행을 저지르지 못하도록 통제하기 때문이라는 것이다. 반대로 사회학습이론을 비롯한 거의 대부분의 비행이론은 비행을 저지르는 청소년의 개인적 · 사회환경적 요인에 주목한다. 즉, 대부분의 청소년은 비행을 저지르지 않으며 일부만 비행에 가담하며 사회학습이론에서 주장하는 비행의 원인은 친한 친구들 사이에서 비행을 서로 학습한다는 것이다(황성현, 이강훈, 2013).

15 학교폭력과 일탈에서 성별 차이는 사회화 방식, 사회적 기대, 양육방식, 성역할에 대한 고정관념과 밀접하게 관련되어 있다. 일반긴장이론(Agnew, 1992)에 의하면 긴장과 스트레스로 인한 분노가 폭력을 유발하는데 성별로 독특한 형태의 긴장(strain)의 차이가 폭력에서 남녀 간 차이를 낳는다. 긴장요인의 성(性) 차이로 남학생에게 지위적 특성, 여학생에게는 관계적 특성이 중요하다(김경년, 2021).

16 공격성에 대한 인식은 두 가지로 나뉜다. 일반적으로 공격성은 사교적(socially)으로 무능력하고 병리적인 것의 대표적인 증표로 인식된다. 이와 달리 공격성은 야망, 성공, 권력 등의 요소를 내포하고 있으며, 사회적 역량과 병행하는 것으로 인식되기도 한다. 후자의 인식에 따르면, 공격적인 아이들은 주변 아이들로부터 거부의 대상이 아니라 선호의 대상이며, 집단 안에서 중심적인 위치를 차지한다. 공격성과 친사회성은 서로 정(+)의 관계에 있으며, 공격성이 자아 지향적이고 친사회성이 타자 지향적이라고 할 수 없고, 두 성향은 형태는 다르지만 기능은 동일한 목적 즉 지배성향의 매개체라 할 수 있다(김경년, 2021)

17 2020년 1학기 전북대학교 '학교폭력예방' 수업에 참여했던 학생의 글이다.

18 인간은 자신의 세계를 이해하기 위해 다양한 정보를 사용하게 되는데, 긍정적인 정보와 부정적인 정보를 사용하는 방식에서 비대칭성이 존재한다. 즉, 긍정적인 정보보다 부정적인 정보에 훨씬 더 주의를 기울이고, 배우고, 사용하는 경향이 있다. 이것을 부정적 편향성이라 부

른다. 이 편향성은 인간의 진화적 적응 기능과 관련되어 있다(Vaish, Grossmann, & Woodward, 2008)

19 가・피해자 학부모들은 조금이라도 유리한 처분을 받기 위해 학교의 처리과정을 문제 삼고, 해당 교사와 학교를 상대로 행정소송을 벌인다. 실제 교육부에 따르면, 2016년 학폭위 처분에 대한 재심 청구 건수는 1,299건으로, 2012년의 572건보다 두 배 이상 늘었고, 학교 등을 상대로 한 행정소송 또한 2012년 50건에서 2015년 109건으로 두 배 이상 증가했다(한국일보, 2017. 10. 27.).

20 프레임은 언론, 정치, 사회운동 등에 의해 사회현상이 사회적으로 구성되는 것을 뜻한다(Druckman, 2001). 예를 들어, 언론의 보도가 사실에 입각해 있다고 해도 그 조각조각의 사실적 정보를 어떤 전체의 해석 틀(프레임)에 따라 구성・제시하느냐에 따라 그 정보의 의미가 달라지고 현실에 대한 독자의 지각이 달라진다. 언론이 어떤 이슈를 프레이밍하는 이유는 여러 가지가 있는데, 그 가운데 하나가 언론의 이념적・정치적 성향이다.

21 여기서 '특수한 이익'은 부르디외(P. Bourdieu)가 사용한 의미의 이익이다(김천기, 2007 참고).

22 전북대학교 '학교폭력예방' 수업 중 저자의 질문에 대해 학생들은 여러 가지로 답을 하였다. 그 답변을 저자가 재구성하여 정리한 것이다.

23 앞서 제시한 개별 사례 내용 속에는 들어 있지 않지만, 연구논문(손강숙, 이규미, 2015)에서는 앞의 사례 내용에 이어지는 내용이다.

24 앞서 제시한 개별 사례 내용 속에는 들어 있지 않지만, 연구논문(손강숙, 이규미, 2015)에서는 앞의 사례 내용에 이어지는 내용이다.

25 TVN [어쩌다 어른] 거리의 치유자(정혜신). "함께 운다고 '공감'이 아니다!"를 보면 공감과 공감 코스프레의 차이를 명료하게 알 수 있다. https://www.youtube.com/watch?v=Zex_4HRympI

26 여기서는 간단하게 언급하였지만, 재통합적 수치심 개념은 간단하지

않다. 재통합적 수치심 개념은 낙인이론의 틀에 뒤르케임의 사회통합 개념을 결합한 브레이스웨이트(Braithwaite, 1989)의 이론에서 나온 것이다. 브레이스웨이트는 낙인이론을 독특한 방식으로 정교화하며 발전시켰다. 전통적인 낙인이론에서는 처벌이나 통제가 오히려 일탈행동을 더 부추긴다고 주장하였다. 그러나 브레이스웨이트는 낙인은 수치심을 주는 것으로 처벌효과가 있다고 생각하였다. 낙인찍기(stigmatization)는 낙인이론이 예측하는 바와 같이 수치심을 느낀 당사자로 하여금 일탈행위에 더 빠져 들게 할 수도 있지만, 반대로 스스로 일탈행동을 억제하게도 할 수 있다고 주장하였다. 일탈행위에 더욱 빠지게 하는 수치심은 해체적 수치심(disintegrative shaming), 즉, 사회 전체로부터 분리되게 만드는 수치심이다. 이와는 반대로 재통합적 수치심주기는 당사자를 사회로 재통합하려는 노력과 함께 처벌이 이루어지는 것이다(신동준, 2008).

27 이하 내용은 저자의 연구논문「학교폭력에 대한 인정 이론적 이해와 정책적 함의 탐색」을 수정·재구성한 것임을 밝혀 둔다.

28 EBS 지식채널 〈성적, 그놈〉을 보기 바람.

참고문헌

강경래(2012). 학교폭력과 무관용정책. 소년보호연구, (19), 129-166.

강소영(2009). 청소년의 집단괴롭힘에 대한 심리적 기제와 통제방안. 사회과학연구, 16(1), 179-203.

강연곤, 유홍식, 강태현(2013). 학교폭력 이슈에 대한 보도경향 분석: 1997년~2012년 종합일간지와 교육전문지 뉴스보도를 중심으로. 언론과학연구, 13(2), 5-40.

강진숙(2006). '교육위기' 담론의 의미와 주체구성 방식 연구. 한국언론정보학보, 33, 7-52.

경기도교육청(2014). 회복적 생활교육 매뉴얼.

경기일보(2012. 1. 9.). "학교폭력, 지나친 관용 탓이 크다"

고대신문(2005. 3. 14.) [사설] 학원폭력을 염려한다.

고은우, 김경욱, 윤수연, 이소운(2009). 이선생의 학교폭력 평정기. 서울: 양철북.

관계부처합동(2012). 학교폭력근절 종합대책. 2월 6일 배포용.

교육부(2021). 2021 학교폭력 사안처리 가이드북(개정판).

교육부(2021. 1. 21.). 2020년 학교폭력 실태 전수조사 결과 발표.

교육부, 이화여자대학교 학교폭력예방연구소(2021). 학교폭력 사안처리 가

이드북(개정판).

구본용 외(2008). 학교폭력 피해학생 치유프로그램. 교육과학기술부.

권현용, 김현미(2009). 학교폭력 가해청소년의 심리사회적 요인에 관한 질적 분석. 동서정신과학, 12(1), 1-12.

김경년(2021). 학교폭력에서 지배성 매개요소 및 학급 내 불평등한 지위구조의 영향. 교육사회학연구, 31(2), 1-30.

김기홍(2019). 학부모의 고소를 경험한 교사의 비판적 자문화기술지. 교육사회학연구, 29(2), 33-66.

김미란(2012). 청소년 이행(transition)과 '위기 청소년' 담론에 대한 분석. 교육사회학연구, 22(1), 51-76.

김병찬(2012). 학교폭력문제 해결에 있어 교원의 역할과 책임에 관한 소고. 한국교원교육연구, 29(3), 19-47.

김봉철, 주지혁, 최명일(2009). 학교폭력에 대한 학부모들의 낙관적 편견과 예방 캠페인에 대한 탐색적 고찰. 언론과학연구, 9(4), 65-97.

김봉철, 최명일, 이동근(2006). 학교 폭력에 대한 낙관적 편견과 제3자 효과. 홍보학연구, 10(2), 169-197.

김선남, 정현욱(2006). '일진회' 관련 청소년 보도의 프레임 분석. 한국출판학연구, (50), 25-53.

김성돈(2008). 범죄피해자보호지원을 위한 회복적 패러다임의 실천방안. 피해자학연구, 16(1), 5-35.

김예성, 김광혁(2008). 초등학교 아동의 또래괴롭힘 경험 유형에 따른 우울불안, 학교유대감, 공격성의 차이 및 피해경험을 통한 가해경험 변화. 아동학회지, 29(4), 213-229.

김용태, 박한샘(1997). 따돌리는 아이들, 따돌림 당하는 아이들. 청소년 대화의 광장.

김우준(2011). 폭력적 영상물에의 노출이 청소년의 비행행동에 미치는 영향. 한국치안행정논집, 8(1), 305-326.

김은경(2007). 21세기 소년사법 개혁과 회복적 사법의 가치. 형사정책연구, 18(3), 1159-1188.

김은경(2009). 회복적 사법 실천 모델의 효과성 연구. 형사정책연구, 20(3), 239-272.

김은경, 이호중(2006). 학교폭력 대응방안으로서 회복적 소년사법 실험연구 (I). 경제인문사회연구회 협동연구총서, 06-21-02. 16-467.

김은정(2007). 청소년기의 또래관계 분석-그 사회구조적 맥락을 중심으로. 한국 사회학회 2007 후기사회학대회 한국 사회학대회 (II), 1061-1073.

김창군, 임계령(2010). 학교폭력의 발생원인과 대처방안. 법학연구, 38, 173-198.

김천기(2007). 부르디외의 장·아비투스 이론의 적용 가능성과 난점: 학교와 교사의 성향을 중심으로. 교육사회학연구, 17(3), 77-99.

김천기(2012. 9. 20.). '폭력 학생' 낙인이 더 큰 폭력 만든다. 시사IN.

김천기(2013). 학교폭력 학생부 기재 정책의 합리성에 대한 비판적 고찰. 교육사회학연구, 23(4), 119-153.

김천기(2014). 학교폭력에 대한 인정 이론적 이해와 정책적 함의 탐색. 교육종합연구, 12(2), 2, 133-155.

김천기(2020). 세상의 모든 아이를 위한 민주주의와 교육. 서울: 학지사.

김혜원(2011). 집단따돌림과 집단괴롭힘에 따른 남녀 청소년들의 심리적 건강, 학교인식 및 학교적응에 대한 구조분석. 청소년복지연구, 13(2), 173-198.

김혜원, 임광규, 임동훈(2013). 집단괴롭힘 가해, 피해 목격 경험이 청소년들의 심리사회적 적응에 미치는 영향. 청소년학연구, 20(5), 77-106.

나이토 아사오(2013). 이지메의 구조. 서울: 한얼미디어.

노명우(2011). 악셀 호네트의 〈인정투쟁〉. 프레시안 2011. 09. 16.

노중래, 이신옥(2003). 중학생의 학교폭력에 영향을 미치는 요인에 관한 연구. 학교사회복지, 6, 1-35.

노진철(2012). 신자유주의와 학교폭력의 연계성. 철학과 현실, 45-57
뉴스한국(2013. 2. 1.). "총기참사로 최대 위기봉착, 미국이 죽어가고 있다."
뉴시스(2013. 2. 4.). "교원들, 가장 효과적인 학교폭력 대책은 '학생부 기재."
대한민국정책브리핑(2012. 2. 1.) "자녀와 밥상머리 대화하세요." www.korea.kr.
동아일보(2012. 8. 27.). "'학교폭력 기재 거부' 전교조가 비교육적이다."
류영숙(2012). 학교폭력의 실태와 대처방안에 관한 연구. **한국교원교육연구**, 29(4), 615-636.
머니투데이(2013. 10. 14.). "학교폭력 학생부 기재 이후 오히려 늘어."
문경숙(2014). 급 내 서열에 대한 청소년의 진단: 학교폭력을 보는 하나의 창. **교육종합연구**, 12(3), 195-215.
문병욱, 신동준(2008). 일반긴장이론을 통한 인문계와 실업계 고등학생의 비행연구. **한국청소년연구**, 19(1), 33-60.
문성호, 윤동엽(2011). 학교폭력에 관한 뉴스프레임 연구. **미래청소년학회지**, 8(1), 87-109.
문성훈(2006). 하버마스에서 호네트로 프랑크푸르트학파 사회비판모델의 인정이론적 전환. **철학연구**, 73, 123-171.
문성훈(2010). 폭력 개념의 인정이론적 재구성. **사회와 철학**, 20, 63-96.
문용린 외(2008). **학교폭력 위기개입의 이론과 실제**. 서울: 학지사.
문화일보(2012. 12. 6.). "좌파 교육감들, 학교폭력 더 이상 감싸지 말라."
박미애(2003). 학급 내 언어적 폭력의 내용 분석. 부산대학교 대학원 석사학위논문.
박성수 외(1997). 따돌리는 아이들 따돌림 당하는 아이들. 청소년상담문제연구보고서 29.
박성희(2015). 청소년 가해자의 생애사 재구성을 통한 학교폭력 예방 방안. **교육의 이론과 실천**, 20(1), 33-57.
박은경, 장석진(2017). 초등학교 고학년의 공감능력, 인권감수성이 집단따돌림 방관태도에 미치는 영향. 법과인권교육연구, 10(2), 209-230.
박은숙, 김천기(2015). 학급 내 갈등상황 속에서 나타나는 적대적 귀인에 대한 사례 연구. 교육종합연구, 13(3), 33-57.
박주애, 최응렬(2021). 청소년의 SNS 및 서비스메신저 접촉빈도가 사이버 폭력 가해에 미치는 영향: 친구관계(애착)의 조절효과. 한국범죄심리연구, 17(1), 95-112.
박지훈, 박진선, 윤빛나, 이진(2016). 학교폭력을 바라보는 텔레비전의 시선 시사교양 프로그램을 중심으로. 방송과 커뮤니케이션, 17(3), 139-174.
박철홍, 허경섭(2010). 듀이철학에 있어서 수단과 목적의 연속성. 교육철학 47, 57-77.
박효정, 김현진, 한미영(2016). 초등학생의 학교폭력 경험유형에 따른 어울림 학교폭력예방 프로그램 효과 분석. 教育學研究, 54(4), 101-126.
박효정, 한미영, 김현진(2016). 어울림 학교폭력예방 프로그램의 적용효과 분석. 教育學研究, 54(3), 121-150.
배임호(2007). 회복적 사법정의의 배경, 발전과정, 주요프로그램 그리고 선진교정복지. 교정연구, 37, 137-168.
서경화(2020). 학교폭력 사안 처리 사례 분석: 교사-교장 간 갈등 양태를 중심으로. 教育政治學研究, 27(2), 119-143.
서근원, 문경숙(2016). "이게 다 학교 때문입니다.": 학교에서 새겨진 폭력. 교육인류학연구, 19(4), 41-81.
서덕희(2003). '교실붕괴' 기사에 대한 비판적 담론 분석: 조선일보를 중심으로. 교육인류학연구, 6(2), 55-89.
서민경(2012). 학교 내 또래문화의 형성과 전파: 노스페이스 현상을 중심으로. 부산대학교 교육대학원 석사학위논문.
서정기(2012). 학교폭력 이후 해결과정에서 경험하는 갈등의 구조적 요인에 대한 질적 사례연구. 교육인류학연구, 15(3), 133-164.
서정아, 성윤숙, 송태민(2020). 청소년 빅데이터 체계 구축 및 활용방안 연구. 한국청소년정책연구원 연구보고서, 1-390.

서진희, 최연실(2016). 청소년기의 집단괴롭힘 피해경험이 남·녀 대학생의 대인불안감에 미치는 영향: 가족탄력성의 조절효과를 중심으로. **상담학연구**, 17(1), 327-343.

성병창, 이상철(2019). '학교폭력예방 및 대책에 관한 법률' 개정 내용과 향후 과제 분석. **教育 法學 研究**. 31(3), 27-48.

성윤숙, 구본호, 김현수(2020). 학교폭력 예방 어울림 프로그램의 효과적 적용방안 탐색. **청소년학연구**, 27(2), 363-383.

소병일(2014). 공감과 공감의 윤리적 확장에 관하여. **哲學**, 118, 197-225.

손강숙, 이규미(2015). 학교폭력의 방어자 역할 경험에 대한 질적 연구. **한국심리학회**, 12(3), 317-348.

송승연, 이창배(2020). 청소년의 사이버폭력 가해경험의 영향요인. **한국범죄심리연구**, 16(4), 115-136.

스브스뉴스(2021. 3. 7.). "학교폭력이 사라지지 않는 이유?"

스즈키 쇼(2013). **교실카스트**. 베이직북스.

시사오늘, 시사ON(2020. 10. 24.) [일본오늘] 일본 학교폭력 문제 심각… 전국 학교 82%서 '이지메' 신고. http://www.sisaon.co.kr

신동준(2008). 일탈사회학과 뒤르케임의 유산. **사회이론**, (34), 259-290.

신소라(2016). 폭력물시청과 폭력목격이 청소년의 사이버불링과 학교폭력에 미치는 영향: 자기통제력의 매개효과. **교정복지연구**, 44, 139-158.

신용해(2008). 교정에 있어 회복적 사법의 적용 실태와 발전 방향. **법학논집**, 14(2), 139-153.

심희옥(2010). 아동이 지각한 부모 양육행동과 또래 괴롭힘에 관한 단기종단연구. **아동학회지**, 31(1), 1-17.

안성조(2015). 진화심리학의 관점에서 본 학교폭력의 원인과 입법적·정책적 제언. **국민대학교 법학연구소 학술발표대회 논문집**, 11, 65-90.

양미진, 김은영, 이상희(2009). 초등학생의 학교폭력예방을 위한 배려증진

프로그램 효과 검증 연구. **초등교육연구**, 22(2), 205-232.
엄기호(2013). **교사도 학교가 두렵다: 교사들과 함께 쓴 학교현장의 이야기**. 서울: 따비.
엄기호(2014). **단속사회**. 서울: 창비.
엄명용, 송민경(2011). 학교 내 청소년들의 권력관계 유형과 학교폭력 참여 역할 유형. **한국사회복지학**, 63(1), 241-266.
엄순옥, 이미애, 문재우(2010). 가정폭력 노출경험, 자기평가, 그리고 청소년 비행 간의 관련성. **한국학교보건교육학회지**, 11(1), 117-134.
유지연, 이덕난(2021). 코로나19 이후 사이버 학교폭력 실태 및 개선과제. 현안분석, 193호. 국회입법조사처.
윤주영(2002). 권력메커니즘으로서의 낙인과정 연구: 청소년 집단따돌림 현상을 대상으로. 이화여자대학교 대학원 석사학위논문.
이고은, 정세훈(2014). 청소년의 사이버 폭력 행위에 영향을 미치는 요인에 관한 연구. **사이버 커뮤니케이션 학보**, 31(2), 129-162.
이규미 외(2019). **학교폭력 예방의 이론과 실제**. 서울: 학지사.
이동성, 오경희, 한대동(2016). 초등학교 폭력 관련 구성원들의 상황정의에 대한 질적 사례연구: '나일수' 사건을 중심으로. **교육혁신연구**, 26(1), 21-43.
이명자, 김영갑(2018). 학교폭력 가해청소년의 가정, 또래, 학교 요인에 대한 질적 분석. **예술인문사회융합멀티미디어논문지**, 8(2), 445-456.
이부하(2007). 비례성 원칙과 과소보호금지원칙. **헌법학 연구**, 12(2), 275-302.
이성식, 황지영(2008). 인터넷사이트 집합적 효율성과 사이버언어폭력. **형사정책연구**, 73, 167-189.
이승연, 오인수, 이주연(2014). 초등학교 학교폭력 가해, 피해, 가해-피해 집단의 심리사회적 특성. **청소년학연구**, 21(5), 391-416.
이승현(2012). 「학교폭력 예방 및 대책에 관한 법률」의 개정내용 및 개선

방안. 형사정책연구, 90, 157-190.

이승현, 정제영, 강태훈, 김무영(2014). 학교폭력 가해학생 관련정책의 효과성 분석 연구. 형사정책연구원 연구총서 1-366.

이영기, 선혜연(2016). 초등학교 학교폭력 피해아 방어자의 경험에 대한 질적 연구. 교육연구논총, 37(1), 255-277.

이용식(2012). 회복적 정의와 형사사법정의: 두 정의의 '절충'은 가능한 것인가? 동아법학, 54, 417-446.

이은희, 이효자(2014). 공감기반 학교폭력예방 프로그램이 중학생의 공감능력 및 공격성에 미치는 효과. 상담심리교육연구, 1(2), 25-48.

이정민(2020). 개정 학교폭력예방법의 운영방향. 형사정책, 32(1), 159-191.

이준일(2006). 헌법재판의 법적 성격. 헌법학연구, 12(2), 313-346.

이지영, 권예지, 고예나, 김은미, 나은영, 박소라(2016). 한국 청소년의 집단 따돌림에 대한 심층인터뷰 연구. 언론정보연구, 53(1), 267-309.

이진숙(2021). 회복적 정의 관점의 학교폭력 해결에 대한 학교폭력 전담교사의 인식 분석. 한국지방정부학회 학습대회 자료집, 5, 143-160.

이창숙, 양지웅(2017). 어울림프로그램이 초등학생의사회성 향상과 분노감소에 미치는 효과. 한국사회과학연구, 36(2), 67-89.

이현준, 유태용(2018). 사회지배지향성과 맥락수행 간 관계: 웅대성과 지배성의 매개역할을 중심으로. 산업 및 조직, 31(4), 795-829.

이혜경, 최중진(2018). 회복적 생활교육이 초기 청소년의 학급응집력과 교우관계에 미치는 영향. 청소년학연구, 25(6), 27-53.

이혜영(1999). 집단따돌림 해결을 위한 학교 모델. 따돌림 해결을 위한 현장모델 개발 제2회 청소년상담 심포지엄 자료집. 서울특별시청소년종합상담실.

이혜정(2017). 학교폭력에서 여자청소년의 방관경험에 대한 현상학적 연구. 순천향대학교 대학원 국내박사학위논문.

이호중(2009). 회복적 사법의 이념과 실무. 이화여자대학교 법학논집, 14(2),

1-27.
이희숙, 정제영(2012). 학교폭력 관련 정책의 흐름 분석: Kingdon의 정책흐름모형을 중심으로. **한국교육**, 39(4), 61-82.
이희연(2013). 학교폭력 경험에 관한 문화기술지. **학교사회복지**, 25, 275-309.
임재연(2017). 학생이 경험한 학교폭력 예방 및 대처 관련 교사역량에 관한 연구. **학교**, 14(2), 181-208.
임재연(2019). 화해 진행자가 경험한 학교폭력 피해 · 가해 학생의 화해와 회복의 요인에 관한 합의적 질적 연구. **교육심리학 연구**, 33(3), 509-515.
임재연, 박종효(2015). 학교폭력 예방 및 대처를 위한 교사역량 진단척도 개발 연구. **教育學硏究**, 53(3), 407-434.
장하영, 이성식(2019). 스마트폰 이용에서 사이버폭력의 그 원인들 및 인터넷윤리의 통제효과에 대한 통합적 검증 연구. **정보화정책**, 26(2), 46-61.
전중환(2013. 1. 17.). [세상 읽기] 학교폭력은 왜 일어나는가. 한겨레신문
정광희(2002). 일본의 '학급붕괴' 현상과 그 대응에 대한 분석: 학급붕괴에 대한 접근과 논의가 주는 시사점. **한국교육**, 29(2), 289-322.
정규석(2007). 초등학생과 중학생의 학교폭력 영향요인 비교. **사회과학연구**, 24(4), 323-338.
정민수, 이동성(2014). 한 초등학교 교사의 학교폭력과 관련한 역할갈등에 관한 자문화기술지. **교육혁신연구**, 24(2), 141-162.
정민승(2013). 〈학교 2013〉, 우리는 無topia로 간다. **교육비평**, 32, 167-184.
정민주, 김진원, 서정기(2016). 교사들의 회복적 생활교육 실천 경험에 관한 내러티브 탐구. **교육인류학회**, 19(2), 37-73.
정여주 외(2020). 초 · 중등학교 사이버폭력 예방 및 대응을 위한 중장기 지원 방안 연구. 한국교육학술정보원.
정은(2018). 미래 (통합)교육 방향성 탐색: 진화심리학적 관점에서 이해하

는 비폭력 공생 교육. 이론과 실천, 19(2), 75-97.
정종진(2012). 생태학적 측면에서 본 학교폭력 유발 요인. 초등상담연구, 11(3), 331-350.
조선에듀(2021. 2. 3.). "소년범죄 늘어나는데 촉법소년 '처벌 불가'… 제도 개선 요구 '봇물'"
조선일보(2021. 3. 8.). "학교폭력도 '언택트'… 더 교묘해진 사이버불링, 피할 곳이 없다."
조영일(2013). 학교폭력 가해자와 피해자 특성 연구: 학교폭력 집단유형의 변화에 미치는 변인. 한국심리학회지 발달, 26(2), 67-85.
중앙일보(2016. 8. 23.). [양선희의 시시각각] '표현의 자유' 피로감?
추주희(2019). 소년 혐오인가 사회 위기인가?: 위기청소년 담론에 대한 비판적 시론. 경제와 사회, 124, 127-161.
최장원, 김희진(2011). 가정폭력이 청소년의 정신건강에 미치는 영향: 자아개념의 매개효과를 중심으로. 청소년학연구, 18(1), 73-103.
최춘자, 이수영(2016). 어울림프로그램의 실제를 통한 청소년의 자아존중감, 학급응집력 등이 학교폭력태도에 미치는 영향. 사회복지경영연구, 3(2), 107-131.
푸른나무 청예단(2016). 2015 전국학교폭력 실태조사.
한겨레신문(2013. 7. 23.). "가해사실 졸업 뒤 삭제돼도 진학 불이익."
한겨레신문(2013. 7. 25.). "막말 폭행 교장 결국 인권위 심판대 위에."
한국교육개발원(2012). 학교폭력 조사현황과 과제. OR2012-5-1.
한국교육신문(2000. 4. 10.). 〈기획진단〉 韓 · 日 '학교붕괴' 원인과 대책: '자율'만 있고 '엄격함'이 사라졌다.
한국교육학술정보원(2019). 사이버폭력 예방교육 및 사이버 어울림 활용 가이드: 핵심강사단 · 컨설팅단 안내 자료집. 한국교육학술정보원.
한국일보(2017. 10. 27.). "학교폭력에 변호사부터 부르는 부모들."
한국일보(2021. 3. 30.). "'우선 맞고 시작하자' 청학동 '엽기 학폭' 사태 일파만파."
한국청소년정책연구원(2018). 학교폭력예방 어울림 교과 연계 프로그램 개발을 위한 집필진 워크숍. 워크숍자료집 18-S20.
허경미(2018). 학교폭력의 무관용주의적 접근에 대한 비판과 정책적 제언. **경찰학논총**, 13(2), 223-254.
허승희, 이희영(2019). 학교폭력의 학교 생태학적 요인과 대처 방안-미시체계와 중간체계를 중심으로. **수산해양교육연구**, 31(6), 1671-1682.
허윤회(2021). 회복적 정의의 비판적 검토: 신로마 공화주의를 중심으로. **윤리교육연구**, 59, 161-189.
홍봉선, 아영아(2012). 인권감수성이 청소년의 학교폭력 가해행위에 미치는 영향. **학교사회복지**, 23, 307-335.
홍종관(2012). 학교폭력의 실태, 원인 그리고 대처에 관한 연구. **초등상담연구**, 11(2), 237-259.
황성현, 이강훈(2013). 청소년비행의 원인에 관한 사회학습, 사회유대, 일반긴장이론적 접근. **한국청소년연구**, 24(3), 127-145.
황혜원, 신정이, 박현순(2006). 초기 청소년의 학교폭력에 대한 생태체계적 요인들 간의 경로 분석. **아동과 권리**, 10(4), 497-526.
KBS(2021. 4. 4.). 〈이슈 Pick, 쌤과 함께〉.
KBS2(2013. 1. 25.). 〈폭력 없는 학교, 이제는 네가 말할 차례〉.
SBS(2013. 1. 27.). 〈학교의 눈물 3편(다큐멘터리)〉.

Adams, M., Roberston, C., Gray-Ray, P., & Ray, M. (2003). Labeling and delinquency. *Adolescence, 38*(149), 171-186.
Agnew, R. (1992). Foundation for a general strain theory of crime and delinquency. *Criminology, 30*(1), 47-88.
Ahmed, E. & Braithwaite, V. (2006). Forgiveness, reconciliation, and shame: Three key variables in reducing school bullying. *The*

Journal of Social Issues, 62(2), 347-370.

Akiba, M. (2008). Predictors of student fear of school violence: A comparative study of eighth graders in 33 countries. *School Effectiveness and School Improvement, 19*(1), 51-72

Amrisha Vaish, A., Grossmann, T., & Woodward, A. (2008). Not all emotions are created equal: The negativity bias in social-emotional development. *Psychol Bull, 134*(3), 383-403.

Aronson, E. (2000). *Nobody left to hate: Teaching compassion after Columbine*. New Nork: Worth/Freeman.

Aronson, E., Wilson, T. D. & Akert, R. (2013). *Social psychology* (8th Edition). Pearson.

Bansel, P., Davies, B., Laws, C., & Linnell, S. (2009). Bullies, bullying and power in the contexts of schooling. *British Journal of Sociology of Education, 30*(1), 59-69.

Becker, G. S. (1968). Crime and punishment: An economic approach. *Journal of Political Economy, 76*, 169-217.

Bernburg, J., Krohn, M., & Rivera, C. (2006). Official labeling, criminal embeddedness, subsequent delinquency. *Journal of Research in Crime and Delinquency, 43*(67), 67-88.

Boudon, R. (2003). Beyond rational choice theory. *Annual Review of Sociology, 99*, 1-21.

Bourdieu, P. (1995). 구별 짓기: 문화와 취향의 사회학[*La distinction*]. (최종철 역). 서울: 새물결. (원전은 1979년에 출판).

Bowers, L., Smith, P. K., & Binney, V. (1994). Perceived family relationships of bullies, victims and bully/victims in middle childhood. *Journal of Social and Personal Relationships, 11*(2), 215-232.

Braithwaite, J. (1989). *Crime, shame, and reintegration*. NY: Cambridge

University Press.

Caravita, S. C. S., Di Blasio, P., & Salmivalli, C., (2010). Early adolescents' participation in bullying: Is ToM involved? *The Journal of Early Adolescence, 30*(1), 138-170.

Carver, C. & Scheier, M. (2012). 성격심리학: 성격에 관한 관점[*Perspectives on personality* (7th edition)]. (김교헌 역). 서울: 학지사. (원전은 2012년에 출판).

Casella, R. (2001). At zero tolerance: Punishment, prevention, and school violence. NY: Peter Lang.

Cornish, D. B., & Charke, R. V. (1987). Understanding crime displacement: An application of rational choice theory. *Criminology, 25*, 933-947.

Dahlback, O. (2003). Analyzing rational crime: models and methods. Dordrecht: Kluwer.

Davies, B. (2011) Bullies as Guardians of the Moral Order or an Ethic of Truths? *Children & Society, 25*(4), 278-286.

de Waal, F. (2014). 착한 인류[*The bonobo and the Atheist*]. (오준호 역). 서울: 일유문화사. (원전은 2013년에 출판).

Dewey, J. (2007). 민주주의와 교육[*Democracy & Education*]. (이홍우 역). 서울: 교육과학사. (원전은 1916년에 출판).

DPloeg, R., Kretschmer, T., Salmivalli, C., & Veenstra, R. (2017). Defending victims: What does it take to intervene in bullying and how is it rewarded by peers? *Journal of School Psychology, 65*, 1-10.

Druckman, J. (2001). The Implications of framing effects for citizen competence. *Political Behavior, 23*(3), 225-256.

Entman, R. M. (1993). Framing: Toward clari fication of a fractured paradigm. *Journal of Communication, 43*(4), 51-58.

Erdur-Baker, O. (2010). Cyber bullying and its correlation to traditional bullying, gender and frequent and risky usage of Internet-mediated communication tools. *New Media & Society, 12*(1), 109-125.

Erickson, K., Crosnoe, R., & Dombush, S. (2000). A social process model of adolescent deviance: Combining social control and differential association perspectives. *Journal of Youth and Adolescence, 29*(4), 395-425.

Espelage, D. & Swearer, S. (2010). A social-ecological models for bullying prevention and intervention. In S. Jimerson, S. Swearer, & D. Espelage (Eds.), Handbook of bullying in schools: International perspective (pp. 61-72). NY: Routledge.

Foroni, F. & Rothbart, M. (2013). Abandoning a label doesn't make it disappear: The perseverance of labeling effects. *Journal of Experimental Social Psychology, 49*, 126-131.

Foucault, M. (2003). **감시와 처벌**[*Discipline & punish*]. (오생근 역). 서울: 나남출판사. (원전은 1995년에 출판).

Foucault, M. (2011). **안전, 영토, 인구: 콜레주드프랑스 강의 1977~1978년**[*Securite, territoire, population*]. (오트르망, 심세광, 전혜리, 조성은 공역). 서울: 난장.

Froggio, G. (2007). Strain and juvenile delinquency. *Journal of Loss and Trauma, 12*, 383-418.

Fromm, E. (2005). **자유로부터의 도피**[*Escape from freedom*] (김석희 역]. 서울: 휴머니트스. (원전은 1995년에 출판).

Galloway, D. & Roland, E. (2004). Is the direct approach to reducing bullying always the best? In P. K. Smith, D. Pepler, & K. Rigby (Eds.), *Bullying in schools: How successful can intervention be?*(pp. 37-55). Cambridge: Cambridge University Press.

Gradinger, P., Strohmeier, D., & Spiel, C. (2009). Traditional bullying and cyberbullying: Identification of risk groups for adjustment problems. *Zeitschrift für psychologie/Journal of Psychology, 217*(4), 205-213.

Giroux, H. (2008). Youth in a suspect society: Education beyond the politics of disposability current issues in criminal justice 111.

Giroux, H. (2009). 신자유주의의 테러리즘[*Against the terror of the neoliberalism*]. (변종헌 역). 서울: 인간사랑. (원저는 2008년에 출판).

Habermas, J. (2006). 의사소통행위이론 1권: 행위합리성과 사회합리화 [*Theories des kommunikativen Handelns*]. (장춘익 역). 서울: 나남. (원저는 1987년에 출판).

Hall, S., Critcher C., Jefferson, T., Clark, J., & Roberts, B. (1978). *Policing the crisis. Mugging, the state, and law and order*. London: Macmillan.

Harris, R. (1991). 매스미디어 심리학[*A cognitive psychology of mass communication*]. (이창근, 김광수 공역). 서울: 나남. (원전은 1989년에 출판).

Hawley, P. (2007). Social dominance in childhood and adolescence: Why social competence and aggression may go hand in hand. In P. H. Hawley, T. D. Little & R. C. Rodkin (Eds.), *Aggression and adaptation: The bright side to bad behavior* (pp.1-29). Mahwah, NJ: Lawrence Erlbaum Associates.

Heimer, K., & Coster, S. (1999). The gendering of violent delinquency. *Criminology, 37*(2), 277-318.

Herne, K., & Setala, M. (2004). A response to the critique of rational choice theory. *Inquiry, 47*, 67-85.

Honneth, A. (2012). 인정투쟁: 사회적 갈등의 도덕적 형식론[*Kampf um Anerkennung*]. (문성훈, 이현재 공역). 서울: 사월의 책. (원전은 1992년에 출판).

Hymel, S. et al. (2010). Bullying and morality: Understanding how good kids can behave badly" In S. Jimerson, S. Swearer, & D. Espelage (Eds.), *Handbook of bullying in schools: An international perspective* (pp. 101-118). NY: Riutledge.

Jimmerson, S., Swearer, S., & Espelage, D. (2010). *Handbook of bullying in schools: An international perspective*. London: Routledge.

LaFontana, K. M., & Cillessen, A. H. N. (2010). Developmental changes in the priority of perceived status in childhood and adolescence. *Social Development, 19*(1), 130-147.

Lee, C. (2011). *Preventing bullying in schools: A guide for teachers and other professionals*. Los Angeles: Sage.

Lemert, E. (1951). *Social pathology*. New York: McGraw-Hill.

Limber, S. (2011). Development, evaluation, and future directions of the olweus bullying prevention program. *Journal of School Violence, 10*(1), 71-87

Lowry, R., Sleet, D., Duncan, C., Powell, K., & Kolbe, L. (1995). Adolescents at risk for violence. *Educational Psychology Review, 7*, 7-39.

Marshall, T. (1996). The evolution of restorative justice in Britain. *European Journal of Criminal Policy and Research, 4*(4), 21-43.

McCluskey, G. (2008). Can restorative practices in schools make a difference? *Educational Review, 60*(4), 405-417.

Mehlkop, G., & Graeff, P. (2010). Modelling a rational choice theory of criminal action. *Rationality and Society, 22*(2), 189-222.

Merrell, K., Gudelder, B., Ross, S., & Isava, D. (2008). How effective are school bullying intervention programs? A meta-analysis of intervention research. *School Psychology Quarterly, 23*, 26–42.

Morrison, B. (2006). School bullying and restorative justice: Toward a theoretical understanding of the role of respect, pride and shame. *The Journal of Social Issues, 62*(2), 371–392.

Niggli, M. A. (1994). Rational choice and crime prevention. *Studies on Crime and Crime Prevention, 3*, 83–103.

Nishna, A. (2004). A theoretical review of bullying: Can it be eliminated? In G. D. Phye (Ed.), *Bullying: Implications for the classroom* (pp. 35–62). NY: Elsevier.

O'brien, D., Farrell, C., & Welsh, B. (2019). Broken windows theory: A meta-analysis of the evidence for the pathways `from neighborhood disorder to resident health outcomes and behaviors. *Soc Sci Med, 228*, 272–292.

Olweus, D. (1991). Bully/victim problems among schoolchildren: Basic facts and effects of a school-based intervention program. In K. Rubin & D. Pepler (Eds.), *The development and treatment of childhood agression* (pp. 411–448). NJ: Erlbaum.

Olweus, D. (1993). *Bullying at school: What we know and what we can do*. Malden, MA: Blackwell.

Olwelus, D. (2001). Understanding and researching bullying. In S. Jimerson, S. Swearer & D. Espelage (Eds.), *Handbook of bullying in schools: International perspective* (pp. 9–34). NY: Routledge.

Olweus, D. (2007). The Olweus Bullying Questionnaire. Center City, MN: Hazelden.

Olweus, D. (2010). Understanding and researching bullying: Some critical issues. In S. Jimerson, S, S. Swearer & D. Espelage (Eds.), *Handbook of bullying in schools: International perspective* (pp. 441-454). NY: Routledge.

Opp K-D. (1999). Contending concetions of the theory of rational choice. *Journal of Theoretical Politics. 11*, 171-202.

Pellegrini, A. D., Roseth, C. J., Ryzin, M. J. V., & Solberg, D. (2011). Popularity as a form of social dominance: An evolutionary perspective. In A. H. N. Cillessen, D. Schwartz, & L. Mayeux (Eds.), *Popularity in the peer system* (pp. 123-139). The Guilford Press.

Prinstein, M. J., & Cillessen, A. H. N. (2003). Forms and functions of adolescent peer aggression associated with high levels of peer status. *Merrill-Palmer Quarterly, 49*(3), 310-342.

Raskauskas, J., & Stoltz, A. D. (2007). Involvement in traditional and electronic bullying among adolescents. *Developmental Psychology, 43*(3), 564-575.

Salmivalli, C. (2010). Bullying and the peer group: A review. *Aggression and Violent Behavior, 15*(2), 112-120.

Salmivalli, C., Kärnä, A., & Poskiparta, E. (2010). From peer putdowns to peer support: A theoretical model and how it translated into a national anti-bullying program. In S. R. Jimerson, S. M. Swearer & D. L. Espelage (Eds.), *Handbook of bullying in schools: An international perspective* (pp. 441-454). Routledge/Taylor & Francis Group.

Salmivalli, C., Lagerspetz, K., Björkqvist, K., Österman, K., & Kaukiainen, A. (1996). Bullying as a group process: Participant roles and their relations to social status within the group. *Aggressive Behavior, 22*(1), 1-15.

Salmivalli, C., Ojanen, T., Haanpää, J. & Peets, K. (2005). "I'm OK but You're Not" and other peer-relational schemas: Explaining individual differences in children's social goals. *Developmental Psychology, 41*(2), 363-375.

Salmivalli, C., Poskiparta, E., Ahtola, A., & Haataja, A. (2013). The implementation and effectiveness of the KiVa antibullying program in Finland. *European Psychologist, 18*(2), 79-88.

Salmivalli, C. & Voeten, M. (2004). Connections between attitudes, group norms, and behaviour in bullying situations. *International Journal of Behavioral Development, 28*(3), 246-258.

Shetgiri, R., Lin, H., & Flores, G. (2012). Identifying children at risk for being bullies in the United States. *Academic pediatrics, 12*(6), 509-522.

Shields, A. D., & Cicchetti, D. (2001). Parental maltreatment and emotion dysregulation as risk factors for bullying and victimization in middle childhood. *Journal of Clinical Child Psychology, 30*(3), 349-63.

Slonje, R., & Smith, P. (2008). Cyberbullying: Another main type of bullying? *Scandinavian Journal of Psychology, 49*(2), 147-154.

Smith, P., Pepler, D. & Rigby, K. (Eds.). (2004). *Bullying in schools: How successful in intervention be*? NY: Cambridge University Press.

Sue, D. W. (2010). *Microaggressions in everyday life: Race, gender, and sexual orientation*. Wiley.

Sue, K. (2016). 나는 가해자의 엄마입니다[*A mother's reckoning: Living in the aftermath of tragedy*]. (홍한별 역). 서울: 반비.

Sullivan, K. (2000). *The anti-bullying handbook*. Oxford: Oxford University Press.

Swearer, S. & Espelage, D. (Eds.). *Handbook of bullying in schools: International perspective* (pp. 9-34). NY: Routledge.

Thornberg, R. (2010). Schoolchildren's social representations on bullying causes. *Psychology in the Schools, 47*(4), 311-327.

Tippett, N., & Wolke, D. (2014). Socioeconomic status and bullying: A meta-analysis. *American Journal of Public Health, 104*(6), 48-59.

Tolan, P., & Guerra, N. (1994). *What works in reducing adolescent violence: An empiric review of the field*. Boulder, CO: University of Colorado.

USA Today (2004). "Zero Tolerance." Editorial. Jaunary 2.

Vaish, A., Grossmann, T., & Woodward. A. (2008). Not all emotions are created equal: The negativity bias in social-emotional development. *Psychol Bull, 134*(3), 383-403.

Vandebosch, H., & Van Cleemput, K. (2009). Cyberbullying among youngsters: Profiles of bullies and victims. *New Media & Society, 11*(8), 1349-1371.

van der Ploeg, R., Kretschmer, T., Salmiralli, C., & Veenstra, R. (2017). Defending victims: What does it take to intervene in bullying and how is it rewarded by peers? *Journal of School Psychology, 65*, 1-10.

Wilkinson, R. (2008). **평등해야 건강하다**[*The impact of inequality: How to make sick societies healthier*]. (김홍수 역). 서울: 후마니타스. (원전은 2005에 출판).

Zehr, H. (2002). *The little book of restorative justice*. NY: Good Books.

Zehr, H. (2010). **회복적 정의란 무엇인가?**[*Restorative justice*]. (손진 역). 서울: Korea Anabaptist Press. (원전은 2005년에 출판).

학교폭력,
그 새로운
이야기

찾아보기

인명

내용

ㄴ

ㄷ

ㅇ

ㅈ

ㅊ

ㅋ

ㅌ

저자 소개

김천기(Kim Cheon Gie)

미국 Georgia State University 대학원 교육사회학 전공(Ph.D.)

캐나다 University of Toronto, Visiting scholar

전 한국교육사회학회 학회장

　한국교육사회학회 편집위원장

현 전북대학교 사범대학 교육학과 교수

이메일: kcgi2013@gmail.com

학교폭력, 그 새로운 이야기
-학교폭력예방과 학생의 이해-
A New Story for the Prevention of School Bullying

2021년 9월 15일 1판 1쇄 인쇄
2021년 9월 20일 1판 1쇄 발행

지은이 • 김천기
펴낸이 • 김진환
펴낸곳 • ㈜ 학지사
04031 서울특별시 마포구 양화로 15길 20 마인드월드빌딩
대표전화 • 02-330-5114 팩스 • 02-324-2345
등록번호 • 제313-2006-000265호

홈페이지 • http://www.hakjisa.co.kr
페이스북 • https://www.facebook.com/hakjisa

ISBN 978-89-997-2517-3 93370

정가 17,000원